신세대 교사를 위한

교직실무의 이론과 실제

박완성 저

The Theory and Practical
Guideline for New Teachers

학지사

머리말

심리사회적 8단계 이론을 주장한 에릭슨(Erikson)은 "특별한 재능과 영감을 부여받은 사람들의 일생을 살펴볼 때 어느 곳에서든 한 명 이상의 교사가 그들의 숨겨진 재능에 불을 붙여 준 경우를 여러 번 보아 왔다."고 했다. 성공한 사람 뒤에는 그 사람을 눈여겨보고 관심을 가지며 잘 지도해 준 교사가 있었다는 사실을 부인할 사람은 별로 없을 것이다.

필자는 다년간 학교 현장에서 교사로서 학생들을 지도했으며 대학에서는 미래에 교사가 되려는 학생들을 위한 교직 준비과정 수업을 진행해 왔다. 그러던 중 미래의 신세대를 가르치는 교사가 기본적으로 알아야 할 것이 무엇인가, 학교 현장의 모습을 어느 정도 알아야 할까, 그리고 미리 학교 현장에서 필요한 기술을 익히고 나가면 얼마나 좋을까 하는 기대와 희망을 가지고 이 책의 저술을 시작하였다.

이 책은 크게 3부로 구성되어 있다. 제1부는 교직실무의 이론을, 제2부는 학급운영, 학교운영 및 학부모 이해를, 제3부는 교직실무의 실제를 다루었다.

　제1부 '교직실무의 이론'은 제1장 '교사의 기대성', 제2장 '교사의 권리와 의무', 제3장 '교육과정의 편성 및 운영', 제4장 '교수−학습계획 및 수업', 제5장 '평가의 역할과 문항 제작', 제6장 '생활지도', 제7장 '진로교육 및 진로지도'로 구성되어 있다. 제2부 '학급운영, 학교경영 및 학부모 이해'는 교사로서 맡은 학급을 어떻게 운영해 나가야 하는지에 대한 노하우를 설명하였으며, 학교경영과 장학활동에 대한 자세한 설명을 첨가하였다. 특히 학부모 이해와 관련하여 교사들이 학교 현장에서 수행해야 하는 학부모 상담의 진행과정, 상담요령, 학부모 유형에 따른 올바른 상담법, 상담 시 문제상황에 대한 대처방법, 자녀에 대한 진로지도와 진로상담에 대한 비법을 다루었다. 제3부 '교직실무의 실제'는 학사실무, 사무관리, 인사 및 복무규정을 비교적 자세히 기술하였다.

　이 책에서 특별히 눈에 띄는 부분으로는 각 장 시작 부분에 실은 '교사 단상' 그리고 '내가 만난 훌륭한 교사'를 꼽을 수 있다. '교사 단상'은 일선 학교 현장의 경험담을, 그리고 '내가 만난 훌륭한 교사'는 교직과정을 이수하는 학생들이 존경했던 교사의 모습을 담고 있다. 이런 부분을 통해 현장감 있는 내용으로 독자에게 다가가고자 하였다. 여기에 제시된 여러 훌륭한 교사들의 모습이 교사가 되고자 준비하는 후학 여러분에게 귀한 자료가 되리라 확신한다. 다만 아쉬운 것은 각 장의 내용과 가까운 교사의 모습을 담으려 하였지만 각 장의 주제와 잘 일치되지 않는 글도 있다는 점이다.

　그리고 시시각각으로 변하는 교육 현장의 모습을 다 담으려는 야심찬 생각을 가지고 저술을 시작하였지만 지식과 정보의 부족으로 기대 수준에 도달하지 못한 점도 참 아쉬운 부분이다.

　아무쪼록 교직을 이수하려는 학생들이 이 교재를 통해 교직실무에 대해

배움으로써 교직에 대한 자신의 열정을 확인해 보고, 교육 현장에서 어떤 활동이 이루어지고 있는지를 미리 살펴봄으로써 잘 준비된 교사로서 교단에 설 수 있게 되기를 기대한다.

끝으로 여러 가지 어려운 여건 가운데서도 이 책의 출간을 기꺼이 허락해 주신 학지사의 김진환 사장님과 관계자 여러분에게 깊은 감사를 드리고 싶다.

서울 태릉 연구실에서
2012년 5월
인보(仁寶) 박완성 씀

차례

제2부 학급운영, 학교경영 및 학부모 이해

제3부 교직실무의 실제

제1부
교직실무의 이론

제1장

교사의 기대성

교사 단상-어느 교사의 졸업 단상

올해 졸업식에도 또 울고 말았습니다. 작년에는 처음 고3 담임을 맡았기에 헤어짐에 익숙해지지 않아서라고 여겼지만, 졸업장을 나눠 줄 때부터 심상치 않던 내 누선(淚腺)은 아무리 입술을 깨물고 모질게 마음을 먹어도 곧 만개할 꽃봉오리가 울고 갈 만큼 갑작스러운 눈물 보따리를 풀어 내는 능력을 가졌나 봅니다.

참 이상하지요? 졸업식 전날까지도 이런저런 일상사에 바쁘게 헤매고 다니다가 당일에서야 옷을 고르면서 졸업식임을 깨달았는데, 작년하고는 다르게 덤덤하게 보낼 줄 알았는데, 조건반사처럼 졸업식에서 또 졸업생들에게 확실히 기억될 눈물 흘리는 담임이 되고 말았습니다.

예뻤던 아이들이나 한 해 내내 속 썩였던 아이들이라도 헤어진다는 사실 앞에서는 아쉽고 또 아쉬웠습니다. 한 해 동안 출결로 많이 힘들게 한 ○○이는 졸업식 날에도 오지 못했습니다. 사마귀를 떼려다 얼굴에 종기가 심하게 생겼다네요. 끝까지 나를 실망시키지 않는 ○○이, 그런데 많이 보고 싶습니다. 미운 정도 정말 정인지, 한때는 그저 빨리 졸업을 시키고 싶었는데, 얼굴을 보지 않으니 또 그리워지는 게 정말 세상에서 제일 무서운 정인 듯싶습니다. 또 생긴 것하고는 달리 엄청 '터프'한 우리 ○○의 얼굴도 보지 못했습니다. 그 아이들의 졸업장과 앨범은 제 책상에서 여전히 주인을 기다리고 있습니다. 지금 이 글을 보고 있는 중에도 다시금 눈시울이 뜨거워지는군요. 혹시 제가 엄청 아이들을 사랑하는 교사라고 생각하시는지요? 저도 그래서 그렇게 울 만큼 우리 반 아이들을 사랑했는지 한 번 뒤돌아보게 됩니다. 워낙 제 성격이 무뚝뚝하고 덤덤한지라 그다지 살뜰하게 보살펴 주지도 못했는데……. 이번 아이들이 유난히도 예쁘기도 했지만, 아무래도 한 해 한 해 먹어 가는 나이 때문이 아닐까 합니다.

처음 교직에 들어왔을 때는 사실 전문계고의 학생들을 이해하지 못할 때도 많았습니다. 지각을 밥 먹듯 하고 수업태도도 불량한 아이들이 참 무섭고 힘들었던 시절이 있었습니다. 아이들 문제로 부모님과 상담할 때면 저도 모르게 그분들에게 상처가 될 만한 언행을 하기도 했습니다. 이제 제가 나이가 들고 아이를 낳아 기르며 세상이, 또 자식이 마음대로 되지 않는다는 걸 조금은 이해할 수 있는 마음의 준비가 된 것 같습니다.

졸업식에서 마지막 인사를 할 때 진심으로 아이들의 앞날에 밝은 햇살만 비치기를 바랐지만 어디 세상이 그리 만만한 곳인가요?

지나온 한때를 돌아볼 때 가장 기억에 남은 순간은 졸업앨범의 사진을 찍을 때였습니다. 싱그럽다 못해 영롱한 빛을 바라던 올리브 그린의 잎사귀와 말을 거는 듯이 부드럽게 불어오던 5월의 미풍 속에 그보다 더 사랑스럽게 웃던 아이들의 모습이 정말 아름다웠습니다.

그렇게 환한 웃음을 지을 수 있는 사람임을 절대 잊지 말라고 마지막 종례를 하고 아이들과 이별을 했습니다. 아이들과 부모님들이 다 돌아간 텅 빈 교실을 정리하면서 이곳은 다시금 새로운 아이들로 채워질 것이며, 그들의 이야기로 풍성해질 것이라는 생각도 들었습니다.

(20○○년 ○○월 ○○일자 한국교직원신문에서)

1. 피그말리온 효과

학교 현장에서 교사들이 갖는 일반적인 기대가 학생들의 학업능력이나 교육에 영향을 미친다. 1960년대 하버드 대학교 사회심리학 교수였던 로젠탈(Rosenthal)과 현직 교장이었던 제이콥슨(Jacobson)은 이러한 영향을 검증하기 위해 미국 내에서 소수민족 학생이 많이 살고 있는 오크 초등학교(가명) 학생을 대상으로 연구하였다.

피그말리온은 신화 속의 주인공이다. 그는 키프러스의 왕이자 조각가였고, 돌이란 돌을 모조리 다듬어 아름다운 작품을 만들어 내는 당대의 예술가였다. 그는 대리석으로 아름다운 여인상을 조각해 낸다. 피그말리온은 그 여인상에 갈라테이아라는 이름을 붙여 주었고 그녀의 아름다움에 넋을 잃어버린다.

피그말리온은 마침내 상사병이 들어 자리에 드러눕는다. 피그말리온의 이 애처로움을 보다 못해 미의 여신인 아프로디테는 그의 소원을 들어준다. 아프로디테는 자기 못지않게 아름다운 조각상 갈라테이아에게 생명을 불어넣는다. 드디어 그녀가 살아서 움직이기 시작한다. 미소를 짓고 다가오는 갈라테이아를 본 순간 피그말리온도 자리에서 일어난다. 그리고 그는 그 옛날 그랬듯이 일상의 일터, 조각하는 일로 돌아간다. 이런 신화를 빗대어 사람들은 피그말리온 효과를 자기가 예언하는 대로, 자기가 바라는 것이 실제로 현실에서 충족된다는 말로 사용하고 있다.

2. 자기충족예언

자기충족예언(self fulfilling prophecy)은 원래 사회학자 머어튼(Merton)이 처음 사용한 용어다. 한 예언이 형성되면 그 예언이 바로 예언 자체의 실현을 위한 강력한 수단이 된다는 것이다(박완성, 1990). 1932년 어느 수요일 아침, 라스트내셔널 은행의 은행장인 카트라이트 밀링바일은 여느 때와 다름없이 출근했다. 은행 창구가 수요일치고는 좀 붐볐다. 봉급날까지는 꽤 기다려야 하는 주중인데도 창구 앞에 사람들이 길게 늘어서 있었다. 그런 일은 좀처럼 보기 드문 일이었다. 밀링바일은 그들이 혹시 해고를 당한 것은 아닌지 동정 어린 시선으로 바라보았다. 그리고는 이내 그날 업무를 보기 시작했다.

라스트내셔널 은행은 지불 능력에 아무런 문제가 없는 탄탄한 은행이었다. 밀링바일 은행장도 그 사실을 잘 알고 있었고 주주들도 그랬다. 사실

은행은 문제가 없었다. 하지만 창구 앞에 줄을 서 있던 사람들은 그렇지 못했다. 그들은 은행이 망해 가고 있다고 믿었다. 예금을 빨리 인출하지 않으면 돈을 잃게 될 것이라 생각한 그들은 예금을 인출하기 위해 줄을 서 있었던 것이다. 그들의 생각은 잘못된 것이었다. 하지만 그들의 오해가 예금 인출이라는 구체적 행위로 나타나게 되자, 그들의 생각은 더 이상 틀린 것이 아니라 현실로 바뀌게 되었다. 그들의 기대 또는 예상은 결국 현실로 구체화되었다. 그 은행은 결국 망하게 되었다.

3. 교사의 기대[1]

교사의 기대가 실제적으로 학생들의 학업성취에 영향을 미친다면 그 영향력의 정도는 얼마나 되는지 구체적으로 살펴볼 필요가 있다. 여기서는 오크 초등학교 사례를 구체적으로 살펴보기로 한다.

오크 초등학교는 중소 도시의 하층 계급이 주로 사는 지역에 위치한 공립 초등학교다. 학생의 약 6분의 1이 멕시코 소수민족 어린이로 구성되어 있다. 이 학교에서는 능력별 반 편성을 하고 있다. 1학년부터 6학년까지 각 학년은 세 반으로 나뉘어 있다. 반을 나누는 기준은 글을 읽고 해독하는 능력이며, 이 기준에 따라 성취도가 빠른 반과 중간인 반, 그리고 느린 반으로 되어 있다. 느린 반에는 유난히 멕시코 어린이가 많다.

이론적 관점에서는 교사의 긍정적 기대나 부정적 기대가 그에 상응하여 학생의 지적 능력을 증가시키거나 감소시키는 결과를 얻게 되는지의 여부를 살펴볼 필요성이 있지만 인간을 대상으로 실험 연구를 할 경우 긍정적 기대에 대한 효과만을 살펴볼 수밖에 없다.

---

1) Rosenthal & Lenore(2003)에서 요약 정리함.

오크 초등학교의 모든 어린이에게 비언어 영역 지능검사를 예비검사로
실시하였다. 이 검사는 앞으로 학생이 지적으로 '만개(blooming)' 또는
'크게 성장(spurting)' 할지를 예측하게 해 주는 것이라고 교사에게 일러두
었다. IQ 검사는 세 가지 IQ 점수를 산출해 낸다. 종합 IQ, 언어 영역 IQ,
추론 영역 IQ가 그것이다. 언어 영역 IQ는 교사가 묘사하는 것을 학생들이
주어진 것 가운데 골라 내도록 해서 측정하였고, 추론 영역 IQ는 다섯 개의
그림 가운데 나머지 네 개와 다른 종류의 것을 찾는 문제로 평가하였다. 종
합 IQ는 언어 영역 IQ와 추론 영역 IQ를 합산하여 얻었다.

예비검사를 실시한 후 시작된 신학년도 초에 1학년에서 6학년까지의 교
사 열여덟 명 각각에게 앞으로 지적으로 큰 성장을 보일 어린이들의 명단을
제공해 주었다. 교사에게는 이 예측이 예비검사 점수를 기초로 한 것이라고
일러두었다. 오크 초등학교 학생의 약 20%가량이 선정되었다. 하지만 이
'특별' 학생들은 각 반에서 무작위로 선정된 학생들이었다. 따라서 특별 학
생과 보통 학생 사이의 차이는 오직 교사의 마음속에만 존재하였다.

오크 초등학교의 모든 어린이에게 다시 한 학기 후, 1년 후, 그리고 2년
후, 이렇게 세 차례 재검사를 실시하였다. 어린이들은 처음 두 번의 재검사
까지는 긍정적 기대를 지니고 있던 교사의 반에 그대로 남아 있었다. 그러
나 마지막 검사 때에는 이미 아무런 기대를 지니고 있지 않은 다른 교사의
반으로 진급한 상태였다. 그 후속 검사가 목표하는 바는 교사의 기대가 갖
는 긍정적 효과가 그 교사와의 접촉이 중단된 이후에도 지속되는지의 여부
를 알아보기 위한 것이었다.

실험집단과 비교집단의 어린이에 대해 IQ의 증가분을 계산하였다. 기대
에 따른 긍정적 효과를 결정하는 방법은 '특별' 학생이 얻은 IQ 증가분을
비교집단 학생의 증가분과 비교하는 것이었다. 실험을 실시하고 1년 뒤에
상당한 기대효과가 발견되었으며 특히 그 효과는 1, 2학년 학생들에게 크
게 나타났다. 이런 긍정적 효과는 저학년 학생들의 종합 IQ, 언어 영역 IQ,

추론 영역 IQ에서 모두 명백하게 나타났다. 저학년 비교집단 학생의 19%가 20점 이상의 향상을 보였다. 반면 '특별' 학생 47%의 점수가 20점 이상 향상되었다.

그 이듬해에 저학년 학생들은 더는 기대에 따른 긍정적 효과를 보이지 않았다. 그러나 고학년의 경우에는 여전히 긍정적 효과를 잃지 않고 있었다. 영향을 받기 쉬운 저학년 학생들이 그들의 행동 변화를 그대로 유지하기 위해서는 그 변화를 일으키는 영향과 오랜 기간 동안 접촉하고 있어야 하는 듯했다. 고학년 학생들은 처음에는 영향을 받기가 어렵지만 일단 영향을 받고 나면 행동 변화를 계속적으로 유지하는 경향이 더욱 큰 듯했다.

남학생과 여학생 간의 차이는 종합 IQ 점수의 증가 면에서는 그다지 크지 않았다. 1년 후 그리고 2년 후에 실시된 검사에서 지적으로 크게 성장할 것이라고 기대된 학생 가운데 남학생이 여학생에 비해 언어 영역 IQ에서 큰 향상을 보였다. 반면 여학생은 추론 영역 IQ에서 남학생보다 큰 향상을 보였다. 남녀 학생 각기 예비검사에서 강했던 영역에서 교사의 긍정적 기대가 더 큰 효과를 보였다. 보통 오크 초등학교에서는 남학생이 언어 영역에서 높은 IQ를 보이는 반면, 여학생은 추론 영역에서 높은 IQ를 보이고 있었다.

오크 초등학교는 학업성취도에 따라 빠른 반, 중간 반, 느린 반으로 나누어져 있었다. 교사의 긍정적 기대효과가 느린 반 학생들에게 크게 나타날 것으로 예상되었다. 하지만 결과는 그렇지 않았다. 빠른 반과 느린 반이 크지 않은 차이로 그 뒤를 쫓고 있었지만 중간 반 학생들이 다른 반 학생들보다 높은 IQ 증가를 보였다. 그러나 2년 뒤에는 중간 반 학생들이 지적 능력에서 월등하게 높은 향상을 보였다. 교사의 긍정적 기대에서 가장 큰 혜택을 얻은 학생은 하층 계급 학교의 중간 반 학생들이라는 사실은 매우 놀라운 것이다.

실험을 시작하고 나서 1년 후 그리고 2년 후에도 멕시코 학생들은 통계

학적 유의 수준에는 미치지 못했지만 비멕시코 학생들에 비해 높은 긍정적 기대효과를 보였다. 그러나 작은 크기의 샘플만으로도 흥미로운 소수민족 효과라는 결과를 얻을 수 있었다. 멕시코 학생 각각에 대해 예비검사에서 재검사 과정의 IQ 증가분에서 그 어린이 반의 비교집단 어린이들이 얻은 IQ 증가분을 빼내어 기대효과를 계산하였다.

그리고 이 수치와 학생이 얼마만큼 '멕시코 사람답게 생겼는가?'라는 변량과의 상관관계를 살펴보았다. 1년 후와 2년 후, 좀 더 멕시코 사람답게 생긴 학생이 교사의 긍정적 예측으로 인해 긍정적 변화를 보였다. 아마도 실험이 있기 전에는 이 학생들에 대한 교사의 기대가 다른 학생들에 비해 가장 낮았을 것이다. 이들이 앞으로 지적으로 크게 성장할 것이라는 말을 접하고 교사는 크게 놀랐을 것이다. 이에 따라 교사는 이들에게 관심을 보이게 되었을 것이고 이들의 지적 성장을 눈여겨 살펴보던 교사의 태도가 학생의 지적 성장을 낳게 하였을 것이다.

'특별' 학생과 보통 학생의 IQ 증가분을 비교하는 것 외에도 1년 후 학교 성적 증가분을 비교하는 것도 가능했다. 모든 과목 가운데 오직 읽기 과목에서만 차이가 났다. 교사는 지적으로 만개할 것으로 기대한 학생에 대해 읽기에서 큰 향상을 보인 것으로 평가했던 것이다.

IQ의 경우와 마찬가지로 읽기 점수에서 가장 높은 기대효과를 보인 것은 저학년 학생들이었다. 세 종류 IQ에서 모두 더 높은 효과를 거둔 학년일수록 읽기 점수에서 더 좋은 성적을 거두었다.

우열반 가운데에서 읽기에서 가장 높은 기대효과를 보인 것은 보통 반이었다.

학교 성적은 교사가 직접 매겼으며 읽기능력에 대한 교사의 평가는 자신의 기대에 의해 영향을 받은 것일 수도 있다. 따라서 기대효과란 전혀 존재하지 않을 가능성이 있다. 효과는 학생의 읽기 능력에 나타난 것이 아니라 단순히 교사의 마음속에서만 존재했던 것일 수도 있다. 하지만 그런 후광

효과가 일어나지 않았음을 시사하는 증거가 있다. 몇 개 학년이 좀 더 객관적인 학력검사를 치렀다. 주관적인 교사의 평가에서보다 이 객관적인 학력검사에서 더 높은 기대효과가 나왔다. 교사의 평가가 후광효과의 영향을 받지 않았음을 시사하는 것이었다. 오히려 비교집단에 비해 실험집단의 채점을 더 까다롭게 한 듯했다. 채점에서의 이러한 차별적 태도도 결국 학생의 지적 성장을 예측하고 있었기 때문일 수 있다.

불리한 환경에 있는 학생들은 교사가 기준을 너무 낮게 설정하기 때문에 더욱 불리한 위치에 서게 된다는 우려가 많다. 윌슨(Wilson, 1963)은 실제로 교사들이 빈민 지역의 학생에 대해서는 학업 기준을 더 낮게 세우고 있다는 강력한 증거를 제시하였다. 학생의 지적 수행 능력에 대한 교사의 기대를 높이면 학업 기준 역시 높아지게 되는 것인지(예를 들면 채점을 좀 더 까다롭게 하는 것)는 좀 더 살펴보아야 할 문제다. 어쨌든 양성(良性) 순환이 여기에 작동하고 있는 듯하다. 즉, 교사의 기대 수준을 높이면 학생의 실력이 올라가고 학생의 실력이 올라가면 다시 교사의 기대 수준이 높아진다.

모든 교사에게 학생의 지적 호기심, 적응력, 그리고 주위의 평에 좌우되는 정도 등을 평가하도록 했다. 전체적으로 지적 만개가 기대된 학생은 좀 더 지적 호기심이 높고 즐거운 생활을 하고 있으며 주위의 평에 크게 좌우되지 않는 것으로 평가받았다. 특히 저학년의 경우에는 주위의 평에 좌우되는 정도가 훨씬 덜했다. IQ와 읽기 점수에서와 마찬가지로 학생 성품에 대한 교사의 평가에서도 가장 높은 기대효과를 보이는 것은 저학년 학생이었다. 또 중간 반 실험집단 학생이 성품평가에서도 가장 큰 기대효과를 보였다.

지적 호기심의 기대효과를 살펴보았을 때 멕시코 학생은 기대효과를 보이지 않았다. 지적 만개를 할 것으로 기대했을 때에도 교사는 멕시코 학생의 지적 호기심이 높은 것으로 평가하지 않았다. 오히려 지적 호기심이 약간이나마 떨어지는 것으로 평가하였다. 그것은 예상 외의 결과였다. 왜냐하면 멕시코 학생은 IQ와 읽기에서 가장 큰 기대효과를 보였고 또 멕시코 남학생은 전체 학교 성적에서 큰 기대효과를 보였기 때문이다. 교사가 이들 소수민족 학생에게 지적 성장을 가져오게 하는 것은 쉽지만 그 결과를 믿는 것은 그처럼 쉽지는 않은 듯 보였다.

실험 첫해의 IQ 증가분과 학생 성품에 대한 교사의 평가 사이의 상관관계를 살펴보았다. 실험집단과 비교집단의 우수반과 열등반별로 각각 살펴보았다. 우수반 실험집단 학생이 더 높은 IQ 증가분을 얻을수록 교사의 평가는 더욱 긍정적이었다. 열등반 비교집단 학생이 더 높은 IQ 증가분을 얻었을 때에 교사의 평가는 부정적이었다. 열등반 비교집단 학생들에 대해서는 아무런 기대가 없었고 교사는 이들이 열등반에 속해 있으므로 지적 수행을 제대로 못할 것으로 생각했다. 이 학생들이 지적 수행능력의 향상을 보일수록 교사는 이들의 품성에 대해 부정적으로 평가하였던 것이다. 예상 외의 지적 성장에 대해 부정적 반응을 보이는 것이 일반적 현상인지는 좀 더 연구가 이루어져야 할 것이다. 교사는 지적 성장 가능성이 높은 학생들의 예기치 못한 행동을 의연히 받아들일 수 있는 마음의 준비를 갖추고 있어야 할 것 같다.

이 연구 결과에 관해 설명하는 여러 '이론'이 있다. 그 가운데 하나가 '우연' 이론으로, 이에 따르면 이 연구 결과는 작위적 결과물이며 따라서 그 결과에 대한 어떤 설명도 있을 수 없다. 검사의 신뢰도와 예비검사 IQ 점수의 차이를 문제 삼으며 이 연구 결과에 회의적 반응을 보이는 경우도 있었다. 교사가 재검사를 실시하는 가운데 실험집단 학생들을 다르게 대우했을 가능성도 제기되었다. 결과의 패턴, 교사가 감독했을 때보다 학교 사정에 어두운 외부 인사가 검사를 감독했을 때 기대효과가 더 높게 나온 사실, 또 '특별' 학생의 이름을 교사가 제대로 기억해 내지 못했던 점, 그리고 1년 뒤에 담임교사가 바뀌었을 때에도 여전히 그 결과에는 변함이 없었다는 점 등을 생각해 볼 때 그 주장의 설득력은 상당히 약화된다.

교사의 기대가 학생의 수행능력에 상당한 영향을 줄 수 있다는 가설을 세 차례의 재실험이 뒷받침한다. 이들 재실험 모두 교사 기대효과가 존재함을 보여 주었다. 그러나 이 세 차례의 재실험은 또한 교사 기대효과가 매우 복잡한 양상을 띠고 있으며 학생의 특성, 학생의 생활환경과 관련한 여러 변량 등에 따라 그 크기와 내용이 결정됨을 보여 주었다.

　실험집단 학생들의 지적 성장은 다른 평범한 학생들의 희생 때문에 가능했다고 생각해 볼 수 있을 것이다. 아무래도 교사가 좀 더 많은 시간을 지적으로 만개하리라 예측한 학생에게 할애했을 것이기 때문이다. 그러나 교사들은 실험집단 학생에게 오히려 더 적은 시간을 할애한 듯 보였다. 더욱이 실험집단 학생의 IQ 증가분이 가장 높은 반에서는 비교집단 학생 역시 IQ 증가분이 가장 높았다. 불이익 이론이 옳다면 실험집단 학생이 가장 높은 IQ 증가분을 얻은 반에서는 비교집단 학생이 가장 낮은 IQ 증가분을 보였어야 한다.

　자기충족예언에 대한 여러 다른 연구들을 종합해 보아도 교사가 단순히 예측하는 것만으로 어떻게 지적 능력의 성장을 가져오는지는 단지 추측할 수 있을 뿐이다. 어쩌면 교사는 지적 성장을 기대한 학생을 대할 때 좀 더 유쾌하고 다정하며 호의적인 태도를 보였던 것일 수도 있다. 그러한 교사의 태도가 학생의 지적 수행능력을 향상시킨다는 것은 이미 알려져 있는 사실이다. 학생의 학업 성취동기에 긍정적 영향을 주기 때문일 것이다.

　교사는 실험집단의 특별한 학생들을 좀 더 세심하게 관찰하였을 터이고 이런 관심으로 인해 올바른 답변에 대한 신속한 반응 강화를 가능하게 했으며 그에 따라 학습능력이 높아졌던 것으로 여겨진다. 또한 실험집단 학생의 지적 수행능력평가에서도 교사는 좀 더 사려 깊게 살피는 신중한 태도를 취했을 것이다. 교사의 이러한 태도는 학생에게도 좀 더 신중하게 살피는 습관을 키우게 했을 것이다. 이러한 학습태도의 변화는 IQ 검사의 비언어 영역에서 좋은 성적을 얻는 데 큰 도움을 주었을 것이다.

지금까지의 이야기를 정리하면, 말하는 내용과 방식, 시점 그리고 얼굴 표정, 자세, 또 신체적 접촉 등을 통해 교사는 실험집단 학생들에게 지적 성장의 기대감을 전하였으리라는 것이다. 그러한 기대감의 전달과 더불어 교수법에 변화가 있을 경우, 학생은 학습방법과 학습요령뿐만 아니라 자아 의식과 자신의 행동에 대한 기대, 학습동기 등에 변화를 일으켜 학습에 도움을 받았을 것이다.

4. 운명의 반은 교육자의 손에

우리는 교사나 부모나 선배들이 자신도 모르게 우연히 갖게 되는 기대나 평가가 피교육자의 생활이나 학습에 얼마나 무섭고 강력한 영향을 끼치는 가를 명심해야 할 것이다. 심리사회적 8단계 이론을 주장한 에릭슨(Erikson)은 "특별한 재능과 영감을 부여받은 사람들의 일생을 살펴볼 때 어느 곳에 서든 한 명 이상의 교사가 그들의 숨겨진 재능에 불을 붙여 준 경우를 여러 번 보아 왔다"고 했다. 교사가 학생의 잠재된 재능이나 적성을 파악하여 그 학생에게 기대를 가지고 장래의 진로지도를 한다면 인생의 시행착오를 줄이고 훨씬 더 능률적으로 전문가의 길을 걷게 할 수 있을 것이다.

평원왕은 귀여운 평강 공주에게 계속 '부정적인 자기충족적 예언효과'를 사용하였다. "바보 온달, 바보 온달, 네 신랑감은 바보 온달. 천치 백치 바보 온달에게 시집이나 가라……." 부모의 기대 예언은 슬프게도 그대로 이루어졌다. 그러나 평강 공주는 바보 남편에게 '긍정적인 자기충족적 예언효과'를 사용하였다. "당신은 유일한 내 낭군, 당신은 훌륭한 장군 감……." 평강 공주의 기대 예언은 결국 성취되어 바보 온달은 드디어 고구려의 유명한 장수가 되었다(박완성, 1990).

교사의 기대는 학업성취에 매우 중요한 영향을 미치는 변인이다. 동기

이론에 따르면 학생의 성취는 단순히 교사의 기대만으로도 차이가 생길 수 있는데, 이를 자성예언 혹은 자기충족예언(self fulfilling prophecy)이라 한다. 이는 예언이 원인이 되어 실제로 예언에 대한 기대가 현실로 실현되는 것을 의미한다.

만일 학생들이 항상 토론에서 소외된다거나 교사의 냉담한 피드백을 받게 되는 경우, 친절한 대우를 받고 긍정적인 기대를 받는 학생들에 비하여 낮은 학업성취를 보일 것이라는 것은 분명한 사실이다. 결과적으로 교사의 태도 때문에 학생은 성공과 실패에 대한 건전한 귀인을 발달시킬 수 없을 것이다.

5. 쟈니링고와 마한나[2]

태평양의 한 섬에는 진기한 결혼 풍습이 전해 내려온다. 그것은 결혼을 앞둔 처녀의 가치가 소의 마릿수로 결정되는 것이었다. 신랑 후보는 신부의 부모가 요청하는 마리만큼의 소를 가져와야만 신부를 데려갈 수 있었다. 보통 처녀들은 소 세 마리 정도에 시집을 갔다. 소를 가져오겠다는 총각이 나타나지 않는 처녀들은 그대로 늙을 수밖에 없었다.

그런데 이 섬에 마한나라는 천덕꾸러기 처녀가 있었다. 그녀는 어릴 때부터 가난한 집에서 보잘것없이 자랐다. 마한나의 부모는 늘 걱정하면서 말했다. "너 같은 것을 누가 데려가겠냐? 소 한 마리 준다는 사람도 없을 거야."

마한나는 '나는 소 한 마리 값도 못 돼'라고 생각하며 열등감 속에서 살아 왔다. 누가 보아도 마한나는 얼굴도 예쁘지 않고 주눅이 들린 보통 이하

---

2) 김기곤(2008)에서 허락을 받아 전재함.

의 처녀였다. 그녀를 위하여 소 한 마리라도 바치는 남자는 나타나지 않을 것 같았다.

그러던 어느 날 이 섬에 충격적인 소문이 퍼졌다. 마한나에게 청혼한 남자가 있었던 것이었다. 그것도 그 섬에서 잘생기고 용감해서 뭇 처녀들의 가슴을 태우는 쟈니링고라는 총각이 천덕꾸러기 마한나에게 청혼했다는 것이다. 섬사람들은 술렁거렸고 아마도 쟈니링고가 소를 아끼기 위해 한 마리도 주지 않고 마한나를 데려갈 모양이라고 수군거렸다. 쟈니링고가 청혼하러 왔을 때 마한나의 부모는 큰맘 먹고 소 두 마리를 요구하였다. 그것도 너무 많다고 하면 소 한 마리라도 받고 줄 셈이었다. 그러나 쟈니링고는 뜻밖에도 이렇게 말하는 것이었다. "두 마리라니, 당치 않은 말씀입니다. 저는 어릴 때부터 마한나의 착하고 어진 마음과 행실을 보고 흠모해 왔습니다. 저는 소 일곱 마리를 마한나를 위해 드리겠습니다." 모든 사람이 자기 귀를 의심하였다. 소 일곱 마리는 추장의 딸을 데려갈 때나 내는 지참금이었다. 그런데 쟈니링고는 천덕꾸러기 마한나를 마치 추장의 딸처럼 취급한 것이었다. 마한나의 부모는 깜짝 놀랐다. 그 누구보다 제일 놀란 사람은 마한나 자신이었다. 그녀는 깊은 감사와 감격으로 가득 찬 황홀한 눈으로 쟈니링고를 우러러보았다.

그 섬에서는 신혼부부가 결혼하고 나서 일 년 후에야 신부의 집에 찾아와서 인사를 드리는 것이 풍습이었다. 쟈니링고와 마한나가 일 년 후 친정으로 돌아오는 날 마한나의 집에 모여 있던 마을 사람들은 마한나의 변한 모습을 보고 다시 한 번 크게 놀라고 말았다. 마한나는 일 년 전의 주눅 들려 눈치나 보던 천덕꾸러기 마한나가 아니었다. 그녀는 몰라보게 달라져 있었다. 마치 공주처럼 그녀의 태도는 우아했고 그녀의 얼굴은 사랑과 헌신으로 조화된 신비스럽고도 아름다운 표정을 띠고 있었다. 딸의 아름다운 모습에 얼이 빠져 있던 마한나의 부모는 서로 마주보며 이렇게 말했다. "내 딸이 이럴 줄 알았으면 소를 열 마리 달라고 할걸."

그녀의 가치를 진심으로 알아주고 그녀를 공주처럼 귀하게 여기는 남편의 사랑 속에서 마한나는 정말 공주처럼 변하고 만 것이었다. 우리 가정에서도 학교에서도 쟈니링고와 마한나처럼 서로 알아주는 것이 필요하다. 피곤에 지친 아내를 노래하게 만들고 주눅 들린 남편이 다시 일어나도록, 그리고 우리 아이들이 왕자나 공주처럼 고결하게 자라도록 서로서로 이해하고 알아주고 가치를 높여 주는 것이야말로 사랑과 신앙의 힘이 만들어 내는 신비한 묘약이 아닐까?

제2장

교사의 권리와
의무

교사 단상—초심과 뒷심 사이

흔히 교사라는 직업의 장점 중 하나로 방학을 꼽는다. 일반 회사원들이라면 한 달여 동안을 출근하지 않고 자유롭게 보낼 수 있다는 것, 감히 꿈도 꿀 수 없다. 일선 현장에 있는 우리 교사들마저도 방학을 격무에 시달리는 일상에 대한 위로나 보상쯤으로 생각할 정도이니 학생들이 방학을 기다리는 마음과 크게 다를 바 없다.

학교를 마치자마자 부리나케 학원으로 내달려야 하는 아이들이나 퇴근과 동시에 가정이나 자기계발을 위해 갖가지 장소로 향하는 교사들이나 바쁜 일과로 하루 24시간이 짧은 건 매한가지다. 솔직히 교사가 되기 전에는 교사가 수업 외에 이렇게 많은 일을 하는지도, 바쁜지도 몰랐다. 특히 임용고시 수험생일 때는 이 땅에서 선생님이라는 이름으로 살아갈 수만 있다면 무슨 일이든지 해낼 수 있을 것 같은 의욕이 충만했다. 그랬다. 그런 마음을 간절히 품었을 때가 있었다. 불과 몇 년 전만 하더라도……

교직생활 이제 8년차, 상투적인 이야기지만 세월이 흐르는 물과 같다. 신참 교사라는 꼬리표는 언젠가부터 자연스럽게 떨어졌고, 나름 교직생활을 꽤나 한 것 같은 건방진 착각도 해 본다. 모든 교사들이 그렇듯 학교에서는 한 반을 책임지는 담임교사로서의 업무와 교무실에서 분장된 업무를 맡아서 처리하느라 교재연구를 할 시간이 턱없이 부족하다. 거기다 재작년부터는 대학원에서 상담공부를 시작했고, 육체적 피로와 심리적 스트레스가 누적되면서 교직생활에 대한 회의감마저 들었다. 만사가 귀찮고 산적해 있는 일들을 마지못해 해내기에 급급했다. 그러나 더는 이런 식으로 생활하는 것은 내 청춘에 대해 죄를 짓는 것이고, 내 직업을 모욕하는 것이라는 생각이 들었다.

학부 시절 교육학의 제반 학문을 접하면서 교육은 기본적으로 인간에 대한 깊은 관심을 출발점으로 한다는 것과 그렇기 때문에 교직은 남다른 사명감을 가지고 임해야 하는 숭고한 직업임을 늘 염두에 두고 배움에 임했다. 임용고시를 준비하는 동안 교사가 되고 싶은 강력한 소망은 하루하루를 충실히 살게 되는 원동력이 되었다. 치

열한 경쟁률로 인해 교사가 되는 것도 힘들었지만 교육 수요자들을 만족시킬 수 있는 그야말로 '좋은' 선생님이 되기란 더욱더 어려운 일임을 절감하고 있다. 학생들에 대한 막연한 사랑만으로는 그들을 전적으로 이해할 수도 없거니와 원만한 의사소통 또한 어려웠다. 선생님이 되겠다는 간절한 소망과 열정을 떠올려 다시 한 번 최선을 다해 '좋은' 선생님이 되기 위한 노력을 부단히 해야겠다. 학생들과 가슴을 열고 소통하여 그들이 본인은 물론 타인들로부터 존중받을 수 있는 건강한 하나의 독립된 인격체로 성장·발전하는 데 인생의 길잡이가 되어야겠다. 그리하여 학교를 소통과 나눔의 장으로 만드는 데 일조할 것이다.

학교는 제2의 가정이요, 스승은 제2의 부모라 할 수 있다. 그러나 부모의 역할이 쉽지 않듯이 교사가 학생들을 지도하는 일 또한 숱한 어려움을 내재하고 있는 것이기에 한계에 부딪힐 때가 많다. 임용고시를 준비하던 수험생의, 그리고 초임교사의 마음으로 매사에 최선을 다하는 자세를 가지고 따뜻한 배려심과 전문적인 지도력을 겸비한 유능한 교사가 될 것이라는 목표를 세워 본다.

초심이란 어떤 일을 시작할 때 다짐하는 마음이다. 잘해 보기 위해 최선을 다하겠다는 마음이다. 어떤 상황에서든 초심을 잃지 않는다면 이는 자연히 뒷심으로서 가공할 만한 위력을 발휘할 것이다. 처음에 품었던 그 열정을 잊고 나태와 손을 맞잡고 매너리즘에 빠지는 순간 모든 것은 무의미해진다. 초심과 뒷심의 공통점은 열심이다. 무엇이든 가능케 하는 그 놀라운 힘은 외부가 아닌 자신 내부로부터 비롯된다. 영원한 초심자의 마음으로 살아가겠다. 똘망똘망한 눈으로 나를 주시하던 아이들의 눈을 보면서 긴장과 설렘을 느끼고, '선생님'이라는 호칭만으로도 흥분되던 초임교사의 순수함과 열정을 되새기며……

(20○○년 6월 21일자 한국교직원신문에서)

교육의 3요소로는 교사, 학습자, 교육과정(curriculum)을 들 수 있다. 교육의 질은 교사의 질을 능가할 수 없다는 말이 있듯이 교육의 3요소 가운데 가장 중요한 요소는 교사 요인이라고 할 수 있다.

1. 교직의 특성

교직은 다른 직업과 비교할 때 교직만이 지니고 있는 특성이 있다. 우선 인간을 교육하는 직업이기 때문에 전문성을 요구하게 된다. 그리고 어느 직업보다도 교사 혼자 많은 역할을 수행해야 하는 업무상의 다양성이 존재한다. 거기에다 교사는 공직자의 역할도 수행해야 한다.

이와 같은 교직의 다양성과 복합성은 교사들의 전문성과 연결된다. 교직이 진정으로 전문직인가에 대하여 비판적인 시각이 있는 것도 사실이지만 인간을 교육하는 일이야말로 어떤 일보다 고귀하고 소중한 일이며 그 영향력이 오래간다는 점에서 그 가치에 대하여서는 반대 의견이 없을 것이다. 따라서 바람직한 교사상, 그리고 교직의 전문성에 대하여 살펴보는 일은 매우 소중한 일이 아닐 수 없다.

1) 바람직한 교사상

여기서는 이미 연구된 내용을 바탕으로 바람직한 교사는 어떤 특징을 지니고 있는지를 종합하여 살펴보고자 한다. 이는 예비교사는 물론 현직교사들에게도 교사상을 이해하고 정립하는 데 도움이 되리라 본다(이칭찬, 1989).

첫째, 자기가 가르치는 교과에 관하여 깊고 넓은 지식과 전문적 식견을 갖춘 실력 있는 교사가 되어야 하고, 동시에 자기가 가르치는 것을 좋아하는 교사가 되어야 한다.

둘째, 학생을 사랑하고 아낄 줄 알며 학생 개개인의 인성과 성품을 잘 이해하는 교사가 되어야 한다.

셋째, 스스로 자신의 인품과 자질, 그리고 능력 등을 꾸준히 향상시키며 매사에 솔선수범하는 교사가 되어야 한다.

넷째, 교직에 대한 긍지와 보람을 느끼며 스스로의 위치에서 교육의 혁신과 개혁을 추진하고 실천하는 촉진자 구실을 하는 교사가 되어야 한다.

다섯째, 교과의 내용을 잘 가르치는 방법을 알고 있는 교사가 되어야 한다.

여섯째, 교육의 방향을 확실히 설정하고 이를 실천에 옮길 수 있는 교사가 되어야 한다.

일곱째, 현대사회가 안고 있는 여러 가지 문제 혹은 자신에게 내재된 문제를 스스로 해결할 수 있는 능력과 대처방안을 가지고 있어야 하며, 어떠한 문제가 닥치더라도 이를 슬기롭게 대처할 수 있는 교사가 되어야 한다.

물론 효율적인 교사나 훌륭한 교사의 자질은 시대에 따라 혹은 보는 관점에 따라 달리 인식될 수 있다. 그러나 대체적으로 공통된 인식을 찾을 수 있는데, 교직에 대한 긍지를 지니고 있어야 하며, 올바른 가치관을 가지고 교직수행에 필요한 전문적인 지식과 기술 등을 고루 갖춘 교사라야 한다.

2) 교직의 전문성

현대사회에서 직업 현장은 매우 빠르게 변화하고 있으며, 이러한 변화와 발전의 중심에서 미래를 짊어지고 나갈 인재를 육성해야 하는 교사의 임무는 매우 지대하다고 볼 수 있다. 전문직에 대한 기준이 사람마다 다르지만 교직이 전문직이라는 사실에 크게 반대할 사람은 없을 것이다.

리버먼(Lieberman, 1956)은 전문직에 대한 기준을 다음과 같이 8개 항목으로 제시하고 있다.

첫째, 전문직은 독특하고 분명한 사회적 봉사 기능을 가진다.
둘째, 전문직은 직능의 수행에서 고도의 지적 기술을 요한다.
셋째, 전문직은 장기간의 준비교육을 필요로 한다.
넷째, 전문직은 개인적으로나 집단적으로나 광범한 자율성을 가진다.
다섯째, 전문직은 자율의 범위 안에서 행사한 행동과 판단에 대하여 스스로 책임을 진다.
여섯째, 전문직은 자치 조직을 가진다.
일곱째, 전문직은 사회적 봉사가 경제적 보수보다 우선된다.
여덟째, 전문직은 그 자체의 직능을 수행하는 데 준수할 직업윤리를 가지고 있다.

또한 김종서 등(1984)은 전문직의 자율성, 책임성, 윤리성 그리고 봉사성을 강조하면서 전문직 조건을 다음과 같이 제시하였다.

첫째, 준비교육의 필요와 지적 기술이 요구된다.
둘째, 자율권이 최대한 존중된다.
셋째, 최소한의 보수와 최대한의 봉사를 중시한다.
넷째, 결과에 대한 책임이 강조된다.
다섯째, 전문가의 자질 향상과 사회 · 경제적 지위 향상 등을 위해 자치 조직이 필요하다.

이상을 정리하면 전문직은 ① 단순한 기술이 아니라 고차원적인 지식과 이론을 바탕으로 하며, ② 장기간의 교육을 통한 자격을 습득해야 하며,

③ 이러한 특성이 아무나 전문직을 가질 수 없게 하므로 그만큼 사회적 지위와 권위를 인정받으며, ④ 타율보다 자율을 수반하기 때문에 사회적 책임이 크고, ⑤ 이를 강조하기 위해 윤리강령을 제정하여 스스로 통제를 가하며 위신을 지키고자 노력한다고 할 수 있다.

2. 교사의 권리

교사의 권리는 교사로서 교직을 수행하면서 얻는 이익, 즉 자기를 위해 주장할 수 있는 법률상의 힘이라고 말할 수 있다. 교사의 권리에는 교육할 권리, 신분상의 권리, 재산상의 권리 등으로 나눌 수 있다.

1) 교육할 권리

(1) 교육과정 결정 및 편성권

교육과정의 결정 및 편성권은 교육과정의 핵심인 교육과정을 결정하고 교과서를 작성하는 권한이다. 우리나라의 경우 교육과학기술부 장관은 교육과정의 기준과 내용에 관한 기본적인 사항을 정하며, 교육감은 그 범위 안에서 지역이 실정에 적합한 기준과 내용을 정할 수 있다(「초·중등교육법」 제23조).

(2) 교재의 선택·결정권

우리나라의 경우 「초·중등교육법」 제29조 제1항에 따라 각급 학교의 교육용 도서를 교육과학기술부가 저작권을 가졌거나 검정 또는 인정한 것으로 국한시키고 있다. 또 「교과용 도서에 관한 규정」 제3조에서 학교의 장은 1종 도서가 있을 때에는 이를 사용해야 하고 1종 도서가 없을 때에는

2종 도서를 선정·사용해야 한다고 규정해, 교원의 교재 선택·결정권이 현실적으로 제약받고 있다(이병환 외, 2010). 1종 도서란 교육과학기술부가 편찬하여 그 저작권을 가진 교과서와 지도서를 말한다.

(3) 교육내용과 방법결정권 및 수업할 권리

교육내용과 방법결정권은 교원이 교실에서 수업할 때 교과서 범위 내에서 구체적 내용을 선택하고 결정할 수 있는 권리다. 「교육기본법」 제12조에는 교육내용·교육방법·교재 및 교육시설은 학습자의 인격을 존중하고 개성을 중시하며 학습자의 능력을 최대한으로 발휘할 수 있도록 강구되어야 한다고 규정되어 있다.

이병환 등(2010)에 따르면, 헌법상 보장된 학문의 자유에 근거해 교원에게 교과에 대한 연구의 자유와 발표의 자유 내지 수업의 자유(대학의 교수의 자유와 수업의 자유)를 인정해야 하는가, 즉 교과서 내용과 다르게 자신이 진리라고 믿는 내용을 수업할 수 있는가에 대하여 우리나라의 학설은 소극적인 평가를 내리고 있다고 지적하고 있다. 보통교육기관에서는 법이 정한 대로 교육내용과 교수방법 등이 이행되어야 하고, 이에 대한 국가의 관여가 인정된다는 것이 통설이다. 즉 보통교육기관에서는 학생들이 완성된 인격자가 아니고 비판능력이 없기 때문에 절대적인 세계관을 주입시키거나 정치적 선동, 또는 한 정당에 치우친 논설이나 정당 활동을 해서는 안 된다. 그리고 교사가 학생에게 강한 영향력을 가지고 있고 또한 교육의 기회 균등을 도모할 필요가 있으므로 전국적으로 일정한 수준을 확보해야 할 사회적 필요가 있으며, 학생이 학교와 교사를 선택하는 데 제한점이 있으므로 대학의 경우와는 달리 학문 연구발표의 자유가 수업 현장에서는 제한받지 않을 수 없다.

(4) 성적평가권

외부의 평가가 학습에 전혀 무익하다고 할 수는 없다 하더라도 평가의 실천적 행위를 주도하는 평가자는 최대한 자율성을 행사할 수 있어야 한다.

교육이 가치 있는 것에 대한 실천적 행위라면, 이를 실현하기 위해서 전제되어야 할 조건은 교육이 이루어지는 모든 행위에 대한 자율적 사정과 자율적 판단이라고 할 수도 있다. 교육실천이 제도적 요구와 이해 당사자들의 압력이라는 물리적 힘과 통제적 권력에 완벽하게 지배되고 지시될 때, 거기에는 획일화, 규격화, 균일화 그리고 동조의 현상밖에 존재할 수 없다. 이러한 논리는 평가라는 실천적 행위에도 그대로 적용된다(황정규, 2000).

교사가 교육과정 운영과 학교·학급 운영을 자율적 판단에 의해 결정할 수 있듯이, 학교 성적평가도 교사의 자율적 결정에 의해 이루어져야 한다. 교사가 평가권을 회복할 때 비로소 학교교육이 정상적으로 이루어지고 있다고 말할 수 있다.

따라서 교사는 교수계획을 세우는 단계에서부터 학생의 성적평가를 염두에 두어야 하며, 수업을 계획하는 단계에서부터 교수 후 실시할 검사의 문항 제작을 실행해야 할 것이다.

(5) 학생지도 및 징계권

학생에 대한 징계는 학교에서 교육상 필요하다고 인정되는 경우에 부과되는 제재다. 이러한 징계에는 꾸짖거나 체벌과 같은 사실 행위로서 행해지는 것, 그리고 정학과 같은 법적 효과가 따르는 것으로 구분된다. 특히 법적 효과가 따르는 징계는 학생의 재학 관계에서의 지위와 권리의 변동으로서 학생이 학교에서 법적 지위를 정지당하거나 잃게 되는 것을 의미한다(이병환 외, 2010).

「초·중등교육법」 제18조 제7항에서는 교육상 불가피한 경우를 제외하고는 학생에게 신체적 고통을 가하지 아니하는 훈육, 훈계 등의 방법으로 징계를 행해야 한다고 정하고 있는데, 학교 현장에서는 이 조항을 임의적으로 해석하여 다양하고 폭넓게 체벌이 가해지고 있다.

체벌이란 '일정한 교육목적으로 학교나 가정에서 아동에게 가하는, 육체적 고통을 수반한 징계'를 말한다. 고통을 줌으로써 바람직하지 않은 행위를 억제하려는 것이지만, 학생의 입장에서 보면 어떠한 행위를 하느냐 안 하느냐의 선택이 그 행위의 가치에 의하여 결정되는 것이 아니라, 육체적 고통을 받느냐 받지 않느냐의 여부에 의하여 좌우되는 결과가 된다. 따라서 체벌은 학생의 주체적 판단에 의한 적극적인 행위를 유발하지 않을 뿐 아니라 체벌을 가한 사람과의 사이에 좋지 않은 인간관계를 만들 우려가 있다.

유럽에서는 그리스·로마시대부터 체벌이 교육적 효과가 있는 것으로 믿었으며, 체벌도구로서 회초리 등을 널리 사용하였다. 반면 체벌에 대한 비판도 오래전부터 있었는데, 코메니우스(Comenius), 루소(Rousseau), 헤르바르트(Herbart) 등은 체벌에 반대하였다. 19~20세기에 이르러서는 체벌에 대한 비판·반대론이 일반화되어 많은 나라에서 법률적으로 체벌을 금지하게 되었다. 스웨덴에서는 1979년에 모든 체벌을 금지하는 법률이 제정되었다. 그러나 미국 대부분의 주(州)와 영국 등에서는 일정한 한도 내에서 체벌이 용인되고 있다.

우리나라의 경우, 전통적으로 내려오는 대표적 체벌은 달초(撻楚) 또는 초달이라고 하는 회초리 매다. 조선시대 서당에서는 전날 배운 학과를 다음 날 학우들이 열좌한 가운데 책을 덮거나 등지고 앉은 채로 배강(背講)하는데, 이를 못하면 목침 위에 서서 훈장에게 달초를 받았다. 이것은 서당에서의 가장 기본적인 체벌이었으며, 가정에서도 자녀의 잘잘못을 일깨워 주는 교육적인 기능을 가진 징계방법으로서 유지되어 왔다.

일제강점기에는 일본의 선생으로부터 달초와는 비교도 되지 않는 엄청

난 체벌을 경험하면서 무서운 학교를 다녔으나, 광복 후 체벌이 민주주의 교육에 어긋난다 하여 금지되었다. 최근에는 학부모의 자녀 과잉보호에 따른 비뚤어진 교육관을 바로잡기 위해 학교에서 사랑의 매로 체벌을 실시해야 한다는 체벌타당론도 대두되고 있다.

그러나 체벌에 대한 부정적인 시각이 더 초점을 받고 있어 학교 현장에서 체벌은 사라질 것으로 기대되며 또 마땅히 그래야 할 것이다.

2) 신분상의 권리

(1) 신분 및 직위보유권

교원은 법령이 정하는 사유와 절차에 의하지 않고는 그 신분과 직위로부터 일방적으로 배제되거나, 그 직위에 속하는 직무의 집행을 방해당하지 않을 권리를 가진다. 즉, 교원은 형의 선고, 징계처분, 또는 법률이 정한 사유에 의하지 않고는 그 의사에 반한 휴직·해임 또는 면직을 당하지 않는다(「교육공무원법」 제43조 제2항).

(2) 직무집행권 및 직명사용권

교원은 그 직위가 요구하는 일정할 직무를 담당할 권리가 있다. 교육공무원은 자기가 담당하고 있는 직무의 집행을 방해당하지 않을 권리를 가진다. 이를 방해할 때에는 공무방해죄를 구성한다.

(3) 쟁송제기권

쟁송제기권은 교원들이 위법 부당한 처분을 받았을 때 고충처리의 심사청구나 재심청구를 할 수 있는 권리를 말한다. 「교육공무원법」에서는 소청이나 처분사유 설명서 교부권 및 후임자 보충 발령의 유예 등 행정상 쟁송제기를 할 수 있는 권익을 최대한 보장하고 있다. 교육공무원이면 누구나

인사, 조직, 처우 등 직무조건과 기타 신분상의 제 문제에 관한 인사상담이
나 고충의 심사를 청구할 수 있도록 「교육공무원법」에 명시되어 있다.

(4) 불체포특권

교원은 현행범인 경우를 제외하고는 소속 학교장의 동의 없이 학원 안에
서 체포되지 않는다(「교육공무원법」 제48조). 이것은 교사의 신분상 보장뿐
아니라 학원의 자율성과 교육 및 연구 활동의 불가침성을 보호하려는 데
중요한 의미가 있다.

(5) 후임자 보충 발령의 유예

교육공무원의 임명권자는 교원의 근무성적이 불량하여 직권에 의한 면
직처분을 할 때에는 그 처분을 한 날로부터 30일 이내에는 후임자의 보충
발령을 하지 못한다(「국가공무원법」 제76조 제2항). 직권에 의하여 처분을
당할 때는 처분의 사유를 게재한 설명서를 교부받을 권리를 가지며 이에
반하여 그 처분에 대한 재심 요청이 있을 때는 재심위원회의 최종결정이
있을 때까지 후임자의 보충 발령을 하지 못한다. 이 제도는 임용권자에 의
한 판단착오로 인한 부당한 인사에 대한 신분상의 보장제도다.

(6) 교원단체 참여권

교원은 교원의 권리를 확보하고 교사로서의 직업을 효과적으로 수행하
기 위하여 단체 활동을 할 수 있다. 「교육기본법」 제15조에 의하면 교사들
이 상호 협동하여 교육의 진흥과 문화의 창달에 노력하며 교원의 경제적·
사회적 지위를 향상시키기 위해 각 지방자치단체 및 중앙에 교원단체를 조
직할 수 있다고 규정하고 있다.

또한 교사는 「교원의 노동조합 설립 및 운영 등에 관한 법률」에 의해 노
동조합을 설립할 수 있으며, 노동조합을 통해 교섭 및 체결권한 등을 가지

되 쟁의행위의 금지 및 정치활동의 금지를 규정하고 있다(서울특별시교육연구정보원, 2006).

3) 재산상의 권리

(1) 보수를 받을 권리

재산상의 권리에는 보수청구권 등이 있다. 보수의 법적인 의미는 봉급과 기타 수당을 합산한 금액이다. 교원의 봉급은 보수의 기본적인 재산권이 되며, 교원의 경제적 지위의 기초가 된다. 교원의 봉급은 교원의 동일자격, 학력, 경력에 따른 동일 호봉의 원칙에 준하여 지급되고 있다.

(2) 실비 변상을 받을 권리

「국가공무원법」 제48조에 의거하여 공무원이 소속기관의 장의 허가를 받아 본래의 업무수행에 지장이 없는 범위 안에서 담당업무 외의 특수한 연구과제를 위탁받아 이를 처리한 경우에는 그 보상을 지급받을 수 있다.

(3) 「공무원연금법」에 의하여 각종 사회보장(급여)을 받을 권리

교원들은 「공무원연금법」과 「사립학교교직원연금법」에 의해 자신과 유족들의 생활안정과 복지향상을 위해 퇴직 후에 연금을 받을 수 있다.

3. 교사의 의무

교사의 의무는 적극적 의무, 소극적 의무로 나눌 수 있다. 적극적 의무란 직무를 성실하게 수행할 의무를 말하며, 소극적 의무란 교원으로서 하지 말아야 할 측면을 말한다.

1) 적극적 의무

(1) 교육 및 연구활동의 의무

「교육기본법」과 「교육공무원법」 등에서는, 교원은 사표가 될 품성과 자질을 함양하는 데 힘쓰고 학문의 연찬과 교육의 원리와 방법을 탐구하고 연마하여 교육에 전심전력해야 한다는 내용을 규정하고 있다. 교사의 연수는 전문직 수행을 위한 각자의 의무이며, 따라서 교사 자신의 전문성 성장과 자기연찬에 그 의미가 있다(이칭찬 외, 2009).

(2) 선서, 성실, 복종의 의무

「국가공무원법」 제55조에 공무원은 취임할 때에 소속 기관장 앞에서 정해진 법령에 따라 선서를 하도록 규정하고 있으며, 동법 제56조에서 "모든 공무원은 법령을 준수하며 성실히 직무를 수행하여야 한다"고 규정하고 있다. 또 동법 제57조에는 "공무원은 직무를 수행할 때 소속 상관의 직무상 명령에 복종하여야 한다"고 되어 있다. 「교육공무원법」에서는 이런 의무에 대해 직접 규정하지 않지만, 「국가공무원법」을 준용하도록 하고 있으므로, 교사들도 이들 의무를 반드시 지켜야 한다.

(3) 품위유지의 의무

교원은 사표가 될 품성과 자질 향상에 힘써야 한다. 「국가공무원법」에서는 공무원이 봉사자로서 공무를 성실하게 집행해야 하며, 내·외를 불문하고 그 품위를 손상해서는 아니 되며 공직의 체면, 신용, 위신을 유지해야 한다고 규정하고 있다. 즉 마약, 도박, 알코올중독, 방탕, 낭비, 과도한 부채, 투기 등과 같은 행위로 공직자의 체면을 손상해서는 안 된다. 그리고 국민 전체의 봉사자로 친절하고 공정해야 하며, 직무상의 관계 여하를 불문하고 소속 상관이나 윗사람에게 증여하거나 증여를 받아서도 안 된다(이칭찬 외, 2009).

(4) 비밀엄수의 의무

공무원은 재직 중에, 퇴직 후에도 직무상 알게 된 비밀을 엄수하여야 한다(「국가공무원법」 제60조). 비밀엄수의 의무를 위반한 경우 징계 사유가 될 뿐 아니라 형법상 범죄의 요건이 된다. 교원은 그 정도가 크고 작음의 구별에 관계없이 직무상의 비밀을 지켜야 할 의무가 있다. 특히 학생과 관련된 개인적인 신상의 비밀과 교육적 측면에서 지켜야 할 비밀은 평생을 두고 지켜야 한다.

2) 소극적 의무

교사의 소극적 의무는 해서는 아니 되는 의무 혹은 금지하고 있는 의무를 말한다. 즉 「헌법」 「국가공무원법」 「교육기본법」 등에 따르면, 공무원은 정당, 기타 정치단체의 결성에 관여하거나 여기에 가입하는 행위, 집단행위, 영리업무 및 겸직 등이 금지된다.

(1) 정치활동의 금지

「헌법」에서는 공무원의 신분과 정치적 중립성을 보장하고 있으며 「국가공무원법」은 공무원의 정치운동 금지 및 행위의 금지를 규정하고 있다. 공무원은 선거에 있어서 특정 정당이나 특정인의 지지나 반대를 하기 위해서 투표를 하거나 하지 아니하도록 권유, 서명, 공공자금 모금 등을 할 수 없으며, 정당 또는 기타 정치단체에 가입하거나 권유하는 것이 금지되어 있다. 또한 정치적 이익이나 불이익에 관해 약속을 하여서도 안 된다. 일반 공무원과 마찬가지로 교육공무원에 대해서도 「교육기본법」에서 정치활동의 중립성을 명시하고 있다. 아울러 교사는 어느 정당을 지지하거나 배격

하는 행위를 학생들에게 지도 혹은 선동할 수 없다(이칭찬 외, 2009).

(2) 집단 행위의 제한

공무원은 노동운동, 기타 공무 이외의 일을 위한 집단행위를 해서는 안 된다고 규정하고 있다. 이것은 공무원인 근로자는 법률이 정하는 자에 한하여 단결권, 단체교섭권, 단체행동권을 가진다고 규정한 「헌법」 제33조에 근거를 두고 있다. 교육공무원의 경우 「교원노조법」이 제정됨으로써 교원의 단결권과 단체교섭권은 인정하고 있으나 단체행동권은 제한하고 있다.

(3) 영리업무 및 겸직의 금지

「국가공무원법」 제64조에 의하면, 공무원은 공무 이외의 영리를 목적으로 하는 사업에 종사하지 못하며 소속 기관장의 허가 없이 다른 직무를 겸할 수 없다고 규정하고 있다. 이는 직무상의 능률의 저해, 공무원의 공직에 대한 기대감 추락 등을 고려한 것이며, 공직의 존엄성 보호가 훼손될 수 있기 때문이다. 영리업무에는 현직 교원의 학원 강의나 사기업 운영 참여는 물론이고 방문판매 등에 의한 법률에 의하여 다단계 판매 활동도 포함된다.

4. 헌신적인 교사의 특성

헌신적인 교사의 특성을 개인 차원, 조직 차원, 직무분야별로 나누어 정리하면 다음과 같다(정광희 외, 2007).

1) 개인 차원 특성

(1) 인성 특성

헌신적인 교사들은 인성 측면에서 다양한 특성을 보여 주었는데, 공통적인 특성은 ① 부지런하고 성실하다, ② 긍정적인 가치관을 가지고 있다, ③ 책임감이 강하다, ④ 자신감이 있다, ⑤ 자신의 신념과 가치관이 뚜렷하다, ⑥ 남을 존중하고 배려한다, ⑦ 성취동기가 높다, ⑧ 완벽주의자적 성향이 있다, ⑨ 관리자로부터 인정받고자 하는 욕구가 강하다, ⑩ 학생으로부터 인정받고자 하는 욕구가 강하다 등인 것으로 나타났다.

(2) 교육관 특성

헌신적인 교사들에게서 나타나는 교육관 특성은 ① 뚜렷한 교육관을 가지고 있다, ② 교육에 대한 명확한 비전을 가지고 있다, ③ 학생들의 학교 생활뿐 아니라 개인생활 등에 종합적으로 관심을 갖는다, ④ 어떤 학생에 대해서도 교육적 변화 가능성을 믿는다, ⑤ 언제나 학생을 중심에 놓고 생각한다, ⑥ 인성교육을 중시한다, ⑦ 학생 개개인의 학업성취 향상을 중시한다, ⑧ 교직에 대해 크게 만족한다, ⑨ 교육자로서의 열정과 사명감이 높다, ⑩ 교사로서의 긍지와 자부심이 높다, ⑪ 교육적으로 열린 사고를 가지고 있다, ⑫ 학생들을 사랑하고 함께하려 한다 등이었다.

2) 조직 차원 특성

헌신적인 교사들의 조직 차원의 특성은 크게 관계 특성과 과업수행 특성으로 구분된다.

(1) 관계 특성

헌신적인 교사들은 인간관계 측면에서 공통적인 특성을 보여 주었는데, 구체적으로 ① 관리자들과의 관계가 좋다, ② 관리자들에게 협조적이다, ③ 관리자들로부터 인정을 받는다, ④ 동료교사들과 친하게 지낸다, ⑤ 동료교사들과 협동하려고 한다, ⑥ 동료교사들에게 도움을 주려고 한다, ⑦ 동료교사로부터 시기나 질투를 받는다, ⑧ 학생들과 친밀하다, ⑨ 학부모와의 관계가 원만하다, ⑩ 학부모들을 교육활동에 참여시키려 한다 등의 특성이 있는 것으로 나타났다.

(2) 과업수행 특성

헌신적인 교사들이 과업수행 측면에서 보여 준 특성은 ① 과업수행에 있어 창의적이다, ② 과업수행에서 유능하다는 평을 듣는다, ③ 과업수행에서 성공적 경험을 자주 한다, ④ 규정과 절차, 원칙을 중시하고 지킨다, ⑤ 자신의 시간과 비용을 기꺼이 투자한다, ⑥ 가족들의 희생이나 지원이 있다, ⑦ 자신의 과업수행에 대해 보상이나 대가를 바라지 않는다, ⑧ 변화에 대한 두려움이 적고 도전적이다, ⑨ 맡은 일에 대해 협력적이고 적극적이다, ⑩ 과업수행 자체를 즐긴다, ⑪ 무슨 일이든 잘하려는 마음이 강하다, ⑫ 과업을 수행함에 있어 추진력이 있다 등인 것으로 나타났다.

3) 직무 분야별 헌신 특성

교사들의 주요 직무 영역인 교과지도 분야, 생활지도 분야, 학급운영 분야, 학교 행정업무 분야, 전문성 개발 분야별로 헌신적인 교사들이 보여 준 특성은 다음과 같다.

(1) 교과지도 분야

헌신적인 교사들은 교과지도 분야에서 ① 분명한 목표의식을 가지고 목표에 도달하려고 한다, ② 수업준비를 위해 많은 시간과 노력을 투자한다, ③ 다양한 수업모형을 활용하여 수업을 진행한다, ④ 수업내용을 재구성하여 학습효과를 높이려 한다, ⑤ 예화와 자료를 많이 활용한다, ⑥ 동기유발을 위해 재미있는 수업을 전개한다, ⑦ 학생들의 적성과 수준에 맞추어 지도한다, ⑧ 자체적인 수업분석과 평가를 실시한다, ⑨ 수업개선을 위해 지속적으로 배우고 노력한다, ⑩ 수업공개에 개방적이다, ⑪ 자기 교과에 대한 애정과 자부심이 강하다 등의 특성이 있었다.

(2) 생활지도 분야

헌신적인 교사들은 생활지도 분야에서 ① 기본 생활습관을 강조하고 길러 주기 위해 노력한다, ② 학생과 대화 및 상담을 자주 한다, ③ 학생을 포기하지 않고 지속적으로 지도한다, ④ 학생들과 많은 시간을 함께한다, ⑤ 학생 개개인에게 개별적인 관심을 가지고 지도한다, ⑥ 학생들과 코드를 맞추기 위해서 노력한다, ⑦ 불우하고 소외된 학생들에게 더 많은 관심을 쏟는다, ⑧ 솔선수범한다, ⑨ 학부모와의 대화 등 가정과 연계된 생활지도를 한다 등의 특성이 있었다.

(3) 학급운영 분야

헌신적인 교사들은 학급운영 분야에서 ① 학급의 특성을 살리기 위해 노력한다, ② 다양한 학급활동을 실시한다, ③ 학급 학생들에게 꿈과 목표의식을 길러 주려고 한다, ④ 학급 학생들과 일체감을 느끼고 소통하려고 한다, ⑤ 학생들을 참여시켜 자율적이고 자치적인 학급운영을 하려고 한다, ⑥ 조회, 종례 시간을 적극 활용한다 등의 특성이 있는 것으로 나타났다.

(4) 학교 행정업무 분야

헌신적인 교사들은 학교 행정업무 분야에서 ① 학교 행정업무를 교육활동의 일부라고 여기고 수행한다, ② 학교 행정업무 수행에 적극 참여한다, ③ 학교운영의 목표를 잘 이해·인지하고 있다, ④ 불합리한 행정업무나 추진방식에 대해서는 자신의 의견을 분명하게 개진한다 등의 특성을 지니고 있었다.

(5) 전문성 개발 분야

헌신적인 교사들은 전문성 개발 분야에서 ① 전문성 향상을 위해 지속적으로 노력한다, ② 배우고 연구하는 것을 좋아하고 즐긴다, ③ 각종 연수에 적극적으로 참여한다, ④ 다방면으로 자기계발을 하려고 한다, ⑤ 시대적 변화나 필요에 따라 적극 배우려 한다, ⑥ 연구회 활동에 적극 참여한다 등의 특성이 있는 것으로 조사되었다.

교육과정의 편성 및 운영

내가 만난 훌륭한 교사-활동적인 수업

훌륭한 교사란 정말 대단하거나 거창한 사람만이 될 수 있는 것은 아니다. 유명한 대학을 졸업하여 좋은 학벌을 가졌다고 되는 것이 아니요, 돈이 많다고 되는 것도 아니요, 외모가 잘생겨서 되는 것도 아니요, 학생들에게 인기가 많다고 되는 것도 아니다.

나의 학창 시절을 떠올려 보면 가장 기억에 남는 선생님 두 분이 계신다. 한 분은 중1 때 영어 선생님이시다. 난 초등학교에서 중학교로 올라올 때 심한 사춘기와 환경의 변화로 학교에 적응을 잘 하지 못하였다. 영어란 과목은 더욱 심했다. 다른 아이들은 초등학교 때 이미 영어를 공부하고 올라왔는데, 난 중학교에 올라와서 처음으로 배우는 거라서 따라잡기가 더 어려웠다. 선생님의 수업은 대부분 활동적이었다. 일어나서 발표하고, 발표를 많이 하면 상을 주고, 조별로 게임도 하고, 팝송도 부르고, 연극도 하였다. 영어란 과목이 정말 재미있었다. 선생님은 나를 비롯해 잘 못 따라가는 아이들을 모아서 보충수업도 해 주시고, 뒤에서 많이 챙겨 주셨다. 그분으로 인해 학교 가는 것이 즐거웠고, 영어공부가 재미있었다. 2학년으로 올라가면서 영어로 편지를 써서 선생님께 드렸다. 비록 말도 잘 안 되고 문법도 맞지 않았지만, 선생님께서는 감동을 받으시고, 나를 꼬옥 안아 주셨다. 그리고 답장을 받았는데, 밑에 "Love Bo-ram, Excellent!!!"라고 쓰여 있었다. 선생님은 항상 칭찬해 주셨다. 내가 잘하든 못하든 상관없이 언제나 칭찬해 주시고 용기를 주셨다. 그때 나는 영어가 좋기보다 선생님께 칭찬받고 싶어서 더 열심히 공부했다.

다른 한 분은 고1 때 수학 선생님이시다. 새 학기가 시작되고 봄 햇살이 따뜻하게 비추던 날, 나는 수학시간에 졸았다. 선생님은 화가 나셔서 나의 손바닥을 때리고 뒤에 가서 수업을 듣게 했다. 며칠 뒤 난 수학 선생님께 또 혼났다. 고등학교 1학년 입학 선물로 핸드폰을 선물로 받고 너무 좋아서 수업시간에 핸드폰을 갖고 놀다가 걸린 것이었다. 역시 또 맞고, 반성문을 빽빽하게 써서 제출해야 했다. 방과 후에 선생님께서 교무실로 오라고 해서 갔는데, 선생님이 약을 발라 주시면서 "많이 아팠지?"라고 말하시면서 나를 위로해 주셨다.

그런데 선생님이 그 이후로 수업시간에 나만 시키시는 것이었다. 칠판에 주어진 문제를 앞에 나와서 푸는 것이었다. 난 아이들에게 창피하지 않도록 밤을 새워 수학 공부를 하고, 모르는 것은 선생님을 찾아가서 배우고 해서 수학시험에서 100점을 받게 되었다. 선생님은 나보다 더 좋아해 주시고, 기뻐해 주셨다.

두 분은 내가 힘들 때, 어려워할 때 그 문제를 해결해 주시고, 도와주시고, 힘을 주셨다. 그리고 나를 변화시켜 주시고, 나의 잠재력을 발견하고 이끌어 낼 수 있도록 도와주셨다. 영어와 수학은 나에게 어려운 과목이었지만, 그분들 덕분에 가장 재미있고, 좋아하는 과목이 되었다. 언제나 칭찬을 아끼지 않으시고 '나도 할 수 있다' 는 용기를 주시고 밀어 주셨다. 나는 이 분들이 진정 훌륭한 교사가 아닌가 생각한다.

1. 교육과정의 성격과 구성 방침

우리나라의 교육과정은 국가, 시·도 교육청, 학교의 3단계로 나누어 편성되어 있다. 국가 수준의 교육과정에서는 학교교육과정의 기준을 제시하고 있으며, 이를 바탕으로 시·도 교육청에서는 지역의 특수성을 살린 교육과정의 편성·운영 지침을 만들어 학교에 제시한다. 또 학교장은 국가 수준 교육과정과 시·도 수준의 교육과정 지침을 바탕으로 각 학교의 특수성에 따라 자율성과 창의성을 살려 학교교육과정을 편성·운영한다.

이러한 교육과정 구성의 방침에 따라 현행 7차 교육과정은 다음과 같은 성격을 지니고 있다(김진한, 2009).

첫째, 국가 수준의 공통성과 지역, 학교, 개인 수준의 다양성을 동시에 추구하는 교육과정이다.

둘째, 학습자의 자율성과 창의성 신장을 위한 학습자 중심의 교육과정이다.

셋째, 교육청과 학교, 교사, 학습자 및 학부모가 함께 실현해 가는 교육과정이다.

넷째, 학교교육 체제를 교육과정 중심으로 개선하기 위한 교육과정이다.

다섯째, 교육의 과정과 결과의 질적 수준을 유지·관리하기 위한 교육과정이다.

또한 7차 교육과정이 추구하는 인간상의 구현을 위한 교육과정의 구성 방침은 다음과 같다.

첫째, 사회적 변화의 흐름을 주도하는 기본능력 신장의 교육과정을 구상한다.

둘째, 국민공통기본교육과정 체제와 선택 중심 교육과정 체제를 병행하여 도입한다.

셋째, 교육내용의 양과 수준을 적정화하고 심도 있는 학습수행을 위하여 수준별 교육과정을 도입한다.

넷째, 학습자의 능력, 적성, 진로를 고려하여 교육내용과 방법을 다양화한다.

다섯째, 교육과정 편성·운영에서 현장의 자율성을 확대한다.

여섯째, 교육과정의 평가체제를 확립하여 교육의 질적 관리를 강화한다.

2. 편제와 시간(단위) 배당 기준

1) 편제

교육과정의 편제는 크게 국민공통기본교육과정과 고등학교 선택 중심 교육과정으로 나눌 수 있다(교육과학기술부, 2007).

〈표 3-1〉 교육과정의 편제

국민공통 기본교육 과정	교과		교과는 국어, 도덕, 사회, 수학, 과학, 실과(기술가정), 체육, 음악, 미술, 외국어(영어)로 한다. 다만 초등학교 1, 2학년의 교과는 국어, 수학, 바른생활, 슬기로운 생활, 즐거운 생활 및 우리들은 1학년으로 한다.
	재량활동		재량활동은 교과 재량활동과 창의적 재량활동으로 한다.
	특별활동		특별활동은 자치활동, 적응활동, 계발활동, 봉사활동, 행사활동으로 한다.
고등학교 선택 중심 교육과정	교과	보통교과	보통교과는 국어, 도덕, 사회, 수학, 과학, 기술·가정, 체육, 음악, 미술, 외국어와 한문, 교련, 교양의 선택과목으로 한다.
		전문교과	전문교과는 농업, 공업, 상업, 수산해운, 가사실업, 과학, 체육, 예술, 외국어, 국제에 관한 교과로 한다.
	특별활동		특별활동은 자치활동, 적응활동, 계발활동, 봉사활동, 행사활동으로 한다.

2) 국민공통기본교육과정 시간(단위) 배당 기준

교육과정의 시간 배당 기준은 국민공통기본교육과정 시간(단위) 배당 기준과 고등학교 선택 중심 교육과정 시간(단위) 배당 기준으로 구분하여 정해진다.

〈표 3-2〉 국민공통기본교육과정의 시간(단위) 배당 기준

학교		초등학교						중학교			고등학교
학년		1	2	3	4	5	6	7	8	9	10
교과	국어	국 어 210	어 238	238	204	204	204	170	136	136	136(8)
	도덕			34	34	34	34	68	68	34	34(2)
	사회	수 학 120	학 136	102	102	102	102	사회			
								102	·	68	102(6)
								역사			
								·	102	68	102(6)
	수학	바른생활 60	68	136	136	136	136	136	136	102	136(8)
	과학			102	102	102	102	102	136	136	136(8)
	실과	슬기로운 생활 180	204	·	·	68	68	기술·가정			
								68	102	102	102(6)
	체육			102	102	102	102	102	102	68	68(4)
	음악			68	68	68	68	68	34	34	34(2)
	미술	우리들은 1학년 80		68	68	68	68	34	34	68	34(2)
	외국어 (영어)			34	34	68	68	102	102	136	136(8)
재량활동		60	68	68	68	68	68	102	102	102	102(6)
특별활동		30	34	34	34	68	68	68	68	68	68(4)
연간 총 수업시간 수		830	850	952	952	1,054	1,054	1,122	1,122	1,122	1,190(70)

- 〈표 3-2〉의 국민공통기본교육기간에 제시된 시간 수는 34주를 기준으로 한 연간 최소 수업시간 수다. 단, 3~6학년의 연간 총 수업시간 수는 주5일 수업에 따라 감축된 시간 수이므로 학교에서는 교과 수업시간 수 중 연간 34시간의 범위 내에서 감축하여 운영한다.
- 1학년의 교과, 재량활동, 특별활동에 배당된 시간 수는 30주를 기준으로 한 것이며, '우리들은 1학년'에 배당된 시간 수는 3월 한 달 동안의 수업시간 수를 제시한 것이다.
- 1시간의 수업은 초등학교 40분, 중학교 45분, 고등학교 50분을 원칙

으로 한다. 다만 기후, 계절, 학생의 발달 정도, 학습내용의 성격 등을 고려하여 실정에 알맞도록 조절할 수 있다.

• 10학년의 괄호 안에 제시된 숫자는 단위 수다.

3. 2009 개정교육과정

2009 개정교육과정은 2009년 12월 23일에 교육과학기술부 고시 제 2009-41호로 고시된 교육과정으로, 학교 자율성과 창의성을 강화하는 방향으로 개정되었다. 종전까지 미래형 교육과정으로 불렸으나 현재는 2009 개정교육과정으로 명칭을 바꾸었다.

이 교육과정에서는 학기당 이수과목을 최대 5과목 줄이고 교과 집중이수제를 도입해 예체능 등의 과목을 특정 학기에 몰아서 수업하며 학교 자율에 따라 교육과정을 20% 범위 내에서 증감 운영할 수 있게 했다. 예를 들어 음악과 미술을 음악/미술로 성적표에 한 과목으로 표기하여 한 학기에 음악 또는 미술 둘 중 한 과목을 이수하고 예체능을 등급으로 표기하기 않고 우수/보통/미흡의 3단계로 기록한다. 또한 고등학교 때 배우는 생물의 교과를 생명과학으로 개명하고 1학년 때 배우는 과학을 배우지 않고 학교 자율에 따라 고 2때 배우는 물리 I, 화학 I, 생명과학(생물) I, 지구과학 I 중 2과목을 선택하여 1학년 때 배우게 되고 음악/미술과 마찬가지로 한 학기에 한 과목만을 성적에 반영한다. 집중이수제의 도입으로 한 학기에 8개 과목 이상을 배울 수 없게 되어 국어, 영어, 수학, 과학, 체육을 기본적으로 하고 학교에 따라 사회, 역사, 기술·가정, 도덕, 음악, 미술과 같은 과목은 한 학기에 몰아서 수업하거나 한 학년 때 3년 치 수업과정을 모두 배우기도 한다.

2009 개정교육과정의 특징은 첫째, 학습부담의 적정화를 통한 의미 있

는 학습활동 전개, 둘째, 폭넓은 인성교육을 위한 창의적 체험활동 강화, 셋째, 국민공통기본교육과정 조정, 넷째, 고등학교 교육과정의 혁신이다.

이 교육과정의 적용연도는 2011년 3월 1일에 초등학교 1,2학년/중학교 1학년/고등학교 1학년, 2012년 3월 1일에 초등학교 3, 4학년/중학교 2학년/고등학교 2학년, 2013년 3월 1일에 초등학교 5, 6학년/중학교 3학년/고등학교 3학년이다.

1) 교육과정 구성의 방향

(1) 추구하는 인간상

우리나라의 교육은 홍익인간의 이념 아래 모든 국민으로 하여금 인격을 도야하고, 자주적 생활능력과 민주 시민으로서 필요한 자질을 갖추게 하여 인간다운 삶을 영위하게 하고, 민주 국가의 발전과 인류 공영의 이상을 실현하는 데 이바지하게 함을 목적으로 하고 있다.

이러한 교육이념을 바탕으로 하는 2009 개정교육과정이 추구하는 인간상은 다음과 같다.

가. 전인적 성장의 기반위에 개성의 발달과 진로를 개척하는 사람
나. 기초 능력의 바탕위에 새로운 발상과 도전으로 창의성을 발휘하는 사람
다. 문화적 소양과 다원적 가치에 대한 이해를 바탕으로 품격 있는 삶을 영위하는 사람
라. 세계와 소통하는 시민으로서 배려와 나눔의 정신으로 공동체 발전에 참여하는 사람

(2) 교육과정 구성의 방침

앞에 열거된 인간상을 구현하기 위한 2009 개정교육과정의 구성의 방침은 다음과 같다.

- 배려와 나눔을 실천하는 창의적인 인재를 기를 수 있도록 교육과정 구성
- 초등학교 1학년부터 중학교 3학년까지의 공통교육과정과 고등학교 1학년부터 3학년까지의 선택교육과정으로 편성
- 교육과정 편성·운영의 경직성을 탈피하고, 학년 간 상호 연계와 협력을 통한 학교교육과정 편성·운영의 유연성을 부여하기 위하여 학년군 설정
- 공통교육과정의 교과는 교육 목적상의 근접성, 학문 탐구 대상 또는 방법상의 인접성, 생활양식에서의 연관성 등을 고려하여 교과군으로 재분류
- 선택교육과정에서는 학생들의 기초영역학습 강화와 진로 및 적성 등을 감안한 적정 학습이 가능하도록 4개의 교과 영역으로 구분하고, 필수이수 단위 제시
- 학기당 이수 교과목 수 축소를 통한 학습부담의 적정화와 의미 있는 학습활동이 전개될 수 있도록 집중 이수 확대
- 기존의 재량활동과 특별활동을 통합하여 배려와 나눔의 실천을 위한 '창의적 체험활동' 신설
- 학교교육과정 평가, 교과 평가의 개선, 국가 수준의 학업성취도 평가 실시 등을 통해 교육과정 질 관리 체제 강화

2) 학교급별 교육과정 편성과 운영

(1) 초등학교 교육목표

초등학교의 교육은 학생의 학습과 일상생활에 필요한 기초 능력을 배양하고 기본 생활 습관을 형성하는 데 중점을 둔다.

- 풍부한 학습경험을 통해 몸과 마음이 건강하고 균형 있게 자랄 수 있도록 하며, 다양한 일의 세계에 대한 기초적인 이해를 한다.
- 학습과 생활에서 문제를 인식하고 해결하는 기초 능력을 기르고, 이를 새롭게 경험할 수 있는 상상력을 키운다.
- 우리 문화에 대해 이해하고, 문화를 향유하는 올바른 태도를 기른다.
- 자신의 경험과 생활을 다양하게 표현하며 타인과 공감하고 협동하는 태도를 기른다.

(2) 초등학교 편제와 시간배당

- 초등학교 교육과정은 교과(군)와 창의적 체험활동으로 편성
  - 교과(군): 국어, 사회/도덕, 수학, 과학/실과, 체육, 예술(음악/미술), 영어. 다만, 초등학교 1, 2학년의 교과는 국어, 수학, 바른 생활, 슬기로운 생활, 즐거운 생활
  - 창의적 체험활동: 자율활동, 동아리 활동, 봉사활동, 진로활동
- 시간 배당 기준
  1시간 수업은 40분을 원칙으로 하되, 기후 및 계절, 학생의 발달 정도, 학습 내용의 성격 등과 학교 실정을 고려하여 탄력적으로 편성·운영할 수 있다.
  - 학년군 및 교과군별 시간 배당은 연간 34주를 기준으로 한 2년간의 기준 수업시수를 나타낸 것이다.

구분		1~2학년	3~4학년	5~6학년
교과(군)	국어	국어 448	408	408
	사회/도덕		272	272
	수학	수학 256	272	272
	과학/실과	바른 생활 192	204	340
	체육	슬기로운 생활 192	204	204
	예술(음악/미술)		272	272
	영어	즐거운 생활 384	136	204
창의적 체험활동		272	204	204
학년군별 총 수업시간 수		1,680	1,972	2,176

〈표 3-3〉 초등학교 시간 배당 기준

- 학년군별 총 수업시간 수는 최소 수업시수를 나타낸 것이다.
- 실과의 수업시간은 5~6학년 과학/실과의 수업시수에만 포함된 것이다.

(3) 중학교 교육목표

중학교의 교육은 초등학교 교육의 성과를 바탕으로, 학생의 학습과 일상생활에 필요한 능력을 배양하며, 민주시민의 자질 함양에 중점을 둔다.

- 심신의 건강하고 조화로운 발달을 추구하며, 다양한 분야의 경험과 지식을 익혀 적극적으로 진로를 탐색한다.
- 학습과 생활에 필요한 기초능력과 문제 해결력을 바탕으로 창의적 사고력을 기른다.
- 자신을 둘러싼 세계에 대한 경험을 토대로 다양한 문화와 가치에 대한

이해를 넓힌다.

• 다양한 소통능력을 기르고 민주시민으로서의 자질과 태도를 갖춘다.

(4) 중학교 편제와 시간배당

• 중학교 교육과정은 교과(군)와 창의적 체험활동으로 편성

  – 교과(군): 국어, 사회(역사 포함)/도덕, 수학, 과학/기술 · 가정, 체육, 예술(음악/미술), 영어, 선택. 선택은 한문, 정보, 환경과 녹색성장, 생활 외국어(독일어, 프랑스어, 스페인어, 중국어, 일본어, 러시아어, 아랍어, 베트남어), 보건, 진로와 직업 등

  – 창의적 체험활동: 자율활동, 동아리 활동, 봉사활동, 진로활동

• 시간 배당 기준

  – 1시간 수업은 45분을 원칙으로, 기후 및 계절, 학생의 발달 정도, 학습 내용의 성격 등과 학교 실정을 고려하여 탄력적으로 편성 · 운영할 수 있다.

  – 학년군 및 교과군 별 시간 배당은 연간 34주를 기준으로 한 2년간의

〈표 3-4〉 중학교 시간 배당 기준

구분		1~3학년
교과(군)	국어	442
	사회(역사 포함)/도덕	510
	수학	374
	과학/기술 · 가정	646
	체육	272
	예술(음악/미술)	272
	영어	340
	선택	204
창의적 체험활동		306
총 수업시간 수		3,366

기준 수업시수를 나타낸 것이다.

−총 수업시간 수는 3년간의 최소 수업시수를 나타낸 것이다.

(5) 고등학교 교육목표

고등학교 교육은 중학교 교육의 성과를 바탕으로, 학생의 적성과 소질에 맞는 진로 개척 능력과 세계 시민으로서의 자질을 함양하는 데 중점을 둔다.

• 성숙한 자아의식을 토대로 다양한 분야의 지식과 기능을 익혀 진로를 개척하며 평생학습의 기본 역량과 태도를 갖춘다.
• 학습과 생활에서 새로운 이해와 기치를 창출할 수 있는 비판적 · 창의적 사고력과 태도를 익힌다.
• 우리의 문화를 향유하고 다양한 문화와 가치를 수용할 수 있는 자질과 태도를 갖춘다.
• 국가 공동체의 발전을 위해 노력하며, 세계 시민으로서의 자질과 태도를 기른다.

(6) 고등학교 편제와 단위 배당 기준

① 편제
• 고등학교 교육과정은 교과(군)와 창의적 체험활동으로 편성
• 교과: 보통교과 및 전문교과
  − 보통교과 영역: 기초, 탐구, 체육 · 예술, 생활 · 교양교과
    〔교과(군): 국어, 수학, 영어, 사회(역사/도덕 포함), 과학, 체육, 예술(음악/미술), 기술 · 가정/제2외국어/한문/교양〕
  − 전문교과: 농생명 산업, 공업, 상업 정보, 수산 · 해운, 가사 · 실업, 과학, 체육, 예술, 외국어, 국제에 관한 교과

- 창의적 체험활동: 자율활동, 동아리 활동, 봉사활동, 진로활동

② 단위 배당 기준
- 1단위는 50분을 기준으로 하여 17회를 이수하는 수업량이다.
- 1시간의 수업은 50분을 원칙으로 하되, 기후 및 계절, 학생의 발달 정도, 학습내용의 성격 등과 학교 실정을 고려하여 탄력적으로 편성 · 운영할 수 있도록 되어 있다.
- 필수 이수단위의 교과(군) 및 교과 영역 단위 수는 해당 교과(군) 및 교과 영역의 '최소 이수단위'를 가리킨다.
- 필수 이수단위의 괄호 안의 숫자는 전문교육을 주로 하는 학교, 예체능 등 교육과정 편성 · 운영의 자율권을 인정받은 학교가 이수할 것을 권장하고 있다.
- 총 이수단위 수는 교과(군)와 창의적 체험활동의 이수단위를 합한 것

〈표 3-5〉 고등학교 단위 배당 기준

교과 영역	교과(군)	필수 이수단위		학교자율과정
		교과(군)	교과 영역	
교 과 (군)	기초			학생의 적성과 진로를 고려하여 편성
	국어	15(10)	45 (30)	
	수학	15(10)		
	영어	15(10)		
	탐구			
	사회(역사/도덕 포함)	15(10)	35 (20)	
	과학	15(10)		
	체육 · 예술			
	체육	10(5)	20 (10)	
	예술(음악/미술)	10(5)		
	생활 · 교양			
	기술 · 가정/제2외국어/ 한문/교양	16(12)	16 (12)	
소계		116(72)		64
창의적 체험활동		24		
총 이수단위		204		

으로, 고등학교 졸업에 필요한 '최소 이수단위'를 가리킨다.

3 보통교과

- 각 과목의 기본 단위 수는 5단위이고, 각 과목별로 1단위 범위 내에서 증감 운영이 가능하며, 가능한 한 한 학기에 이수하도록 권장하고 있다.
- 〈표 3-6〉에 제시된 과목 이외에 전문교과의 과목을 편성·운영할 수 있다.
- 〈표 3-6〉에 제시된 과목 중 사회(역사/도덕 포함) 교과(군)의 '한국사'는 반드시 이수한다.
- 예술계열 고등학교 이외의 고등학교에서 예술(음악/미술)은 음악과 미술교과를 중심으로 편성·운영한다.

〈표 3-6〉 보통교과

교과 영역	교과(군)	과목
기초	국어	국어Ⅰ, 국어Ⅱ, 화법과 작문, 독서와 문법, 문학, 고전
	수학	수학Ⅰ, 확률과 통계 기본, 수학Ⅱ, 미적분Ⅰ, 미적분Ⅱ, 기하와 벡터
	영어	영어Ⅰ, 영어Ⅱ, 실용 영어 회화, 실용 영어 독해와 작문, 영어 독해와 작문, 실용 영어Ⅰ, 실용 영어Ⅱ, 영어 회화
탐구	사회 (역사/도덕 포함)	한국 지리, 세계 지리, 동아시아사, 세계사, 법과 정치, 경제, 사회·문화, 한국사 도덕, 생활과 윤리, 윤리와 사상
	과학	물리Ⅰ, 물리Ⅱ, 화학Ⅰ, 화학Ⅱ, 생명과학Ⅰ, 생명과학Ⅱ, 지구과학Ⅰ, 지구과학Ⅱ
체육· 예술	체육	운동과 건강생활, 스포츠 문화, 스포츠 과학
	예술 (음악/미술)	음악과 생활, 음악과 진로 미술 문화, 미술 창작

(계속)

생활 · 교양	기술 · 가정/ 제2외국어/ 한문/ 교양	기술 · 가정, 농업 생명 과학, 공학 기술, 가정 과학, 경영 일반, 해양 과학, 정보 독일어Ⅰ, 독일어Ⅱ, 프랑스어Ⅰ, 프랑스어Ⅱ, 스페인어Ⅰ, 스페인어Ⅱ, 중국어Ⅰ, 중국어Ⅱ, 일본어Ⅰ, 일본어Ⅱ, 러시아어Ⅰ, 러시아어Ⅱ, 아랍어Ⅰ, 아랍어Ⅱ, 베트남어Ⅰ, 베트남어Ⅱ 한문Ⅰ, 한문Ⅱ 철학, 논리학, 심리학, 교육학, 종교학, 진로와 직업, 보건, 환경과 녹색성장

④ 전문교과

- 전문 교육을 주로 하는 특성화 고등학교에서는 다음 과목을 필수로 이수한다.
  - 농생명 산업 계열: 농업 이해, 농업 기초 기술
  - 공업 계열: 공업 일반, 기초 제도
  - 상업 정보 계열: 상업 경제, 회계 원리
  - 수산 · 해운 계열: 해양의 이해, 수산 · 해운 산업 기초
  - 가사 · 실업 계열: 인간 발달, 생활 서비스 산업의 이해
- 농생명 산업에 관한 교과의 '성공적인 직업 생활'은 계열 공통 선택 과목으로 이수한다.
- 전문교과의 각 과목에 대한 이수 단위는 시 · 도 교육감이 정한다.

〈표 3-7〉 전문 교과

교과	과목				기준 학과
농생명 산업	• 농업 이해 • 생물 공학 기술 • 산림 자원 기술 • 원예 기술 • 농업 토목 시공·측량 • 농업 기계 정비 • 축산·수산 식품 가공 • 환경 보전 • 농업 영어 • 친환경농업	• 원예전문생산 • 중소 가축 관리 • 대 가축 관리 • 반려 동물 관리 • 조경설계 • 조경 시공 관리 • 성공적인 직업 생활 • 농업 기초 기술 • 재배 • 원예 • 농업과 물	• 농업 기계 • 식품 과학 • 농산물 유통 • 환경 관리 • 농업 정보 관리 • 작물 생산 기술 • 생활 원예 • 동물 자원 • 조경 • 농촌과 농지 개발 • 농업 기계 공작 • 식품 위생	• 농산물 유통 관리 • 농업 경영 • 숲과 인간 • 생산 자재 • 농업 토목 제도·설계 • 농업 기계 운전·작업 • 농산 식품 가공 • 농산물 유통 실무 • 관광농업	• 식물자원과 • 동물자원과 • 농업토목과 • 식품가공과 • 농업기계과 • 조경과 • 농산물유통 정보과 • 환경·관광 농업과 • 생물공학기술과
공업	• 공업 입문 • 기계 일반 • 기계 공작법 • 기계 기초 공작 • 금형 제작 • 전자 기계 제어 • 금속 제조 • 전기 응용 • 전자·전산 응용 • 정보 통신 • 프로그래밍 • 토목 설계 • 지적 전산 • 건축 목공 • 색채 관리 • 시각 디자인 • 제조 화학 • 구조 세라믹 • 스마트 세라믹 • 식품 분석 • 제포·봉제	• 기초 제도 • 공작 기계 • 전자 기계 이론 • 로봇 기초 • 재료 가공 • 전기 회로 • 전기·전자 측정 • 전자 회로 • 통신 시스템 • 디지털 논리 회로 • 지적 실무 • 건축 구조체 시공 • 조형 • 컴퓨터 그래픽 • 분석 화학 • 세라믹 재료 • 식품 공업 기술 • 염색·가공 • 디지털 인쇄 • 자동차 기관 • 자동차 차체 수리	• 정보 기술과 활용 • 공업 영어 • 유체 기계 • 전자 기계 회로 • 로봇 제작 • 주조 • 전기 기기 • 자동화 설비 • 컴퓨터 구조 • 측량 • 토목 재료·시공 • 건축 구조 • 건축 마감시공 • 제품 디자인 • 공업 화학 • 파인 세라믹 • 발효 공업 • 섬유 재료 • 인쇄의 이해 • 자동차 섀시 • 선박 이론	• 전문 제도 • 기계 구조와 기능 • 공기 조화 설비 • 산업 설비 • 전자 기계 공작 • 재료 일반 • 금속 처리 • 전력 설비 • 전자 기기 • 통신 일반 • 시스템 프로그래밍 • 역학 • 수리·토질 • 건축 계획 • 디자인 일반 • 공예 • 단위 조작·공정 제어 • 세라믹 원리·공정 • 방적·방사 • 인쇄 재료	• 기계과 • 전자기계과 • 금속재료과 • 전기과 • 전자과 • 통신과 • 컴퓨터응용과 • 토목과 • 건축과 • 디자인과 • 화학공업과 • 환경공업과 • 세라믹과 • 식품공업과 • 섬유과 • 인쇄과 • 자동차과 • 조선과 • 항공과 • 컴퓨터게임과

(계속)

공업	• 아날로그 인쇄 • 제판 인쇄 • 건설 기계 구조· 　정비 • 선박 건조 • 항공기 장비 • 대기·소음 방지 • 컴퓨터 게임 그래픽	• 영화·방송 제작 • 항공기 일반 • 항공기 전자장치 • 폐기물 처리 • 만화·애니메이션 기초 • 촬영·조명	• 선박 이론 • 항공기 기체 • 환경 공업 일반 • 컴퓨터 게임 기획 • 애니메이션 제작 • 방송 시스템 • 사진 • 자동차 전기·전자	제어 • 선박구조 • 항공기 기관 • 수질 관리 • 컴퓨터 게임 프로그래밍 • 만화 창작	• 만화·애니메이션과 • 영상 제작과
상업 정보	• 상업 경제 • 커뮤니케이션 실무 • 세무 회계 • 국제 상무 • 프로그래밍 실무 • 모바일 콘텐츠 • 컴퓨터 일반 • 마케팅 • 원가관리 회계 • 금융 일반	• 유통 관리 • 상업디자인 실무 • 전자상거래 실무 • 미디어콘텐츠 실무 • 회계 원리 • 회계 정보 처리 시스템 • 재무 회계 • 글로벌 경영	• 물류 관리 • 사무 관리 실무 • 웹 프로그래밍 • 창업 일반 • 기업과 경영 • 기업 자원 통합 관리 • 비지니스 영어 • 자료 구조 • 상업디자인 일반	• 전자상거래 일반 • 미디어 콘텐츠 일반	• 경영정보과 • 회계정보과 • 무역정보과 • 유통경영과 • 정보처리과 • 콘텐츠개발과 • 전자상거래과 • 상업디자인과 • 관광경영과 • 금융정보과
수산· 해운	• 수산 일반 • 수산 생물 • 양식 생물 질병 • 해양 오염·방재 • 열기관 • 잠수 기술 • 해사 영어 • 전자 통신 운용 • 해양 정보 관리 • 해사 일반 • 수산 경영 일반 • 수산 가공	• 냉동 일반 • 선박 보조 기계 • 항해 • 선화 운송 • 생선회 실무 • 전자통신기기 • 해양의 이해 • 해양 생산 기술 • 수산물 유통 • 냉동 공조 기계 • 선박 전기·전자	• 선박 운용 • 전자 통신 기초 • 해양 레저·관광 • 해양 플랜트 일반 • 수산·해운 산업 기초 • 수산 양식 • 냉동 공조 실무 • 기계 설계·공작 • 해사 법규 • 전자 통신 기기 • 해양 물류 일반		• 해양생산과 • 수산양식과 • 자영수산과 • 수산식품과 • 해양환경과 • 냉동공조과 • 동력기계과 • 항해과 • 전자통신과 • 해양레저산업과 • 항만물류과 • 해양정보과
가사· 실업	• 인간 발달 • 동양 조리 • 패션 디자인 • 주거 • 보육원리와 보육	교사 • 관광 일반 • 관광 영어 • 보건 간호 • 헤어 미용	• 생활 서비스 산업의 이해 • 식품과 영양 • 서양 조리 • 한국 의복 구성	• 실내 디자인 • 보육과정 • 관광 경영 실무 • 관광 일본어 • 기초 간호 임상 실무	• 조리과 • 의상과 • 실내디자인과 • 보육과

(계속)

| 가사·실업 | • 피부 미용
• 급식 관리
• 제과 · 제빵
• 서양 의복 구성
• 가구 디자인
• 놀이 지도 | • 관광 서비스 실무
• 관광 중국어
• 기초 복지 서비스
• 메이크업 | • 복지 서비스의 기초
• 한국 조리
• 의복 재료 · 관리
• 자수와 편물
• 디스플레이 | • 아동 생활 지도
• 관광 외식 · 조리
• 간호의 기초
• 노인 생활 지원
• 공중 보건 | • 관광과
• 간호과
• 복지서비스과
• 미용과 |

(7) 고등학교 교육과정 편성 · 운영의 중점

1 공통 지침

- 고등학교 교육과정의 총 이수단위는 204단위이며 교과(군) 180단위, 창의적 체험활동 24단위로 나누어 편성한다.
- 교과의 이수시기와 단위는 학교에서 자율적으로 편성 · 운영할 수 있다.
- 교육효과를 높이기 위해 학생의 학기당 이수과목 수를 8개 이내로 편성하도록 한다.
- 선택과목 중에서 위계성을 갖는 과목의 경우 계열적 학습이 되도록 편성한다. 단, 학교의 실정 및 학생의 요구, 과목의 성격에 따라 탄력적으로 운영할 수 있다.
- 선택과목은 학교의 실정과 학생들의 요구를 반영하여 편성하되, 학교는 필요에 따라 이 교육과정에 제시되어 있는 과목 외에 새로운 과목을 개설할 수 있다. 새로운 과목을 개설하여 운영하고자 할 경우에는 시 · 도 교육청의 교육과정 편성 · 운영 지침에 의거하여 사전에 필요한 절차를 거쳐야 한다.
- 일정 규모 이상의 학생이 이 교육과정의 편제에 있는 특정 선택과목의 개설을 요청할 경우, 학교는 이를 개설해야 한다.
- 학교에서 개설하지 않은 선택과목 이수를 희망하는 학생이 있을 경우 그 과목을 개설한 다른 학교에서의 이수를 인정하도록 한다.

- 학교 및 학생의 필요에 따라 지역사회의 학습장에서 행하는 학습을 이수 과목으로 인정할 수 있다. 다만 이 경우 시·도 교육청이 정하는 지침에 따른다.
- 학교는 필요에 따라 대학과목 선이수제의 과목을 개설할 수 있고, 국제적으로 공인받은 교육과정과 과목을 선택과목으로 인정할 수 있다. 다만, 이와 관련된 구체적인 사항은 시·도 교육청의 지침에 따른다.
- 학교는 필요에 따라 교과의 총 이수단위를 증배 운영할 수 있다. 단, 전문교육을 주로 하는 학교는 전문교과에 한하여 증배 운영할 수 있다.
- 학교는 학생이 3년간 이수해야 할 학년별, 학기별 과목을 편성하여 안내해야 한다.

② 일반계 고등학교
- 교과(군)의 이수단위 180단위 중 필수 이수단위는 116단위 이상으로 한다.
- 학생의 진로 과정을 고려하여 교과(군)별 최소 필수 이수단위 수로 편성할 수 있으나, 교과 영역별로 제시된 단위 수를 편성·운영하여야 한다.
- 일반계 고등학교에서 체육, 음악, 미술 등의 과정을 개설하거나 자율 학교로 지정된 학교의 경우 교과(군) 최소 이수단위인 72단위로 편성·운영할 수 있다.
- 학교는 학생의 요구 및 흥미, 적성 등을 고려하여 진로를 적절히 안내할 수 있는 진로 집중 과정을 편성·운영하도록 한다. 이를 위해 학교는 이 교육과정에 제시하는 '학교자율과정'에서 진로 집중 과정과 관련된 과목의 심화학습이 이루어질 수 있도록 편성·운영한다.
- 과학, 수학, 사회, 영어, 예술, 체육 등 교과를 중심으로 중점 학교를 운영할 수 있으며 이 경우, 학교자율과정의 50% 이상을 관련 교과목

으로 편성할 수 있다.

- 체육, 음악, 미술 등의 과정을 개설하는 학교의 경우, 필요에 따라 지역 내 중점 학교 및 지역사회 학습장 등을 활용할 수 있다.
- 일반계 고등학교에서 직업에 관한 과정을 운영할 수 있으며, 이와 관련된 세부 지침은 시·도 교육청에서 정한다.
- 학교에서 제2외국어 과목을 개설할 경우, 2개 이상의 과목을 동시에 개설하도록 노력해야 한다.

③ 전문교육을 주로 하는 고등학교

- 교과(군)의 이수단위 180단위 중 보통교과 필수 이수단위는 72단위 이상으로 편성하며, 전문교과의 과목은 80단위 이상 편성한다.
- 전문교과의 각 과목에 대한 이수단위는 시·도 교육감이 정하되, 외국어와 국제에 관한 교과의 각 과목별 이수단위는 5단위를 기본으로 하며, 3단위 범위 내에서 증감 편성할 수 있다.
- 전문교과의 기초가 되는 과목을 선택하여 이수할 경우, 이를 해당 보통교과의 이수로 간주할 수 있다.
- 내용이 유사하거나 관련되는 보통교과의 과목과 전문교과의 과목은 교체하여 편성·운영할 수 있다.
- 농생명 산업, 공업, 상업정보, 수산·해운, 가사·실업 계열의 고등학교는 다음과 같이 편성·운영할 수 있다.
  - 전문교과는 필요한 경우 다른 계열의 전문과목을 선택하여 편성·운영할 수 있다.
  - 학과별 필수과목은 필요한 경우 학교장이 정할 수 있으며, 2개 이상의 계열을 운영하는 경우, 해당 학과가 속한 계열의 필수과목을 이수한다.
  - 교육과정 내용과 관련이 있는 현장 실습을 운영하여야 한다. 이 경

우 다양한 형태로 운영할 수 있으며, 이와 관련한 구체적인 사항은 시·도 교육청이 정한 지침에 따른다.

• 국제 계열 고등학교는 전공 관련 교과군과 외국어에 관한 교과의 과목에서 80단위 이상 이수하되, 전공 관련 교과군에서 50% 이상 편성한다.

• 외국어 계열 고등학교에서는 전문교과 총 이수단위의 60% 이상을 전공 외국어로 하고, 전공 외국어 포함 2개 외국어로 전문교과를 편성해야 한다.

• 이 교육과정에 명시되지 아니한 계열의 교육과정은 유사 계열의 교육과정에 준한다. 부득이 새로운 계열의 설치 및 그에 따른 교육과정을 편성할 경우와 학교 실정에 따라 새로운 과목을 설정하여 운영하고자 할 경우에는 시·도 교육청의 교육과정 편성·운영 지침에 의거하여 사전에 필요한 절차를 거쳐야 한다.

4. 교육과정의 평가와 질 관리

1) 교육과정의 질 관리

교육과정의 질 관리를 위하여 국가 수준에서는 주기적으로 학생 학력평가, 학교와 교육기관 평가, 교육과정 편성·운영에 관한 평가를 실시한다. 이를 토대로 교육과정의 적절성을 확보하고 개선의 자료로 활용한다(김진한, 2009).

• 학업성취도를 평가하기 위하여 교과별·학년별 학생평가를 실시하고, 평가 결과는 교육과정의 적절성 확보와 그 개선에 활용한다.

• 학교의 교육과정 편성·운영과 교육청의 교육과정 지원상황을 파악하

기 위하여 학교와 관련 교육청에 대한 평가를 주기적으로 실시한다.
• 교육과정 편성 · 운영과 지원체제의 적절성과 실효성을 평가하기 위한
  연구를 수행한다. 이 교육과정이 적용되는 첫해부터 다양한 절차를 거
  쳐 해당 학교, 학년, 학생에게 적절한지를 조사하여 평가하되, 교육과
  정평가 연구는 교육과정의 편제, 시간(단위) 배당, 편성 · 운영 지침의
  적절성과 그 적용효과에 중점을 둔다.

2) 국가의 교육과정 평가활동

국가 수준에서는 학교에서 교육과정의 정신을 구현한 평가활동이 원활
히 이루어질 수 있도록 다양한 방안을 강구해서 학교 현장에 제공해 주어
야 한다(서울특별시교육연구정보원, 2006).

• 교과별로 '절대평가 기준'을 개발, 보급하여 학교가 교과교육과정의
  목표에 부합되는 평가를 실시할 수 있도록 한다.
• 국가 수준의 평가 문항 은행을 구축하여 학교가 에듀넷 등 통신망을
  통해 평가에 이용할 수 있도록 한다.
• 교과별 평가활동에 활용할 수 있는 다양한 평가방법, 절차, 도구 등을
  개발하여 학교에 제공한다.

3) 시 · 도 교육청의 교육과정 질 관리

시 · 도 교육청에서는 관내 학교의 교육과정 편성 · 운영에 대한 질 관리
및 지역 교육청의 교육과정 편성 · 운영 체제의 적절성과 실효성을 높이기
위하여 학업성취도 평가, 교육과정 편성 · 운영 평가 등을 실시할 수 있다.

4) 학교교육과정 평가

학교에서 실시하는 평가활동은 다음과 같은 사항을 고려해서 이루어져
야 한다.

- 평가는 모든 학생들이 교육목표를 성공적으로 달성하기 위한 교육과
  정으로 실시한다.
- 학교는 다양한 평가도구와 방법으로 성취도를 평가하여 학생의 목표
  도달도를 확인하고, 수업의 질 개선을 위한 자료로 활용한다.
- 교과의 평가는 선다형 일변도의 지필검사를 지양하고, 서술형 주관식
  평가와 표현 및 태도의 관찰평가가 조화롭게 이루어지도록 한다.
- 실험 · 실습의 평가는 교과목의 성격을 고려하여 합리적인 세부 평가
  기준을 마련하여 실시한다.
- 정의적 · 기능적 · 창의적 면이 특히 중시되는 교과의 평가는 타당한
  평정 기준과 척도에 의거하여 실시한다.
- 학교와 교사는 학교에서 가르친 내용과 기능을 평가하도록 유의한다.
  학생이 학교에서 배울 기회가 마련되어 있지 않고, 학교 밖의 교육수단
  을 통해서 익힐 수밖에 없는 내용과 기능을 평가하지 않도록 유의한다.
- 초등학교의 교과활동 평가는 학생의 활동 상황과 특징, 진보의 정도
  등을 파악하여, 그 결과를 서술적으로 기록하는 것을 원칙으로 한다.
- 평가는 교과 재량활동과 창의적 재량활동의 특성과 학생의 특성을 감
  안하여 평가의 주안점을 학교에서 작성 · 활용한다. 다만, 창의적 재량
  활동의 평가는 그 결과를 문장으로 기록하도록 한다.

제4장

교수-학습계획 및 수업

내가 만난 훌륭한 교사-잘 가르치는 교사

　　내가 생각할 때 훌륭한 교사란 몇 가지 유형이 있는 것 같다. 나의 학창시절 훌륭한 선생님들을 생각해 보면, 첫 번째로 자기 과목에 대해 열성적이고 자신이 하는 일을 정말로 사랑하는 선생님을 보았을 때 그분이 훌륭한 교사라고 느껴졌었다. 내가 고등학교 다닐 때 우리 불어 선생님은 정말로 불어를 사랑하셨다. 그리고 불어뿐 아니라 프랑스에 관한 지식도 굉장히 많으셨고, 프랑스를 거의 제2의 조국으로 여기셨던 것 같았다. 그래서 나는 그 선생님의 수업시간은 항상 재미있었고, 즐거웠던 것 같았다. 또한 학생들의 질문에 항상 정확한 대답을 해 주셨고, 또 간혹 모르시는 부분이 있으시면 누가 더 자세히 알아오는지 내기도 했었다. 선생님께서 불어라는 과목에 열정이 있으셨기에 나도 불어를 처음 배웠던 과목이었지만 성적이 꽤 잘 나왔다.

　　두 번째로 학생의 능력을 알고 너무 다그치지 않으며 "너는 할 수 있다"라고 용기를 불어넣어 주는 선생님이었다. 스웨덴의 식물학자인 칼 본 린네는 "훌륭한 교사란 학생의 숨은 재능을 알아내고 그것을 격려하는 사람이다. 왜냐하면 진정한 발견자들이 그들 사이에서 나오기 때문이다. 혜성이 별들 사이에서 날아오는 것처럼……"이라고 말했다고 한다. 사람에게는 일정 수준의 능력이 누구나 다 있고, 또 개성에 따라 소질과 능력이 다르게 나타나기 때문에 모든 사람을 한 가지 기준에 맞춰서 못하면 다그치고, 윽박지르는 것보다 소질과 능력에 따라 '할 수 있다'는 희망과 가능성을 깨우쳐 주는 선생님이 훌륭한 선생님인 것 같다. 왜냐하면 학생이 할 수 있는 일에 대해 기대해 주며 가능성에 대한 희망과 용기를 줄 때, 학생들은 더욱 열성적으로 임하기 때문이다. 뉴스나 TV에서 성공한 사람들의 이야기를 들어 볼 때, 학창시절에 은사님들이 희망과 용기를 주었기 때문에 좌절하지 않고 성공했다고 하는 사람들을 많이 보았다.

　　세 번째로 학생들과의 충분한 대화를 하는 선생님이다. 학교 다닐 때 내가 가장 싫어했던 선생님들은 바로 자기주장만 내세우는 선생님이셨다. 학생들의 이야기는 들어 보려고도 하지 않고 무조건 선생님이기 때문에 학생들이 복종해야 한다고 믿고, 그렇지 않으면 불량학생이라는 편견을 가지는 선생님들이 가장 싫었다. 특히 잘못된 답을 가르쳐 주시고 맞다고 주장하시는 선생님들이 간혹 계셨다. 수업시간에도 학생들과 충분한 대화를 하면서 수업시간을 이끌어 가는 것도 훌륭한 교사의 조건이라고 생각한다. 학생들과의 충분한 대화가 이어질 때 그 수업시간의 효율은 최대가 된다고 생각된다.

마지막으로 학생들이 기대고 싶고, 어려우면 찾아가서 도움을 청하고 싶고, 믿음이 가는 선생님이 훌륭한 교사라고 생각된다. 고등학교 1학년 학기말 때 나는 인문계로 갈 것인가, 자연계로 갈 것인가를 두고 많이 고민했던 적이 있었다. 그때 나는 졸업하고도 계속 만남을 가져 왔던 중학교 때 국어 선생님을 찾아뵙고 상담을 받았다. 엇나갈 수도 있었던 나를 그 선생님이 바로잡아 주셨던 것을 생각하면서 나의 상황을 자세히 말씀드렸다. 그때 많은 친구들이 고민을 했었는데, 새삼 누구보다도 나의 입장을 살펴 진로에 대해 상담해 주시는 국어 선생님이 참 위대해 보였다. 그리고 지금도 그 선생님께 감사드리고 있다.

이처럼 훌륭한 교사란 학생들의 머릿속에 오래 남아 훗날 도움이 되는 교사를 뜻하는 것 같다.

1. 수업계획의 필요성

수업계획은 좋은 수업을 하기 위한 준비활동의 한 단계로, 좋은 수업을 위해서는 좋은 수업계획이 있어야 한다. 수업계획이 왜 필요한가에 대하여 설명하면 다음과 같다.

첫째, 수업계획이 없이는 수업의 효과성, 효율성, 매력성, 안전성을 보장하기 매우 힘들다.

둘째, 교직은 전문직이기에 수업은 교사의 책임이며, 교사는 전문인으로서의 자신의 활동을 미리 계획하여야 한다.

셋째, 최근 수업에 활용되는 매체나 체제 등은 갈수록 복잡해지고 다양화되고 있으며 수업의 목표 역시 질과 양이 변화하고 있다.

넷째, 최근 학습자들의 요구나 개인 차가 크게 벌어지고 있는 실정이다. 이런 수업환경에 맞는 수업을 하기 위해서는 반드시 수업계획이 필요하다.

2. 수업계획 시 고려해야 할 요소

좋은 수업계획을 위해서 고려해야 할 요소에 대하여 변영계 등(2007)은 다음과 같이 제시하고 있다.

첫째, 수업목표나 내용에 적합한 수업방법은 무엇인지 분석하고 선택해야 한다.

둘째, 수업은 여러 가지 학습활동이 포함되기에 학습활동에 대한 계획이 수립되어야 한다. 즉, 동기유발을 위한 활동 등 다양한 형태의 활동을 고려해야 한다.

셋째, 수업의 대상, 즉 학습자들을 분석하고 이들에 맞는 수업방법을 계획해야 한다.

넷째, 수업계획은 수업자 자신의 자질, 능력, 선호하는 수업방법 등을 고려하며 이루어져야 한다. 왜냐하면, 아무리 첨단시설이 있더라도 수업자 자신이 사용할 수 없다면 그 시설은 수업에 사용될 수 없기 때문이다.

다섯째, 수업에 관련된 현실적인 제 여건이 고려되어야 한다. 여기에는 허용된 수업시간의 양, 학습활동을 할 공간과 장소, 교수-학습자료, 시설, 예산, 안전, 이동의 문제, 부모의 동의나 허락 등 다양한 요소가 있다.

수업의 효율화는 한 사람의 수업자가 칠판과 분필만으로 해결할 수 있는 문제가 아니다. 따라서 다양한 학습활동, 수업매체, 수업방법, 혁신적 여건 등이 종합적으로 고려되어야 할 것이다. 이러한 제 요인이 정해진 수업목표를 효과적으로 달성시켜 제 기능과 역할을 다할 수 있도록 하기 위해서는 수업자는 수업 전에 치밀하고 과학적인 사고를 통해 자기 수업에 대한 결정을 해야 할 것이다.

3. 수업의 단계와 주요 활동

수업활동은 도입, 전개, 정리의 세 단계로 구분할 수 있다.

1) 도입 단계의 성격과 주요 활동

도입 단계는 본 수업이 시작되는 단계로 비교적 짧은 시간 안에 이루어진다. 수업상황에 따라 약간의 차이는 있지만 대략 5~10분 정도가 적절하다. 이 시간에는 학습자의 주의를 집중시키고, 도달해야 할 학습목표를 제시해야 하며, 본 수업과 관련된 과거의 학습내용을 회상시켜 관련지어 주어야 한다.

(1) 학습동기의 유발
교사는 수업에 대한 학습자의 동기유발을 위해 다양한 방법을 사용해야 한다.

첫째, 그 시간에 배울 학습과제와 관련이 있는 경험담을 들려주거나 뉴스보도, 신문을 통해서 알려진 사건을 제시해 줌으로써 학습자의 관심을 불러일으킨 다음, 이것이 그 시간의 학습과제와 어떤 관련이 있으며 왜 중요한지를 설명한다. 그러므로 교사는 자신의 주위에서 일어나는 일을 주의 깊게 관찰하거나 기록하였다가 필요한 수업에 적절하게 활용해야 하며, 학습자들이 가지는 관심과 흥미 등에 대하여도 면밀한 조사가 필요하다.

둘째, 학습자의 성취동기를 유발시키기 위해서는 그 시간의 수업목표를 달성했을 때 학습자가 무엇을 할 수 있게 되는지에 대하여 설명해야 한다.

셋째, 학습과제를 설명하거나 표현해 주는 시청각 자료를 적절하게 사용하여 학습자의 학습동기를 유발시킨다. 학습해야 하는 주제와 관련한 사진, 비디오, 인터넷 자료 등을 소개함으로써 학습자의 관심을 유도하고 호기심을 충족시킨다.

(2) 학습목표의 제시

학습목표란 학습자가 한 시간이나 혹은 한 단원의 학습활동에 참여하여 성취해 내야 할 목표다. 그러므로 수업이 효과적으로 이루어지기 위해서는 수업의 도입 단계에서 학습자에게 학습목표를 분명히 인식시켜 주어야 한다. 학습목표를 제시할 때 유의할 점은 다음과 같다.

첫째, 학습목표는 그 시간의 수업이 끝났을 때 학습자가 할 수 있는 행동으로 진술해야 한다. 이때 진술된 학습목표는 수업의 성공 여부를 판단하는 평가기준으로 작용하기 때문에 가능한 한 행동적인 수준에서 구체적으로 제시되어야 한다.

둘째, 교사는 학습자에게 학습목표를 분명히 인지시킨 다음 수업에 임해야 한다. 수업목표를 제시하는 방법으로는 ① 수업자의 구두 설명으로 제시, ② 칠판에 판서를 통한 제시, ③ 완성된 모범작품의 제시, ④ 수업자나 숙달된 학생을 통한 시범, ⑤ 유인물로 된 평가문항의 제시 등의 방법이 있다.

(3) 선수학습과 관련 짓기

본시의 학습과제가 제대로 성취되기 위해서는 그 과제와 관련이 있는 선수학습을 회상시키거나 상기시켜 주어야 한다. 학습자가 지난 학습에서 학습한 내용과 본시의 학습할 내용과의 연결이 잘될 때 새로운 학습이 잘 이루어질 수 있을 것이다.

2) 전개 단계의 성격과 주요 활동

수업에서 이 전개 단계는 핵심이 되는 과정으로 도입 단계와 정리 단계를 연결하며 실제 수업의 대부분을 차지하여 50분 수업의 경우 35분 내외의 시간이 이 단계에 해당된다. 이 단계에서는 학습내용을 조직하여 학습자에게 제시하고 다양한 수업방법을 사용하여 교수–학습활동을 한다.

(1) 학습내용 제시

학습내용을 학습자들에게 제시하기 위해서 교사가 먼저 생각해야 할 일은 어떤 순서로 제시할 것인가 하는 문제다. 여기에는 몇 가지 방법이 있다 (변영계 외, 2007).

첫째, 학습과제의 분석표를 기초로 하여 가장 기본적인 학습과제부터 시작하여 점차 일반적인 학습과제에 이르기까지 순차적으로 제시한다. 즉 먼저 단순하고 쉬운 과제부터 학습하게 하고, 그다음 이를 토대로 점차 복잡하고 어려운 학습과제를 학습하도록 제시한다.

둘째, 한 시간에 가르칠 학습내용을 학습자의 수준과 특성, 수업의 조건과 활동상황 등을 고려하여 적당한 크기로 묶는 것이다. 예를 들어, 수준이 낮은 학습자를 위한 한 단위의 학습활동의 묶음은 수준이 높은 학습자의 그것에 비해 비교적 작아야 하며, 수업상황의 변화도 자주 일어나야 한다.

셋째, 주어진 학습목표를 성취하기 위해 학습해야 할 내용과 예를 선정 하여 계획하는 일이다. 학습자들이 학습내용을 보다 쉽게 이해하도록 하기 위해서 가르칠 개념이나 원리에 해당하는 예들을 선정하여 적당한 때에 제 시해 주어야 한다.

(2) 다양한 학습자료의 제시

학습자료는 단위 시간의 학습목표를 달성하는 데 도움을 주는 다양한 프 로그램이나 다양한 매체를 말한다. 학습자료에는 비투사자료, 시각자료, 청각자료, 시청각자료, 컴퓨터 자료 등 종류가 다양하다. 따라서 학습자 의 학습목표 달성을 위해 가장 적합한 자료를 선정하여 활용하는 것이 중 요하다.

학습자료 및 매체를 선정하고 활용할 때에는 학습자의 특성을 고려해야 한다. 데일(Dale, 1969)은 경험의 원추라고 부르는 모델을 제시하였는데 학

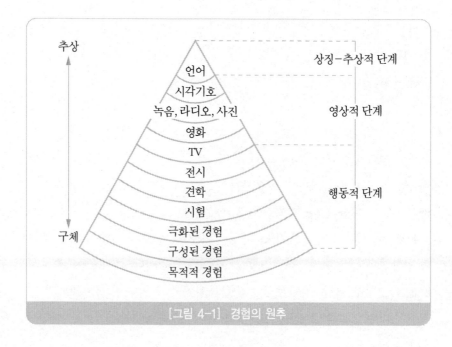

[그림 4-1] 경험의 원추

습자가 가지는 경험을 상징-추상적 단계, 영상적 단계, 행동적 단계의 세 가지로 나누고 있다([그림 4-1] 참조). 직접적 경험을 통한 행동적 단계에서 시청각적 자료를 통한 경험이나 관찰을 통한 영상적 단계, 그리고 언어와 시각기호를 통해 이해를 도모하는 추상적-상징적 단계로 개념 형성이 이루어진다는 것을 제시하고 있다.

학습자의 연령이 낮을수록 또 지능이 낮을수록, 추상적인 기호나 언어를 수단으로 하는 수업매체보다는 구체적인 매체로 학습하는 것이 보다 효과적임을 알 수 있다(김순택, 1982).

(3) 학습자의 참여 유도

전개 단계에서는 교사가 일방적으로 학습내용을 가르치기보다는 학습자가 적극적으로 학습활동에 참여해야 한다. 학습자의 참여를 유도하기 위해서는 교사가 개별화수업, 협동학습 등을 통해 학습자를 능동적으로 수업의 장으로 끌어들이는 노력을 기울여야 한다. 데이비스(Davies, 1981)는 학습자를 수업에 보다 능동적으로 참여시키는 방법을 다음과 같이 제시하였다.

첫째, 학습자의 생각과 의견을 상호 교환하는 방식으로 토론의 기회를 마련한다.

둘째, 학습자가 그들이 학습한 지식, 기술, 경험 태도 등을 구두로 표현할 수 있도록 질문한다.

셋째, 학습자에게 학습과제를 부과한다. 이러한 과제 제시는 학습자들 간에 서로를 가르치고, 동료학습을 하도록 유도한다는 점에서 학습자의 적극적인 참여를 이끌어 낼 수 있다.

넷째, 학습자들이 수업시간 동안 공책에 필기를 함으로써 핵심적인 학습내용에 주의를 기울이게 되며, 이는 학습을 강화시켜 학습목표 도달에 크게 기여한다.

(4) 시간과 자원의 관리

전개 단계는 몇 개의 하위 단계로 구분하여 시간과 자원을 관리하는 것이 좋다. 그래야만 계획한 수업을 주어진 시간 내에 차질 없이 잘 가르칠 수 있다. 시간배분을 잘하기 위해서는 학습지도안을 구체적으로 작성할 필요가 있다.

3) 정리 단계의 성격과 주요 활동

(1) 학습내용의 요약과 종합

그 시간에 학습한 내용을 살펴보면서 중요한 사항을 요약하고 종합해 준다. 요약이란 중요한 하나하나의 지식을 정리해 주는 것이며 종합이란 학습자가 부분적으로 파악하고 있는 학습내용을 전체적인 맥락에서 이해시켜 하나의 큰 학습과제로서 수행하도록 해 주는 것이다.

(2) 연습과 일반화

학습자는 학습한 내용을 이와 유사한 상황이나 새롭고 다양한 상황에서 적용시킬 수 있도록 연습해야 한다. 또 학습한 내용을 주변의 생활문제에 적용해서 그 문제를 해결해 보는 경험이 필요하다.

(3) 형성평가

형성평가(formative evaluation)는 학습자에 대한 교수-학습의 과정이 진행되는 도중에 실시하는 평가방법으로서 학습효과를 증진시키고 교수방법을 개선하기 위하여 실시된다. 형성평가의 개념을 가장 먼저 제안한 스크리븐(Scriven, 1967)은 교수-학습이 진행되고 있는 유동적인 상태에서 학생에게 피드백을 제공하고 교과과정 및 수업방법을 개선하기 위해 실시하는 평가가 형성평가라고 정의하였다. 그러나 수업의 정리 단계에서 그

시간에 학습한 내용을 평가하는 경우 역시 이때 나온 정보를 학습효과의 극대화를 위한 교수−학습과정의 개선을 위한 유용한 정보로 이용될 수 있다는 의미에서 형성평가라 이름 붙일 수 있을 것이다. 형성평가는 다음과 같은 역할을 한다(황정규, 1998).

첫째, 형성평가를 통해 학생이 필요로 하는 정보는 단지 한 학습단위에서 성공했는가 혹은 실패했는가의 정보뿐 아니라 더 나아가 만약 실패했다면 그 실패한 원인에 관한 정보를 제공해 주는 것이다.

둘째, 형성평가의 결과는 학생의 학습에 도움을 주기 위해 활용될 뿐 아니라 교사의 교수방법 개선에도 크게 이바지한다. 어떤 학습이든지 그 성과를 증진시키기 위해서는 형성평가 뒤에 어떤 방법으로든지 학습에서의 곤란을 확인하고 교정해 주는 교수가 투입되어야 하는 것이다.

(4) 과제 부여, 보충자료의 제시 및 차시 예고

수업시간 동안 충분히 연습하지 못했던 부분을 연습하도록 적절한 양의 과제를 부여해 주고, 학습자가 더 알고 싶어 하는 주제에 관한 보충자료나 참고문헌 등을 언급해서 학습자의 지적 욕구를 충족시켜 준다. 또 다음 시간에 배울 내용이나 주제를 이번 수업시간에 학습한 내용과 관련지어 제시해 주고 차시에 필요한 준비물이나 학습 관련 내용을 미리 챙겨 오도록 한다.

4. 학습지도안의 작성

학습지도안이란 학습지도의 계획서를 말하는데, 이것을 교수안 또는 교안이라고도 부르며, 또 학습지도안이라는 말 외에도 수업지도안, 생활안,

본시 전개안 등으로 부르고 있다(신동로, 2001).

1) 학습지도안 작성의 중요성

교사는 학습자를 잘 가르쳐야만 하는 책임이 있다. 가르치는 일에 종사하는 사람은 누구나 자신이 좋은 수업을 전개하고 있는가 또는 과연 좋은 수업을 얼마만큼 실행해 왔는가라는 자기반성의 질문을 던진 적이 있을 것이다. 만약 좋은 수업의 실체가 쉽게 발견된다면 좋은 수업을 설계하고 실천할 수 있을 뿐 아니라 잘 가르치는 교사와 잘 가르치지 못하는 교사를 구분짓는 평가 기준으로 활용될 수 있을 것이다.

좋은 수업의 실체를 밝히기 위해서는 여러 가지 접근방법이 있다. 예컨대, 좋은 수업을 실천한다고 생각되는 교사의 행동특성을 찾아내기도 하고, 특정한 수업방법과 다른 대안적 수업방법의 상대적 효과를 비교하기도 하고, 학습자의 학업성적, 태도 변화의 정도를 측정하기도 한다. 무엇보다도 좋은 수업이 되기 위한 조건을 충족시키기 위해서는 수업의 전체과정의 주요 구성요소를 체계적으로 사전에 계획하는 것이 절실히 요망된다. 사전의 충실한 계획이 전제되지 않은 수업은 실패할 가능성이 더 높다. 물건을 만들다가 실패하면 새로 고쳐서 다시 만들어 낼 수 있지만, 사람을 다루는 인간교육에서 교사의 무계획성으로 인한 학습실패는 용납되지 않는다.

따라서 수업계획이란 곧 학습실패를 예방하기 위한 사전계획의 일환으로 실천되는 활동이다. 즉 수업계획은 수업목표를 성공적으로 달성하기 위하여 수업과정에 포함되는 여러 가지 구성요소, 즉 수업목표, 내용, 방법, 활동, 시간, 자료와 설비, 평가 등을 체계적으로 조직하는 수단이다.

수업계획은 궁극적으로 학습지도안의 형태로 나타나게 된다. 학습지도안은 좋은 수업이 되게 하는 길잡이 역할을 수행한다고 할 수 있다. 이 같은 학습지도안의 기능은 다음 7가지로 요약할 수 있다.

- 학습지도안은 교사의 수업활동의 방향을 가르쳐 준다.
- 학습지도안은 학습자가 도달해야 할 학습목표가 무엇인가를 가르쳐 준다.
- 학습지도안은 교사의 수업활동과 학생의 학습활동을 예측하고 안내하는 지침서다.
- 학습지도안은 대단원과 단시 수업의 전체적인 흐름을 가르쳐 준다.
- 학습지도안은 학습자의 학습진도 상황을 가르쳐 준다.
- 학습지도안은 수업 및 학습에 유용한 보조자료는 어떤 것인가를 사전에 가르쳐 준다.
- 학습지도안은 학습내용과 학습경험의 제시순서와 계열을 안내한다.

　이와 같이 학습지도안을 작성하는 근본 목적은 수업, 즉 교수–학습의 효율성과 효능성을 가능한 한 제고하는 데 있다. 여기에서 효율성과 효능성의 의미는 교수–학습의 질과 양의 두 측면에서의 효과를 극대화시키고자 하는 것이다. 이는 곧 좋은 수업을 실시해야 한다는 것이 전제되어야 한다. 즉 좋은 수업은 수업의 효율성과 효능성을 극대화시킬 수 있기 때문이다.

　이성호(1988)는 학습지도안을 작성하는 부수적인 목적과 가치를 4가지로 요약하였다.

- 학습지도안은 가르치는 사람에게 교과과정의 내용을 탐색하는 좋은 기회다.
- 학습지도안은 가르치는 사람과 배우는 사람 간의 의사소통을 위한 한 가지 매체다.
- 학습지도안을 작성함으로써 타 과목, 타 수업 간의 연계성, 통합성, 균

형성을 유지할 수 있는 기회를 얻게 된다.
• 학습지도안은 가르치는 사람들의 가르치는 일에 대한 책무의식을 드
  높일 수 있다는 가치를 지닌다.

학습지도안의 목적과 가치에서 논의된 것 이외에 한 가지 유념해야 할
사항은, 학습지도안은 가르치는 사람의 창작활동이라는 점이다. 무엇보다
도 중요한 것은 교사의 창의성이다. 학습지도안은 결코 일정한 형식이나
서식에 획일적으로 얽매일 필요는 없다. 따라서 각자의 창의적 사고와 노
력이 동원되어야 한다. 특히 실제 수업 장면에서는 가르치는 사람의 창의
성이 크게 요구된다는 사실을 간과해서는 안 될 것이다.

2) 학습지도안의 양식

학습지도안의 일반 양식을 살펴보면 다음과 같다.

학습지도안의 일반 양식

과 목: ○○

일 시: 20○○년 ○월 ○○일(○요일) ○교시

대 상: 제○학년 ○반(남: ○○, 여: ○○, 계: ○○)

장 소: ○학년 ○반 교실

지도교사: ○○○ 선생님

---

(1) 단원명

단원명은 교과에 따라 소단원, 중단원, 대단원명을 기입한다. 대단원의
지도 시수가 많지 않을 경우에는 일반적으로 대단원명을 기입하고 있으나,
학습지도시간이 너무 많은 경우에는 중단원이나 소단원명을 기입하는 것

이 바람직하다.

(2) 단원의 개관

단원의 개관에는 학습자 측면, 사회적 요구 측면, 교과의 특성 측면의 3가지 측면에서 이 단원의 정당성을 찾아서 작성한다. 즉 단원이 학생의 어떠한 필요나 흥미에 의한 것인지, 단원이 사회적으로 어떠한 의의와 가치가 있는지, 단원이 교육과정의 내용상의 범위와 계열에서 어떠한 위치에 있는지를 기술하여야 한다.

(3) 단원의 목표

단원의 목표는 단원지도 후에 학습자가 성취해야 할 행동으로, 단원의 주요 내용과 그 내용에 대하여 학생들이 어떤 행동을 성취하기를 바라는지가 분명하게 진술하는 것이 바람직하다. 단원의 목표는 교사용 지도서에 상세하게 기술되어 있으나 학교나 학생의 특성에 맞게 조정해야 한다. 즉 단원의 목표는 중요한 내용의 영역과 그 내용을 다룸으로써 달성될 것으로 기대되는 행동의 양자를 포함하여 진술되어야 한다. 여기에는 지식, 태도, 기능이 골고루 뽑혀서 진술되어야 한다. 단원의 목표는 차시별 수업목표(학습목표)에 비하여 상대적으로 포괄적이고 종합적이다.

(4) 지도상의 유의점

해당 단원을 지도하기 위해서는 교사용 지도서에 기록되어 있는 지도상의 유의점을 살펴보고, 각 학습과제별 지도상의 유의점에 관심을 두어 지도계획을 세우고, 실제 수업에 임해야 한다. 그러나 교사용 지도서에 나타난 내용은 학생과 학교의 특성을 전부 고려하였다고 볼 수 없기 때문에 교사용 지도서를 참고로 하되 교사 자신이 본 단원 학습내용을 분석하여 지도상의 유의점을 찾아내야 한다. 특히 발견학습, 탐구학습, 토의학습이 강

조되는 단원에서는 그 단원을 처음부터 어떻게 이끌어 나갈지에 관하여 수
업이론이나 모형을 참조하여 지도방법을 탐색하고 구체적 지도방법을 선
택해서 진술한다.

(5) 단원 지도계획

대단원의 단원구성을 소개하고, 차시별로 나누어 시간배정을 하며, 본시
가 단원의 어디에 위치하는가를 표시해 준다.

(6) 본시의 학습목표

본시의 수업목표는 학습자가 학습한 후에 도달해야 할 성취행동으로 진
술하되, 명시적 동사를 사용하여 성취 결과를 명확하게 알 수 있도록 해야
한다. 즉 단원의 목표와 달리 본시 수업의 목표는 암시적 동사(예, 이해한
다, 감상한다, 인식한다, 깨닫는다)가 아닌 명시적 동사(예, 진술할 수 있다, 구
별할 수 있다, 비교 설명할 수 있다, 문제를 풀어 그 정답을 구할 수 있다, 열거할
수 있다, 지적할 수 있다, 적용할 수 있다)를 사용하여 행동적 용어로 진술해
야 한다.

(7) 본시 학습과정안(학습지도안)

수업활동은 도입, 전개, 정리라는 세 단계로 구분할 수 있다. 한 시간 동
안의 수업시간에 제공될 주요한 교수-학습활동을 도입, 전개, 정리의 세
단계로 나누어 요약, 제시하면 다음 〈표 4-1〉과 같다.

〈표 4-1〉 교수-학습활동

지도 단계	주요 활동
도입	• 전시학습 확인 • 학습자의 동기유발 • 학습목표 제시
전개	• 학습내용의 제시 • 학습자료의 제시 • 학습자의 참여 • 다양한 수업기법의 활용 • 시간과 자료의 정리
정리	• 요약정리 • 강화 • 형성평가의 실시 • 일반화의 유도 • 과제의 부여 및 차시 예고

3) 컴퓨터과 학습지도안의 실제

(1) 교재
- 교과서명: 『HTML과 자바 스크립트를 한번에』
- 저자 및 출판사: 김준성, 이상철(호서출판사)

(2) 단원명: 그림과 음악이 있는 웹문서

(3) 단원 설정의 이유

e-mail은 실시간 통신은 가능하지 않지만 시간과 지역의 제약을 벗어난 통신수단으로 자리 잡고 있다. 하지만 우리는 대부분 text 형식의 사무적 느낌을 주는 e-mail을 주고받는다.

그렇기에 우리는 이 단원을 학습함으로써 단순한 text 형식의 e-mail에서 벗어나 HTML을 이용하여 그림과 음악이 함께 하는 e-mail을 작성해 보고자 한다.

(4) 단원학습의 목표

① 학생관

이미 인터넷은 우리 생활의 한 부분으로 자리 잡고 있다. 그리고 우리는 인터넷을 통하여 많은 웹 문서를 주고받는다. 하지만 대부분의 웹 문서는 Text 형식에서 벗어나지 못하고 있다.

오늘날 가장 대표적인 웹 문서라고 할 수 있는 e-mail을 보면 잘 알 수 있을 것이다. 그러므로 학생들에게 단지 인터넷을 사용하여 정보를 주고받을 뿐 아니라 좀 더 다듬어진 정보를 주고받을 수 있는 능력을 키워 주어야 할 것이다.

우리가 배우고자 하는 이번 단원은 HTML의 기본적 형태를 익힘으로써 실생활에 가장 많이 이용되는 웹 문서인 e-mail을 좀 더 효율적으로 꾸밀 수 있도록 할 것이다.

② 교사관

본 단원을 지도함에 있어 HTML의 문법적 익힘도 중요하지만 실생활의 응용이 더 중요함을 잊지 말고 지도해야 할 것이다. 부분적인 문법사항보다는 전체적인 흐름을 익히게 하고 학생 자신이 직접 하나의 웹 문서를 작성할 수 있도록 지도한다.

(5) 교수–학습활동 시간계획(〈표 4–2〉 참조)

〈표 4–2〉 교수–학습활동 시간계획

차시	차시별 학습목표	학습자료	배당 시간	비고
1차시	1. 기본 태그의 구성을 이해할 수 있다. 2. 〈font〉 태그의 구성을 이해할 수 있다. 3. 〈marguee〉 태그의 구성을 이해할 수 있다. 4. 〈table〉 태그의 구성을 이해할 수 있다.	교과서 컴퓨터	50분	
2차시	1. 웹 문서에 그림을 삽입할 수 있다. 2. 웹 문서에 음악을 삽입할 수 있다. 3. 전시의 학습과 연계하여 웹 문서를 작성할 수 있다. 4. 작성한 웹 문서를 e-mail로 보낼 수 있다.	교과서 컴퓨터	50분	본시

(6) 본시 교수–학습과정안

- 주제: 글과 그림이 함께하는 e-mail 보내기
- 학습목표
  - 웹 문서에 그림을 삽입할 수 있다.
  - 웹 문서에 음악을 삽입할 수 있다.
  - 글, 그림, 음악이 함께하는 웹 문서를 작성할 수 있다.
  - 작성한 웹 문서를 e-mail로 보낼 수 있다.
- 본시 교수–학습과정안(〈표 4–3〉 참조)

〈표 4-3〉 본시 교수-학습과정안

단계	학습과정	교수-학습활동 교사	교수-학습활동 학생	시간(분)	지도상의 유의점	학습자료
도입	• 인사 • 출석 점검	• 인사를 한다. "여러분 반갑습니다. 컴퓨터 수업에 관심이 많은 학생들과 수업을 하게 되어서 기쁘게 생각합니다." • 출석을 점검한다.	• 선생님께 인사한다.	5분	• 학습 분위기 조성	• 출석부 • 교재 • 컴퓨터
도입	• 전시학습	• 전시학습을 복습한다. 기본 태그의 구성과 〈font〉, 〈marquee〉, 〈table〉 태그의 개념을 점검한다.			• 학습동기를 유발시킨다.	• 완성된 웹 문서 자료
도입	• 학습목표 제시	학습목표 ① 웹 문서에 그림을 삽입할 수 있다. ② 웹 문서에 음악을 삽입할 수 있다. ③ 글, 그림, 음악이 함께하는 웹 문서를 작성할 수 있다. ④ 작성한 웹 문서를 e-mail로 보낼 수 있다.			• 학습동기를 유발시킨다.	• 완성된 웹 문서 자료
전개	• 웹 문서에 그림 삽입 • 웹 문서에 음악 삽입 • 웹 문서를 통하여 배운 내용을 종합 • 웹 문서를 e-mail로 보내기	• 웹 문서에 그림을 삽입해 본다. 〈img src=" "〉, 〈background=" "〉 • 태그 명령을 익힌다. • 웹 문서에 음악을 삽입해 본다. 〈embed src=" "〉 태그 명령을 익힌다. • 미리 작성된 웹 문서를 통하여 배운 내용을 체계적으로 종합해 본다.	• 예문을 통하여 컴퓨터로 실습을 해 본다.	40분	• 실습 분위기가 흐트러지지 않게 한다.	• 교재 • 컴퓨터 • 예시문

(계속)

정리					
		• 작성한 웹 문서를 e-mail 로 보내 본다.	• 작성된 웹 문서를 e-mail 로 직접 보내 본다.		• 문법적 사항보다 는 전체의 흐름 이해에 목적을 맞 춘다.
정 리	• 개념화 및 형 성평가 • 차시 예고 • 인사	• 웹 문서를 만들면서 사 용되었던 태그의 명령을 다시 한 번 정리한다. • 직접 웹 문서를 작성해 보고 선생님에게 e-mail 을 보내기 바랍니다. 그 리고 다음 시간에는 홈페 이지를 작성하면서 필요 한 태그 명령을 배우도록 하겠습니다. 홈페이지에 는 링크 명령이 있는데 어떤 태그 명령인지 찾아 보기 바랍니다. • 한 시간 동안 수업에 참 여해 주셔서 감사합니 다. 여러분께 많은 도움 이 된 한 시간이었으면 좋겠습니다.	• 문답형식으로 확인을 해 본다. • 과제를 기록 한다. • 선생님과 인사 한다.	5분	• 학생들이 정확하 게 이해했는지 확 인한다. • 형성 평가

• 형성평가

   – 그림 및 음악 삽입 태그에 대하여 설명해 보자.

   – e-mail을 웹 문서로 보낼 때 유의할 점은 무엇인가?

(7) 학습자료

① 웹 문서에 음악 넣기

- 〈bgsound src="음악 주소"〉: "주로 홈페이지의 배경음악을 넣는 데
  사용하는 태그입니다. mid 파일을 주로 사용하고요, wav 파일이나
  mp3 파일도 되긴 되는데 bgsound 태그는 일단 음악파일을 다 다운
  로드받은 다음 재생을 시키기 때문에 mp3나 wav는 시간이 오래 걸린
  답니다."

- 〈embed src="음악 주소"〉: "bgsound 태그가 익스플로러 전용으로
  만들어진 것이라면, embed 태그는 넷스케이프에서 음악을 재생시킬
  수 있도록 만들어진 태그입니다. 그런데 요즘은 익스플로러와 넷스케
  이프 양쪽 다 잘 된답니다. embed 태그의 특징은 bgsound 태그와는
  달리 파일을 다 다운받은 받은 다음에 재생하는 것이 아니라 다운로드
  와 동시에 실시간으로 재생시켜 준다는 것입니다."

〈표 4-4〉 관련 명령어의 속성	
autostart=true/false	true의 경우 로딩되자마자 자동 실행되고 false의 경우 그 반대
hidden=true/false	음악조절판이 true의 경우 보이지 않고 반대로 false의 경우 보임
loop=true/false	true일 경우 계속 반복, false일 경우 한 번만 반복
width=수치 height=수치	음악조절판의 좌우 높이 조절을 하는 옵션

② 웹 문서에 그림 넣기

• 배경그림 넣기

  - 〈body background="이미지 주소"〉: "배경그림을 넣을 때 위와
    같은 태그를 사용할 수 있습니다."

- 이미지 태그
  - 〈img src="이미지 주소"〉: "이미지 태그는 웹 제작에 있어서 가장 기본적인 태그입니다."

〈표 4-5〉 관련 명령어의 속성	
width="수치"	이미지의 가로 너비를 조정해 주는 속성입니다.
height="수치"	이미지의 세로 높이를 조정해 주는 속성입니다.
hspace="수치"	이미지의 가로 간격(공간)을 주는 속성입니다. 여기서 간격이란 하나의 이미지와 글자 사이의 공간의 너비를 말합니다.
vspace="수치"	이미지의 세로 간격(공간)을 주는 속성입니다.
border="수치"	이미지의 테두리 두께를 나타내 줍니다. border="0" 일 경우에는 테두리가 나타나지 않고 1부터 테두리가 나타납니다.

평가의 역할과
문항 제작

내가 만난 훌륭한 교사-영원한 롤 모델이신 선생님

우리는 태어나서 성장하는 동안 참 많은 것을 배운다. 스스로 배워 나가는 것도 있겠지만 누군가의 지식이나 생활방식을 배우게 되는 경우가 더 많다. 그 누군가는 우리의 인생 선배로서, 조언자로서 영향을 준다. 특히 이러한 사람들을 우리는 선생님이라 부른다. 학교 선생님, 학원 선생님, 교회(성당, 절) 선생님, 과외 선생님 등 여러 종류의 선생님은 우리에게 영향을 끼치고 가르침을 준다.

각자에게는 자신의 길을 만들어 준 훌륭한 선생님을 만난 기억이 있을 것이다. 난 고등학교 1학년 때에 그러한 선생님을 만났다. 한참 예민한 나이에 고민 많은 여고생이었던 나는 담임선생님이셨던 최○○ 선생님께 많은 의지를 했다.

으레 선생님들이 학생들의 이름과 성격, 특징을 이해하고 기억하는 데 많은 시간이 소요된다. 하지만 최○○ 선생님은 달랐다. 입학 초기 예비모집 시간에 벌써 선생님은 우리 반 아이들의 이름을 모두 외우고 계셨다. 같은 반 친구들조차 서로의 이름을 모르던 때였음에도 불구하고 선생님은 한 명 한 명 이름을 불러 주시며 정답게 대해 주셨다.

평소 흔한 이름 때문에 사람들은 내 이름을 쉽게 잊어버린다. 그리고 연락할 때에는 "어디 지현이?" "어떤 지현이야?" 라는 질문을 많이 한다. 때문에 이름에 얽혀 있는 내 감정은 남과는 조금 다르다. 그러한 내게 선생님은 언제나 "지현아!"라고 다정하게 불러 주신다. 선생님께서 이름을 불러 주실 때면 흔한 이름이 주는 스트레스는 잊어버릴 수 있었다. 선생님의 수업시간에는 앞자리에 서게 되었다. 1학년 때 우리 반은 시험 때마다 학년 1등을 했다. 선생님과 친구들 전체적인 학습 분위기가 좋았던 터라 다른 선생님께서도 칭찬을 많이 하셨다.

그렇게 좋은 추억들로 1학기를 마치고 2학기 반 회장선거에서 나는 부회장이 되었다. 부회장이 된 사연은 조금 특별했다. 어느 날 친구랑 농담처럼 "2학기 때는 네가 회장 해. 내가 부회장 할게. 선생님 이러면 반이 너무 엉망이 되겠죠?"라고 이야기하고 2학기에는 우리도 회장선거에 나가 보자며 우스갯소리를 하고 다녔다. 한두 번 농담으로 한 말은 그냥 사라질 수도 있었다. 하지만 선생님은 친구처럼 "지현이가 부회장이 되면 정말 좋겠다"라며 웃으면서 이야기를 들어 주셨다. 2학기 회장선거가 다가올 무렵에 선생님께서는 친구와 나에게 진지하게 생각해 보고 학급을 위해 봉사해 보는 것은 어떻겠냐면서 용기와 희망을 주셨다. 농담으로만 이야기하던 친구와 나는 진지하게 생각해 보았다. 우리가 정말 할 수 있을까?

지금 보면 아무것도 아니었던 고민들이 그때의 우리에게는 정말 컸다. 그럴 때에는 선생님은 언제나 우리와 함께하셨다. 정말 예상 외로 2학기 회장선거에서 친구가 회장이 되었고 나는 부회장이 되었다. 선생님은 "거봐, 하면 되잖아"라며 격려해 주셨다.

2학기 생활에 가장 눈에 띄는 것은 우리 반의 성적이었다. 항상 1등이던 우리 반은 2학기 내내 중간 정도의 성적밖에 받지 못했다. 친구들과 다른 반 선생님들은 농담으로 회장 부회장이 학급분위기를 어수선하게 만들어서라고 했다. 회장이었던 친구와 나는 활발하고 개구쟁이 같은 성격이었기 때문에 그러한 이야기를 많이 들었다. 처음에는 그 말들이 별로 신경 쓰이지 않았지만 차츰 스트레스로 다가왔고 선생님께 너무 죄송했다. 선생님은 그때에도 우리에게 힘내라고 격려해 주셨다. 그래서 친구와 나는 2학기 말에 있는 합창대회에서 1등을 해 보자며 의기투합했다. 반 아이들을 하나로 모으고 지치면 끌어 가며 열심히 합창 연습을 했다. 합창은 모두가 함께해야 아름다운 소리를 낼 수 있기 때문에 우리는 한마음이 되어 노래했다. 결과는 기대했고 바랐던 대로 1등이었다. 그때 친구들과 선생님 모두 껴안고 즐거워했다. 친구와 나는 그동안의 맘고생 때문에 1등이라는 이야기를 듣는 순간 울음을 참을 수 없었다.

고등학생 때 좋은 경험을 많이 했다. 그 경험 안에는 언제나 그림자처럼 뒤에서 받쳐 주고 격려해 주시던 선생님이 계셨다. 훌륭한 교사란 정확한 지식, 좋은 습관 등을 알려 주는 사람이기 이전에 학생들을 가슴으로 안고 사랑할 줄 아는 사람이라고 생각한다. 나는 최○○ 선생님에게서 그러한 사랑을 느꼈고 선생님은 내가 만난 최고의 훌륭한 선생님이다. 앞으로 내 교사 생활의 롤 모델은 최○○ 선생님으로 정했다. 앞으로 나도 다른 누군가에게 훌륭한 선생님이 되도록 노력해야겠다.

나는 가끔 선생님을 찾아뵙는다. 선생님은 그때마다 웃으며 말해 주신다. "지현아, 네가 공부하는 원예 조경이 앞으로 전망이 좋다더라." 그 말에 나는 또 위로받고 희망을 얻으며 충실하게 학교생활에 임한다.

1. 평가의 개념

1) 평가의 의미

평가란 교육목표의 달성 정도를 판단하고, 교육활동의 효율성을 가늠하는 교육의 반성적·자각적 활동과정, 즉 교육목표의 실현 정도를 밝히는 과정을 말한다.

교과학습의 평가는 모든 학생이 교육목표를 성공적으로 달성할 수 있도록 돕기 위한 교육의 과정으로 실시하며, 학습상황에 대한 평소의 평가와 계속 지도한 결과를 자료로 학생 개개인의 교과별 교수목표의 성취도와 학습수행 과정을 평가하는 방법을 적용한다.

또한 교수 프로그램에 관한 가치를 결정하기 위하여 평가를 실시하는데, 이 경우에 평가란 학습자의 행동 변화 및 학습과정에 관한 정보를 수집하고 이용하여 교육적 의사결정을 내리는 데 도움을 주거나 혹은 의사결정을 하는 과정을 말한다.

2) 학교에서의 교육평가의 기능

학교교육에 관련해서 교육평가의 역할을 구체화하면(박도순 외, 2007), 우선 개개 학생의 학업성취도를 평가하는 일이다. 교육이 목표 지향적 활동이라면 교육에 의해 목표가 얼마나 성취되고 있는지는 학생의 성취도를 확인하는 데서 가능해진다. 목표의 성취란 결국 교육과정에서 명시한 목표가 학생의 행동으로 실현되는 상황을 말한다. 그러므로 개개 학생이 교육목표를 얼마나 성취하고 있는가를 평가하는 일은 교육평가의 중요한 영역이 된다. 이러한 목적의 평가를 위해서는 학교 수준별, 학년별, 교과영역별, 단원별 교육목표가 명료화되어야 하고, 목표가 학생의 행동으로 실현되었을 때 나타나는 행동의 특징을 구체화하는 일이 중요한 선행 과제가 됨을 이해할 수 있을 것이다.

둘째, 개개 학습자 또는 한 학급 전체가 직면하고 있는 학습 곤란점을 진단하는 일이다. 교육평가란 것이 기본적으로 교육이 잘 되게 하기 위한 수단이라고 한다면, 평가활동은 교육의 과정이 부드럽게 진행될 수 있도록 돕는 역할을 담당해야 한다. 교육의 과정이 부드럽고 원활하게 되려면 학생들이 교육을 받는 과정에서 어려움을 느끼지 않는 조건이 요구된다. 교육평가는 개개 학생 또는 학습이 곤란을 느끼는 학습과제의 내용을 구체적으로 확인해 줄 수 있도록 하고, 동시에 학습 곤란의 원인이 학습 자체(예컨대, 선행 학습 수준)에 있는 것인지, 지능이나 적성과 같은 기본 능력의 부족 때문인지, 정서적 불안정 때문인지를 진단한다면, 교육의 과정은 한결 구체화되면서 원활한 관계로 조정될 수 있을 것이다.

셋째, 교육과정, 수업자료, 수업절차 그리고 학급조직 등의 교육적 효과성을 평하는 일이다. 교육평가가 교육이라는 활동이 있은 후에 하는 것이라면, 결과는 교육 프로그램이라는 것에 의해 생긴 것이다. 또한 학업성취도의 결과는 교육 프로그램의 질을 나타내는 것이 된다. 이 관계가 완전한 상관관계는 아니지만, 교육 프로그램의 질적 수준이 교육성취도의 질적 수준을 의미한다는 것은 인정할 수 있을 것이다.

교육 프로그램이란 대단히 복합적인 개념이다. 여기에는 교육과정, 수업계열과 절차, 수업자료, 학급조직 등이 통합되어 있다. 이들을 분석하여 그 결과를 확인하면 프로그램의 질적 개선을 위한 시사를 받을 수 있다. 이것이 교육 프로그램의 평가를 평가의 중요한 영역으로 포함시키는 이유이기도 하다. 최근에 관심이 높아지고 있는 초·중등학교평가, 대학평가, 시·도 교육청평가 등에서 강조하는 바이기도 하다.

넷째, 교육의 제 문제를 이해하고 건전한 교육정책 및 일반 정책을 수립하는 데 도움을 줄 수 있도록 전체 학생집단, 그리고(또는) 성인집단의 교육진보도를 사정하는 역할도 한다. 전국적 평가 연구에서나 학력의 국제 비교와 같은 연구에서 잘 시사되고 있는 바와 같이, 전체 학생 또는 전체 국민이 꼭 습득하고 있어야 할 기본적 능력을 어느 정도 소유하고 있는지를 확인함으로써 교육정책의 방향과 대체적 방침을 수립하는 데 도움을 줄 수 있다. 예를 들면, 초등학교를 졸업했는데도 글을 읽지 못하거나 자기 생각을 표현하지 못하는 사람이 많은 것으로 나타나면 우리의 교육정책이 주안점을 두어야 할 영역이 구체화되는 셈이다. 또한 학력의 국제 비교에서 우리나라 학생의 과학과 수학 성적이 아주 낮은 것으로 나타나면 산업 발달을 열망하는 우리나라에서 어떤 정책을 수립해야 할 것인지는 거의 자명해진다. 이처럼 전국 규모로 초·중·고등교육은 물론 일반 사회 교육을 장기적으로 평가해 보는 일도 교육평가의 역할 중 하나임을 이해해야 할 것이다.

다섯째, 학습 전 성취 수준을 진단하고 학습단원에 관련한 학생의 진보상황, 혹은 성취 정도를 피드백해 주며, 학생들의 단계별 성적을 판정하고 자격을 부여하는 일이다.

2. 평가의 유형

1) 평가 참조 기준에 따른 분류

참조 기준에 따른 평가의 유형에는 규준참조평가와 준거참조평가가 있다. 이 두 유형은 각각이 지니는 철학적 관점이나 기능, 특징 등에서 무척 대조적인 모습을 보이지만 상호 배타적이 아닌 상호 보완적인 개념으로 이해되어야 한다.

(1) 규준참조평가

규준참조평가(norm-referenced evaluation)는 '상대기준평가'라고도 하며, 평가 결과를 해석할 때에 집단 내의 상대적인 위치를 기준으로 하는 방법으로, 이때 상대적인 비교를 위한 기준을 '규준(norm)'이라고 한다.

규준참조평가에서는 평가의 대상이 되는 학생이 속하거나 그 학생과 비교가 되는 집단 속에서의 상대적인 순위에 의해 평가 결과를 도출한다. 즉 자료의 수집과 해석의 규준을 집단에 두는 것으로서 학생이 무엇을 얼마나 성취했는가에 관심을 갖기보다는 다른 학생과 비교하여 어느 정도의 성취를 이루었는가에 보다 관심을 갖는다. 이러한 평가체제는 개인 간의 상대적 비교를 통한 우열의 구분과 이를 이용해서 학생들의 순위를 매기는 데 적절한 형태다.

이러한 규준참조평가가 지닌 장점을 정리하면 다음과 같다(박도순 외, 2007).

첫째, 규준참조평가를 통해 개인 차를 엄밀히 변별해 낼 수 있으며 교사의 주관에 의한 편견을 배제할 수 있다. 규준참조평가는 평가가 갖는 여러 가지 기능 중에서 순위를 매기고 학생을 선발하는 기능이 크게 강조되는 평가체제다. 이러한 학생 선발이나 우열의 구분이 제대로 이루어지기 위해서는 평가도구가 개인 차를 엄밀히 변별해 낼 수 있어야 하며, 따라서 평가도구를 제대로 제작해 낼 수 있는 도구 개발능력이 강조된다. 또한 성적을 표시할 때에도 명확하고 엄밀한 방법이 요구된다. 이러한 것들이 제대로 이루어질 때 보다 정확한 개인 차의 변별이 가능해진다. 따라서 규준참조평가에서는 도구평가의 객관성과 신뢰도가 중요시된다.

둘째, 규준참조평가는 학생들을 비교하고 서열화함으로써 학생들로 하여금 경쟁심을 갖게 하고 이를 통해 외재적 동기를 유발시키는 효과를 갖는다. 평가를 통해 얻어지는 결과는 각 학생들의 집단 내에서의 상대적인 위치를 명확히 나타내 주며, 학생들은 이 결과를 통해 등급이나 당락이 결정되고 순위가 매겨지기 때문에 가시적으로 나타나는 이러한 결과들은 학생들에게 자극이 될 수 있다.

또한 규준참조평가가 지닌 단점을 정리하면 다음과 같다(박도순 외, 2007).

첫째, 모든 교육활동은 궁극적으로 이미 설정된 교육목표를 달성하는 것을 목적으로 하며 인간의 능력은 교육을 통해 계속적으로 계발될 수 있다는 신념을 바탕으로 한다. 따라서 학습이 교사의 노력에 의해 성공적으로 수행된다면 학생들의 개인 차에 상관없이 거의 모든 학생이 설정된 목표수준까지 학습할 수 있을 것이라는 전제가 가능하다. 그러나 규준참조평가에서는 학업 성취 결과에 대해 정상분포를 가정하기 때문에 일정 비율의 학생은 실패를 경험하게 됨으로써 바람직하지 못한 교육적 신념을 지니게 된다.

둘째, 규준참조평가에서 교육목표의 달성 여부는 중요하지 않으며, 여기에서의 일차적 관심은 한 학습자가 다른 학습자에 비해 얼마나 더 성취했는지와 같은 개인 차에만 관심을 기울인다. 여기에서 결과로 얻어진 학생의 점수는 단지 비교를 위한 대상으로만 기능하므로 의도한 학습목표를 얼마나 달성할 것인지에 대한 지표를 제공해 주지 못한다. 규준참조평가에서 제시되는 원점수는 그 자체만으로는 어떤 의미도 지니지 못하며 반드시 집단 내에서의 비교를 통해서만 의미를 부여받게 된다. 그러므로 규준참조평가에서 제시되는 결과로는 참다운 의미의 학력평가를 하기가 어렵고 학생의 성취에 대한 강화가 바람직하게 이루어지기 어렵다.

셋째, 학습자들의 능력 수준이 다르므로 일정 교육 수준에 도달할 수 있는 학습자가 일부일 것이라는 선발적 교육관을 바탕으로 하는 규준참조평가에서는 학생들 사이에 지나친 경쟁이 일어날 수 있어서 학생들의 정신건강에 해로운 영향을 미칠 수 있다. 학생들에게 경쟁을 통해 강한 외재적 동기를 부여해 준다는 점은 규준참조평가의 장점이 될 수 있다. 그러나 학습이론에서는 외재적 동기보다 내재적 동기부여의 중요성을 더욱 강조한다. 규준참조평가를 통해 한 학생의 성취 결과를 다른 학생과 비교하고 순위를 매기는 활동은 학생들 간에 지나친 경쟁의식을 조장하고 내재적 동기 유발을 도외시하게 되는 결과를 초래한다.

넷째, 규준참조평가에서는 개인 차의 변별에 지나친 관심을 기울인 나머지, 평가가 지니는 다른 중요한 기능을 소홀히 할 가능성이 있다. 교사는 평가를 통해 교수목표를 확인하고, 얻어진 평가 결과를 바탕으로 교수-학습을 개선하며, 학생들을 분류, 배치하고 학생의 특성을 진단하여 이를 교육에 활용하는 여러 가지 활동을 수행한다. 규준참조평가에서는 학생들의 성적을 매기고 이를 통해 학생들을 서열화하는 것만이 평가의 주요 기능이라고 생각하기 쉽다. 그러나 보다 중요한 평가의 기능은 학생들에게 제공한 교육과정과 수업 프로그램이 학생들에게 적합하고 적절하였는지에 대한 판단이라고 할 수 있다. 규준참조평가의 결과는 비교적이고 상대적인 정보만을 제공하기 때문에 학생 개인의 수업결손을 확인할 수 없고 교수-학습활동에서 구체적으로 개선되어야 할 부분이 무엇인지에 대한 정보는 제공해 주지 못한다.

(2) 준거참조평가

준거참조평가(criterion-referenced evaluation)는 다른 학생과의 비교에 초점을 맞추는 규준참조평가와 달리 학생들이 정해진 교육목표를 달성했는지 여부에 관심을 갖는 평가체제다. 여기에서는 주어진 교육목표가 학생의 성취도를 평가하는 '준거(criterion)'가 된다.

준거참조평가는 일종의 자격시험이라 할 수 있으며 간호사, 약사, 의사의 자격시험, 운전면허시험 등에서 최소한의 성취목표를 설정해 놓고 그것을 기준으로 숙달집단과 미숙달집단으로 나누어 그 기준에 도달한 사람들에게 자격증을 부여하는 시험에 많이 활용된다.

　교육 현장에서 준거참조평가는 학생들이 일정한 교육목표에 도달했는지에 대한 결과를 알려 주는 것으로서, 이러한 결과를 통해 학생의 학습결손에 대한 정보를 얻을 수 있다. 따라서 준거참조평가는 학생의 수준을 진단하고 현재의 교수-학습과정을 개선해 나가는 데 활용할 수 있다. 준거참조평가에서의 가장 큰 문제점은 평가의 기준이 되는 성취의 내용과 수준을 결정하는 일이다. 평가를 통해 측정해야 할 행동목표를 구체적으로 규명하고 쉽게 해석할 수 있는 합의된 준거를 설정하는 것은 타당한 평가를 수행하기 위해 매우 중요한 일이나 이러한 작업이 결코 쉬운 일이 아니기 때문이다.

　이러한 준거참조평가의 특징을 규준참조평가와 비교하여 기술하면 다음과 같다(박도순 외, 2007).

　첫째, 규준참조평가에서는 평가의 기능이 한 학생의 능력을 다른 학생의 능력과 비교하여 그 상대적 위치를 알려 주는 것이라고 본다. 그러나 준거참조평가에서는 이러한 상대적 비교보다는 개개의 학생들이 사전에 설정된 교육목표를 달성했는지의 여부에 관심을 갖는다. 따라서 평가활동은 교육과정과 밀접히 연관되며 교육 프로그램의 적합성이나 효율성을 판단하는 데 중요하게 이용된다.

　둘째, 규준참조평가에서는 학생의 성취에 대해 정상분포를 가정함으로써 전체 학생 중 일부분의 학생은 성공을, 또 다른 일부분의 학생은 실패를 하게 되리라고 예상한다. 그러나 준거참조평가에서는 학생의 성취에 대해 부적 편포를 가정함으로써 교육이 효과적으로 이루어진다면 대부분의 학생이 수업에서 기대하는 목표에 도달할 수 있으리라는 신념에서 출발한다.

이러한 신념은 교사들로 하여금 효과적인 교수–학습방법을 모색하게 하며 이를 통해 모든 학생이 기대하는 성취 수준에 도달할 수 있도록 노력하게 된다.

셋째, 준거참조평가에서 인간은 누구나 설정된 교육목표를 달성할 수 있는 능력을 지닌 존재라고 본다. 따라서 개인 차는 교육적 작용과 노력에 의해 없앨 수 있는 것이며 이것을 없애고 교육목표를 달성했을 때 그것을 교육의 성공으로 본다. 그러나 규준참조평가에서 개인 차가 크다는 것은 상대적인 변별이 가능하다는 이야기가 되고, 이와 같이 개인 차를 잘 변별해 내는 것이 좋은 평가도구가 된다고 본다. 따라서 규준참조평가에서 개인 차란 평가에서 필요불가결한 요소라고 본다.

넷째, 규준참조평가의 결과는 그 집단 내의 비교를 통해 이루어진 것이므로 그 집단 속에서만 의미가 판명되며 고립된 개인의 점수는 아무런 의미도 갖지 못한다. 그러나 준거참조평가에서 그 결과로 얻어진 원점수는 그 자체로서 중요한 의미를 갖는다. 즉 준거참조평가를 통해 얻어진 점수가 높다는 것은 교육목표에 가깝게 도달했음을 의미하며, 점수가 낮다는 것은 그만큼 목표에 도달하지 못했다는 것을 의미한다.

다섯째, 준거참조평가에서는 원래 계획했던 수업목표를 얼마나 잘 달성했는가를 평가하는 것이 주된 관심사다. 그러므로 평가의 내용이 의도했던 수업목표를 잘 드러내고 있는지와 같은 타당도의 개념이 강조된다. 그러나 규준참조평가에서는 학습자 개인의 능력을 정확히 분별해 내는 것이 중요하므로 평가문제를 구성할 때 어려운 문제와 쉬운 문제를 골고루 출제해야 하고 평가자의 주관에 좌우되지 않는 객관적이고 신뢰로운 평가도구를 개발하는 것이 중요한 관심사다. 따라서 규준참조평가에서는 변별도와 곤란도가 강조된다.

여섯째, 규준참조평가에서는 학생들이 무엇을 학습하고 그 목표에 어느 정도 도달했는지에는 중점을 두지 않기 때문에 교수–학습과 평가가 밀접하게 연관되지 않지만 준거참조평가에서는 교수-학습과 평가가 밀접히 연관되는 것으로 가정한다. 준거참조평가는 학습자가 사전에 어떤 능력을 지녀야 하며, 현재 부족한 부분이 무엇인지 진단하고 그 부분을 보충해 주기 위한 대안을 마련하는 등의 진단적·형성적 기능을 한다. 따라서 준거참조평가는 학생들이 알고 있는 것과 모르고 있는 내용에 대한 구체적인 정보를 제공함으로써 교수-학습과정을 보완하고 개선하는 데 도움을 주며, 교수-학습과정과 밀접한 관련을 지니고 그 맥락 안에서만 이해와 활용이 가능한 평가다.

일곱째, 규준참조평가에서는 집단 내에서 학생들 간의 비교를 전제로 하고 있으므로 개인 간의 경쟁을 강조하게 되며 학생들의 성적 결과에 대해 정상분포를 가정함으로써 한 집단 내에서 학생들을 우수한 학생과 그렇지 못한 학생으로 구분하게 되어 필연적으로 성취감을 경험하지 못하는 학생들이 생기게 된다. 이러한 실패의 경험은 학생들의 정신건강에 부정적인 영향을 끼칠 수 있다. 그렇지만 준거참조평가에서는 이러한 상대적 비교보다는 교육목표 달성 정도에 관심을 가지며 효과적인 교육작용이 이루어진다면 누구나 수업에서 목표하는 바를 달성할 수 있다고 본다. 그러므로 많은 학생이 긍정적인 자아개념을 형성할 수 있고, 평가를 통해 성취감을 느낄 수 있다. 또한 준거참조평가에서는 경쟁보다는 협동을 통해 학생들의 능력이 더욱 향상될 수 있다는 신념을 지니고 있으므로 학생들 사이의 협동학습이 강조된다.

여덟째, 준거참조평가에서의 원점수란 목표 달성 정도를 나타내며 그것 자체로 절대적인 의미를 지닌다. 따라서 준거참조평가의 결과를 통해 진정한 의미의 학습효과를 비교하는 것이 가능하며 이를 바탕으로 올바른 학습을 강화할 수 있다. 그러나 규준참조평가에서는 학습자가 속한 집단의 특성에 따라 개인의 평가 결과가 달라지므로 학습자가 교육을 통해 어느 정도로 변화하였는지에 대한 명확한 정보를 얻기가 어려우며, 이러한 상대적

인 결과를 바탕으로 이루어지는 강화는 학습자의 변화를 명확히 파악한 것
이 아니기 때문에 올바르게 이루어지기 힘들다.

준거참조평가와 규준참조평가를 비교하여 설명하면 〈표 5-1〉과 같다.

〈표 5-1〉 준거참조평가와 규준참조평가의 비교

평가 유형별 특징	준거참조평가	규준참조평가
교육관	발달적 교육관	선발적 교육관
참조 유형	목표 참조	기준 참조
기본 신념	대부분의 학생이 학습목표에 도달할 수 있다는 신념	일정 비율의 성공한 자와 실패한 자가 존재하기 마련이라는 신념
성취에 대한 기본 전제	부적 편포를 전제로 함	정상분포를 전제로 함
평가 준거	교육목표 달성 여부	집단의 학업성취 결과에 의한 상대적 우위
검사 구성	주어진 교육목표를 충실히 잴 수 있는 문항으로 검사 구성	개인 차를 잘 변별해 주는 문항으로 검사 구성
평가의 기능	진단적 · 형성적 기능 강조	비교를 통한 분류의 기능 강조
평가 기준	타당도의 개념이 강조됨	신뢰도의 개념이 강조됨 (변별도, 곤란도)
개인 차	개인 차는 교육 실패의 결과 (개인 차 최소화)	개인 차는 필요불가결한 요소임 (개인 차 극대화)
교수-학습과정과의 관계	평가의 기능이 교수-학습과정과 밀접히 연관됨	평가의 기능이 교수-학습과정과 밀접히 연관되지 않음
평가 결과	평가 결과의 일반화 가능	평가 결과의 일반화 불가능
장점	긍정적 자아개념 형성, 진정한 의미의 학습효과 비교 가능, 누적되는 실패의 경험과 경쟁 지양	평가자의 주관을 배제한 객관성 유지 가능, 개인 차의 변별 가능, 경쟁을 통한 외현적 동기 유발
단점	적절한 평가 준거 설정의 어려움	누적되는 실패의 경험으로 부정적 자아개념 형성, 지나친 경쟁 조장으로 학생들의 정신건강에 해로움, 학생들의 진정한 성취를 알기 어려움

출처: 박도순 외(2007) 재정리.

2) 평가기능에 따른 평가의 유형

평가의 기능 또는 시기에 따른 분류는 진단평가, 형성평가, 총괄평가로 나누어 볼 수 있다.

(1) 진단평가

진단평가(diagnostic evaluation)는 교수-학습이 시작되기 전에 학습자가 갖고 있는 특성을 체계적으로 측정하는 행위로서, 학습자들의 능력과 특성을 사전에 파악하여 교육목표 및 계획을 수립하는 데 목적을 둔다. 다시 말해서 진단평가란 교수활동이 시작되는 초기 단계에서 수업전략을 위한 기초자료를 얻고, 어떤 교수-학습방법이 적절한지를 결정하기 위하여 학습자의 기초능력을 진단하는 평가라고 볼 수 있다(박도순 외, 2007).

그런 관점에서 보면, 진단평가는 학습장애의 원인을 분석하고 진단하는 학습장애 진단평가와 특정 단원의 학습에 필요한 선행 지식을 갖추고 있는 정도나 그 단원을 수업하기 전에 그 단원에서 다루는 내용 중 어떤 부분을 학습자가 이미 어느 정도 알고 있는지를 확인하는 선행 지식 확인평가로 나누어진다.

진단평가의 예로는 수업시간 전에 실시하는 쪽지검사 또는 퀴즈, 수업을 실시하기 전에 복습 여부를 묻는 질문 등을 들 수 있다. 특히, 진단평가에서는 준비도검사, 적성검사, 자기보고서 그리고 관찰법 등의 다양한 평가도구가 사용될 수 있다.

진단평가의 기능을 정리하면 다음과 같다. 첫째, 학습하고자 하는 학습과제와 관련하여 선행 학습의 결손을 진단하고 이에 대한 교정과 보충학습을 위한 평가다. 둘째, 학습자의 학습과제에 대한 사전습득 수준을 알기 위한 평가다. 셋째, 학습자의 흥미, 성격, 학업성취 및 적성 등에 따라서 적절한 교수처방을 내리기 위한 평가다. 넷째, 교수변인 외의 조건과 관련한 학습부진의 원인을 진단하는 평가다.

(2) 형성평가

　형성평가(formative evaluation)는 수업이 진행되고 있는 상태에서 교육 행위가 계획한 대로 진행되고 있는지를 확인하는 평가다. 즉 교수-학습과정 중에 가르치고 배우는 내용을 학습자들이 얼마나 잘 이해하고 있는지를 수시로 점검하고, 학습자들의 수업능력, 태도, 학습방법 등을 확인함으로써 교육과정을 개선하고 교재의 적절성을 확인할 수 있다(박도순 외, 2007).

　따라서 형성평가는 학습 및 교수가 진행되고 있는 도중에 학습의 진전 상황에 관한 정보를 수집, 분석하여 그 수업 및 학습을 개선하기 위해 실시하는 활동이다. 형성평가는 수업 중이나 단원을 학습하는 도중에 수시로 실시할 수 있으며, 교사가 제작한 자작검사를 주로 이용하지만 교육전문기관에서 제작한 검사를 이용할 수도 있다.

　스크리븐(Scriven, 1967)은 형성평가를 통하여 학습 및 교수가 진행되는 도중 학습자에게 피드백을 줄 수 있으며, 교육과정을 개선하고 수업방법을 개선할 수 있다고 본다.

　형성평가의 주된 기능은, 첫째, 학습자들의 학습진행 속도를 조절한다. 즉 교과내용의 분량이 많거나 학습내용이 일정한 선후 관계에 의하여 조직되어 있을 때, 적절한 빈도로 평가를 실시함으로써 학습진행 속도를 조절할 수 있다. 둘째, 학습자의 학습에 대한 강화의 역할을 한다. 형성평가를 통해서 설정된 학습목표를 거의 달성하였다는 사실을 학습자가 확인함으로써, 그 뒤에 이어지는 학습을 용이하게 해 줄 뿐 아니라 학습동기를 유발시킬 수 있다. 셋째, 학습 곤란을 진단하고 교정한다. 이 평가는 학습자들에게 교수목표에 비추어 무엇을 성취했고 무엇을 더 학습해야 하는지를 구체적으로 알려 주는 장점을 가지고 있기 때문에, 학습자는 자신의 학습 곤란을 스스로 발견하며 그것을 제거해 나가게 된다. 넷째, 형성평가는 학습지도 방법의 개선에 이바지할 수 있다. 형성평가를 통하여 교사는 자신이 가르친 학습자에 대한 교수방법의 단점을 구체적으로 분석하고 개선할 수 있다.

(3) 총괄평가

총괄평가(summative evaluation)는 형성평가를 통해 수정, 보완을 되풀이한 다음 최종적으로 완성된 교육과정이나 프로그램의 종합적인 성과 및 그 효율성을 다각적으로 판단하기 위해 실시하는 일종의 최종 종합평가다. 진단평가나 형성평가가 교사와 학생에게 도움을 주려 한다면 총괄평가는 교과목 전체 혹은 중요한 부분과 관련하여 학업성취가 어느 정도 달성되었는지의 정도를 총괄적으로 평가하기 위한 것이다.

총괄평가는 다음과 같은 5가지의 경우에 사용할 수 있다(박도순 외, 2007).

① 학생의 종합적인 성취보고

총괄평가 결과의 활용 중에서 학업성취에 대한 보고 및 판정은 가장 큰 비중을 차지한다. 학생의 학업성취에 대한 보고는 수치로도 표시되지만 기호, 등급, 기술어로 표시되기도 한다. 학업성취 결과가 점수 판정에 활용될 때는 개인이나 사회에 끼치는 영향이 크므로 검사의 신뢰도, 객관도, 공정성 등이 중요하다.

② 수료증과 졸업증 발급

총괄평가는 학생이 필요한 기능이나 능력, 또는 지식을 충분히 갖고 있는지를 판단하여 자격을 인정하는 데 사용된다. 예를 들면, 운전면허, 교사자격, 공인회계사 등의 자격인정 등이 있다.

③ 다음 학년이나 교육과정의 시발점을 찾는 평가

총괄평가는 일반적으로 학기말 또는 학년말에 이루어지므로 다음 학년의 수업이 시작될 때 각 학생이나 학급의 능력을 판단하는 자료로도 활용된다. 학교나 교사는 총괄평가의 결과를 활용하여 어느 정도의 수준에서 가르칠 것인가를 판단하기도 한다.

④ 관련 교육과정에서 성과에 대한 예언

총괄평가는 다음의 학습에서 성공할 수 있느냐 없느냐를 예측하거나 예언하는 용도로도 사용된다. 예를 들어, 내신성적이 대학에서의 성공과 얼마나 밀접한 관련이 있는지를 총괄평가로 예측할 수 있다. 이런 검사 결과가 후속 학습을 어느 정도 예측하는가는 일반적으로 검사 결과와 후속 학습에서의 결과의 상관계수로 나타내는데 이런 지수를 예언타당도(predictive validity)라고 한다.

⑤ 집단 간 비교

총괄평가는 학급 간 또는 학교 간, 더 크게는 국가 간의 비교를 위한 자료로도 활용된다. 이런 집단 간의 비교를 통하여 교육적 · 정책적 의사결정을 하기도 한다. 예를 들어, 특정 지역의 학업성취도가 낮다면 원인을 파악하여 그 지역에 교육적 지원을 하는 자료로도 활용될 수 있다. 이런 집단 간의 비교를 위한 총괄평가에 특정 집단에게 유리하거나 불리한 문항이 포함될 경우 집단 간의 비교가 어려우므로 가능한 한 모든 집단을 잘 대표할 수 있는 문항으로 구성되도록 해야 한다.

총괄평가의 구체적인 기능은 다음과 같다. 첫째, 학습자들의 성적을 결정한다. 즉 전체 과목이나 중요한 학습내용에 대한 교수의 효과가 어느 정도인지를 판단하고 그 결과에 의해 성적을 내고 평점을 주며 서열을 결정하는 데 이용된다. 둘째, 학습자들의 미래의 학업성적을 예측하는 데 도움

을 준다. 일반적으로 현재의 학업성적은 미래의 학업성적과 높은 상관관계
를 가지고 있기 때문에, 현재의 성적을 평가함으로써 학습자 개개인의 미
래의 성적을 쉽게 예측할 수 있다. 셋째, 집단 간의 성적을 비교할 수 있는
정보를 제공해 준다. 학습자 집단 간의 종합적인 학습성과를 교수방법의
유형이나 학습자료의 종류 등과 관련시켜 비교·분석함으로써 학습 성공
에 대한 정보를 수집할 수 있다. 넷째, 학습자의 자격을 인정하는 판단의
기준 역할을 한다. 즉 학습자가 지닌 기능이나 능력, 지식이 요구하는 정도
의 자격에 부합하는지를 인정하기 위한 판단을 할 경우에 총괄평가의 결과
는 크게 도움이 된다.

3. 수행평가의 시대적 요청

　우리 교육에 많은 문제가 있는 것이 사실이기는 하지만, 그럼에도 불구
하고 보다 나은 교육으로 개선하기 위한 끊임없는 노력을 통해 스스로를
절망보다는 희망 쪽으로 서게 하고 있다. 우리가 기울이고 있는 노력을 개
관해 보면 다음과 같다. 첫째, 교육목적의 측면에서는 인간의 도덕성 회복
을 위한 '인간 중심' 교육사상을 부단히 강조하고 있다. 둘째, 교육과정의
측면에서는 열등한 학습자들에 대한 배려가 최소한 제도적으로나마 마련
되는 '수준별 교육과정'이 제안되었다. 셋째, 교육방법의 측면에서는 학습
자 스스로의 인식과 구성을 존중하는 '열린교육'이 확산되고 있다. 넷째,
교육평가의 측면에서는 인간 중심 사상이 구현되었는지를 확인할 수 있고,
수준별 교육과정의 성공적인 실행을 모니터링할 수 있으며, 학습자의 독특
한 인식과 구성을 변별해 줄 수 있는 새로운 평가방안으로 '수행평가'가 대
두되었다.
　이상의 개선 노력이 반드시 옳고 또 성공하고 있다고 보지는 않는다. 그

러나 새롭게 제안된 방안은 우리가 안고 있는 교육의 문제를 해결하려는 애정 어린 의지들이 모이면서 자연스럽게 요청되었다고 본다.

수행평가는 학생 스스로가 자신의 지식이나 기능을 나타낼 수 있도록 답을 작성(구성)하거나, 발표하거나, 산출물을 만들거나, 행동으로 나타내도록 요구하는 평가방식을 말한다(서울특별시교육연구정보원, 2006).

1) 왜 다시 수행평가인가

수행평가는 과거에 없던 아주 신선한 것이랄 수 없을뿐더러, 교육평가의 기존 문제들을 해결해 줄 만병통치약도 아니다. 그럼에도 불구하고 우리는 왜 이즈음에 수행평가를 중요한 논의의 대상으로 삼을 수밖에 없는가? 그것은 아마도 교육평가의 본래 목적에 비추어 우리가 지금 하고 있는 평가행위를 다시 돌아보라는 요청일 게 틀림없다. 저자가 보기에 교육평가에 대한 요청 중 가장 으뜸은 '학교교육의 정상화에 이바지하라는 것'이다. 기존의 평가방법으로는 학교교육의 정상화를 도모하기 어려우며, 오히려 정상화를 저해하고 있으니 새롭게 평가행위를 돌아보자는 의지들이 수행평가를 부각시켰다고 본다.

국민의 합의로 만들어진 국가교육과정을 학교교실에서 충실히 펼치고 있는지를 확인하는 것이 곧 평가가 학교교육의 정상적인 운영에 이바지하는 길이다. 그러나 유감스럽게도 기존의 평가는 그 역할을 충실히 해내지 못했다. 오히려 학생들의 상대적인 우열을 가려내는 데 적합한 평가 관행을 지키는 데 급급했다. 인간 정신의 일부분에 지나지 않는 지식만을 묻는 시험, 시대의 변화에도 아랑곳하지 않고 구성적 사고력보다는 암기능력에 지나치게 의존하는 지필시험, 학습자들의 다양한 앎의 과정을 밝히기에는 너무나 단순한 선다형 시험, 비현실적인 가정에 입각한 측정 이론을 이용하는 문항 및 검사의 양호도 분석 등이 우리가 바꾸어야 할 좋지 못한 관행이다.

객관식 평가는 많은 장점에도 불구하고 심각한 문제점을 안고 있다. 그중 하나는 학생들이 얻은 '점수'는 '나'와 별개일 수 있다고 생각한다는 것이다. 객관식 평가에서 학생들은 어떤 점수를 얻기 위해 답안을 스스로 구성하는 것이 아니라 주어진 것 중에서 선택만 하면 그만이다. 물론 그 선택이 이루어지기까지 많은 사고과정이 수반되어야 한다. 그런데 우연히 어떤 답지를 선택한 학생이나 심각하게 고민해서 선택한 학생이나 동일한 대가를 얻는다는 데 문제의 심각성이 있다. 사람들은 부족한 정보를 가지고도 최대의 점수를 얻기 위해 추측하게 되어 있다. 추측보다 더 좋은 방법이 있다면 여건이 허락하는 한, 비록 그것이 부정행위라 하더라도 하려고 할 것이다. 그것이 인간의 본능이다.

2) 수행평가의 질 관리

수행평가의 질 관리는 앞에서 언급한 잘못된 관행을 개선하는 방향으로 이루어져야 한다. 인간의 전인적 성장을 확인할 수 있는 평가, 정보화 사회의 구성주의 인식론에 바탕을 둔 평가, 학습자들의 독특하면서도 다양한 앎의 과정을 밝혀 줄 수 있는 평가, 보다 세련된 측정 이론에 입각한 문항 분석이 수반되는 평가, 타당성을 높이면서도 공정성이 훼손되지 않는 평가로 나아가도록 수행평가의 질 관리가 이루어져야 할 것이다.

4. 평가도구 제작상 유의점

1) 객관형 평가문항 제작상 유의점

• 출제자의 출제의도가 수험자에게 정확히 전달되어야 한다.

- 평가목표와 각 문항은 일치되어야 한다.
- 평가가 주요한 학습방법임을 분명히 하고 문항을 제작하여야 한다.
- 문항내용 중 정답에 대한 단서를 주지 않아야 한다.
- 한 개의 문항에는 단일한 아이디어만을 포함시켜야 한다.
- 문항은 쉬운 것에서부터 어려운 것으로 제시되어야 하고, 문항이나 문항 속의 내용이 어떤 논리적인 순서를 갖고 있다면 그러한 순서대로 내용이 제시되어야 한다.
- 조건이나 예외 없이 절대적으로 맞거나 틀리는 사실에 근거하여 문항이 작성되어야 한다.
- 정답은 분명하고, 오답은 '그럴듯하게' 문항이 만들어져야 한다.
- 답지의 수를 적절히 하여야 한다(선다형, 배합형의 경우).
- 배합형 문항에서 '답지'와 '전제'는 고도의 동질성이 있는 것으로 하여야 한다.
- 배합형 문항에서는 배합이 어떤 기초 위에서 이루어져야 하는지 분명하게 지시되어야 한다.
- 배합형 문항에서는 '답지'와 '전제'의 각 문항이 중첩되지 않도록 하여야 한다.
- 선다형 문항에서 답지에 반복되는 말은 문항에 포함시켜 표현하도록 하여야 한다.
- 선다형 문항의 답지 작성에 있어서 그 의미나 내용이 중복되지 않도록 하여야 한다.
- 선다형 문항의 답지에서 '위에는 정답이 없음' 또는 '위의 것이 모두 정답임' 등을 사용할 때에는 주의를 기울여야 한다.
- 선다형 문항에서 술어의 정의를 다룰 때 문제에 술어를, 답지에 정의를 두도록 하여야 한다.
- 단답형 문항 작성에 있어 답을 쓸 수 있는 여백을 적절하게 마련하여

야 한다.

- 완결형 문항 작성에 있어 문장 중 의의 있고 중요한 부분만을 적절한 수만큼 띄어 놓아 완결하도록 하여야 한다.

2) 주관형(서술형, 논술형) 평가문항 제작상 유의점

- 평가하려는 표적집단(학생집단)의 성질을 고려하여야 한다.
- 단순 암기 위주의 지식보다는 고등 정신능력을 측정하도록 한다.
- 구체적인 학습 결과를 측정할 수 있도록 질문을 구조화시키고 제한성을 갖도록 한다.
- 여러 문항 중에서 선택해서 쓰도록 하지 않는다.
- 응답 요소의 종류를 나열하도록 할 경우에는 가짓수를 한정하여야 한다.
- 가능하면 채점 기준 및 문항 점수를 미리 제시한다.
- 채점 기준은 포괄성(답안상의 반응을 총망라하는 것)과 배타성(수준 간 겹치지 않는 것)의 원칙을 준수하여야 한다.
- 문항을 배열할 때에는 쉬운 문항에서 어려운 문항으로 배열한다.
- 논쟁을 다루는 문항은 어느 한편의 견해를 지지하는 입장에서만 논술하라고 지시하지 말고, 학생 자신의 견해를 밝히고 그의 견해를 논리적으로 전개할 수 있도록 유도하여야 한다.

3) 객관형 문항 작성의 예

- 문항의 물음 부분(문두)은 불완전 물음으로 끝나는 것을 원칙으로 하고, 부정문일 때에는 부정하는 부분에 밑줄을 친다.

【예】……바르게 설명한 것은?

【예】……바르게 설명하지 <u>못한</u> 것은?

• 문항의 번호는 아라비아 숫자 다음에 점을 찍어 1. 2. ……로 표시한다.

【예】 1. 다음 지도의 …….

　　 2. 다음은 어떤 계절의 …….

• 답 번호는 ①, ②, ③, ④, ⑤로 표기하고 답 번호 다음에 점을 찍지 않는다. 답지를 서술식으로 제시할 경우 답지 끝에 마침표를 찍으며, 명사형으로 제시할 경우에는 마침표를 찍지 않는다. 답지 번호, 삽화, 자료글, 지도 등의 배치는 다음과 같이 한다.

【예】 ①……　 ②……　 ③……　 ④……　 ⑤…….

【예】 ① 무상 일수　　 ② 일조 시간　　　 ③ 연강수량

　　 ④ 안개 일수　　 ⑤ 최심 적설량

【예】 ①…… 증가하였다.

　　 ②…… 증대되었다.

　　 ③…… 중시되었다.

　　 ④…… 뚜렷해졌다.

　　 ⑤…… 등장하였다.

【예】 다음 지도의 …… 관계 깊은 것은?

> 삽화 · 사례글 · 지도

① 무상 일수

② 일조 시간

③ 연강수량

④ 안개 일수

⑤ 최심 적설량

【예】 다음 지도의 …… 가장 타당한 것은?

> 삽화 · 사례글 · 지도

① …… 증가하였다.

② …… 증대되었다.

③ …… 중시되었다.

④ …… 뚜렷해졌다.

⑤ …… 등장하였다.

• 정답을 2개 이상 고르게 할 경우에는 그 수를 문두에 명시하고 반드시 밑줄을 친다.

【예】 …… 와 관계 깊은 역사적 현상을 <u>두 개</u> 고르면?

• 문장 안에 나오는 인용된 문장은 " "로, 인용된 어구는 ' '로 표기한다.

【예】 "인간과 자연은 서로 영향을 주고받으므로 조화와 균형을 이루어야 한다"는 입장에서 …….

【예】 '인간은 생각하는 갈대'라고 말한 사람은?

- 〈그림〉, 〈표〉, 〈보기〉 등을 지칭하는 데 '다음'이라는 용어를 가급적 사용하지 않는다.
- 〈보기〉 속의 내용에서 고르는 경우에는 내용 앞의 기호를 ㄱ, ㄴ, ㄷ, ……로 표기한다.

【예】 다음 〈보기〉에서 미국의 독립선언서에 반영된 사상을 고르면?

　☞ 〈보기〉에서 미국의 독립선언서에 반영된 사상을 고르면?

보기

ㄱ. 천부인권 사상	ㄴ. 민족주의 사상
ㄷ. 사회계약 사상	ㄹ. 복지국가 사상

① ㄱ, ㄴ　② ㄱ, ㄷ　③ ㄴ, ㄷ　④ ㄴ, ㄹ　⑤ ㄷ, ㄹ

- 〈보기〉 속의 내용에서 고르는 문제가 아닌 경우에는 내용 앞의 기호를 'ㅇ'로 표기한다.

【예】 〈보기〉의 내용과 관계 깊은 곳을 지도에 바르게 표시한 것은?

보기

ㅇ 땅 위로 흐르는 하천은 평상시 말라 있다.

ㅇ 수리 시설이 확충된 곳은 논으로 개발되었다.

• 지문(地文) 속에 있는 여러 문단을 구분하여 나타내는 번호는 (가), (나), (다), …… 로 표시하고, 지문 속에 있는 문장이나 문구를 지적하는 번호는 ㉠, ㉡, ㉢, …… 로 하고 밑줄을 친다.

【예】 다음 글을 읽고 물음에 답하시오.

　　(가) 지도를 축척에 따라 구분하면 ㉠ 대축척 지도와 ㉡ 소축척 지도로 나뉜다.

　　(나) 축척은 ㉢ 실제 거리를 지도상에 나타내기 위하여 줄인 비율로 …….

• 〈보기〉나 지도, 그림, 사례글, 표 등의 자료를 제시한 문항에서는 〈보기〉나 자료에 대한 설명을 먼저 한 다음 〈보기〉나 자료를 제시하고, 질문은 〈보기〉나 자료 다음에 오도록 한다.

【예】 다음은 어떤 계절에 대비한 주민들의 생활지혜를 설명한 글이다.

　　

위 글과 관계 깊은 계절에 전형적으로 나타나는 일기도는?

① ⋯⋯　　② ⋯⋯　　③ ⋯⋯　　④ ⋯⋯　　⑤ ⋯⋯

• 일반적으로 〈보기〉는 문두와 답지 사이에 위치시키며, 답지에 두 가지 이상의 요소가 포함된 경우에는 각각의 요소를 A, B, C, …… 등의 기호로 표시하고, 각 기호 밑에 밑줄을 그어 잘 구별되도록 한다.

【예】 다음 글의 밑줄 친 (A), (B) 현상에 대한 대책으로 타당한 것을 〈보기〉
에서 골라 바르게 연결한 것은?

> 여름철에 고온 다우한 지역에서는 토양의 유기질 분해가 빠르고
> 유실이 많아, (A) <u>쉽게 산성화됨으로써</u> 농업 생산력을 떨어뜨린다.
> 또 여름에 집중되는 강수로 (B) <u>토양이 침식되는 경우</u>가 많다.

보기

ㄱ. 객토 사업   ㄴ. 초지로 전환

ㄷ. 등고선식 경작   ㄹ. 화학 비료의 사용

	(A)	(B)		(A)	(B)		(A)	(B)
①	ㄱ	ㄴ	②	ㄱ	ㄷ	③	ㄴ	ㄷ
④	ㄷ	ㄹ	⑤	ㄷ	ㄱ			

• 〈보기〉에서 여러 항목을 조합하여 답지를 만드는 합답형 문항의 경
우, 기호 순서(ㄱ, ㄴ, ㄷ ……)로 답지를 만들되 답지를 구성하는 항목
수가 적은 것부터 나열한다.

【예】 ……〈보기〉에서 옳은 것을 모두 고르면?

보기

ㄱ. 객토 사업   ㄴ. 초지로 전환

ㄷ. 등고선식 경작   ㄹ. 화학 비료의 사용

① ㄱ, ㄴ   ② ㄱ, ㄷ   ③ ㄱ, ㄴ, ㄷ

④ ㄴ, ㄷ, ㄹ   ⑤ ㄱ, ㄴ, ㄷ, ㄹ

• 음이 같은 한자는 ( )에 쓰고 의미를 분명하게 하기 위한 한자는 [ ] 안에 쓴다.

【예】 …… 이중환이 제시한 가거지(可居地) 선정 ……

　　　 …… 배[船]가 고장이 나서 ……

• 문장 안에 나오는 책 이름은 『 』 안에 쓰고 자료의 출처를 밝히고자 할 경우에는 자료의 오른쪽 아래에 다음과 같이 표기한다.

【예】 이중환은 『택리지』에서 …….

【예】

　　－ 논어 －
　　－ ○○일보. 2002. 5. 31. －

---

4) 서술형, 논술형 문항 작성의 예

• 문항의 어미는 '…… 하시오' 혹은 '…… 하라' 등의 종결어를 사용하며, 한 검사지 안에서는 종결어를 통일하여 사용한다.
• 소문항이 있는 경우에는 그 소문항이 속하는 대문항의 번호에 연결하여 문항번호를 부여하며, 문항 끝에는 해당 배점을 표기한다.

【예】 1. …… 이 말하고자 하는 교육적 시사점을 쓰시오. (5점)

　　 2. …… 다음의 물음에 답하시오. (총 5점)

　　 2-1. ……에 대해 10자 이내로 쓰시오. (2점)

　　 2-2. ……이 의미하는 바를 쓰시오. (3점)

- 한 문항이 다음 페이지로 넘어가지 않도록 한다. 그리고 한 문항의 답 란이 다음 페이지로 절대로 넘어가지 않도록 하며, 특히 소문항이 있 는 경우에는 해당 문항에 속한 모든 소문항이 가급적 동일 페이지에 있도록 한다(※ 문항 단위의 채점을 하는 경우, 채점의 용이성을 제고하기 위함).
- 답란은 다음과 같이 가로줄 여백 형태를 권장하며, 부득이한 경우, 완 전 백지형이나 모눈종이나 그래프 형태 혹은 원고지 형태의 답란을 사 용할 수 있다.

※ 답란의 가로줄 여백 형태

_____

_____

_____

_____

- 문제지와 답안지 양식은 가급적 문항 바로 아래 직접 답을 쓰게 하는 '문제지·답안지 통합형'(문제지는 단면 인쇄)을 권장한다. 이 경우 답 란의 여백을 충분히 주어야 한다.

시험과정에서 학생 반응의 용이성을 높이고 채점의 정확성을 높이기 위해 가급적 문제지에 답을 쓰도록 하는 것이 좋다. 그러나 문제지의 면수가 많아져 문제지 인쇄, 보관 등에 애로사항이 있는 경우에는 문제지와 답안지를 분리하여 편집하는 것도 무방하다. 특히, 선택형 문항과 일부 서답형 문항을 혼합하여 검사를 실시하는 경우에는 별도의 답안지를 마련하는 것이 효율적일 수 있다.

제6장

생활지도

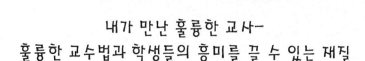

내가 만난 훌륭한 교사-
훌륭한 교수법과 학생들의 흥미를 끌 수 있는 재질

내가 만난 훌륭한 선생님이 누가 있나 생각해 보니 바로 떠오른 분이 있었다. 초등학교를 갓 졸업하고 중학교에 진학했던 한 어린 학생일 때에 만난 분이다. 그분은 하○○ 선생님이셨고 사회를 가르치셨으며 1학년 2반의 담임선생님이셨다. 가장 담임하기 편하면서도 어려운 것이 갓 학교를 들어온 아이들이 아닐까? 그만큼 아이들을 잘 돌보셨기에 1학년 담임을 하신 것이 아닌가 생각이 든다.

진심으로 사람을 대하면 상대방도 그것을 느끼게 되고 그 사랑에 반응한다고 한다. 1학년 때 내가 속한 반은 사람들이 흔히들 부르는 꼴등 반이었다. 반별로 평균을 계산해 보면 첫 시험부터 2학기 중간고사까지 꼴등을 맡아서 해 왔다. 하지만 선생님께서는 훈계를 하시면서 동시에 학생들에게 용기를 불어넣어 주셨다. 선생님께서는 언제나 학생들에게 관심을 가지셨고 또한 학생들의 집안 사정과 여러 가지 문제에 대해서 관심을 갖고 살피셨기에 우리 학급의 학생들을 잘 돌보실 수 있었던 것같다.

하○○ 선생님을 내가 만난 훌륭한 선생님이라 생각하는 이유는 이렇다.

첫째로, 선생님은 우리의 방법으로 의사소통하시기를 원했다. 내가 중학생이었을 당시에는 우리들 사이에서 '버디버디'라는 메신저가 유행을 했다. 그 메신저에는 많은 친구들이 등록되어 있었고 컴퓨터를 할 때마다 메신저를 통해서 그 친구들과 이런저런 이야기를 할 수 있었다. 과학기술이 발달함으로써 점점 인간 사이의 인격적 접촉이 줄어들었지만 이 메신저를 통해서 만남의 기회가 좀 더 많아졌고 친구 간의 친밀도도 그 메신저를 통해서 많이 늘었다. 그런데 그 선생님은 그 메신저에 회원가입을 하고 우리 학급의 학생들과 함께 의사소통을 하였다. 그런 의미에서 선생님은 나에게 조금 더 친근하게 다가왔다는 느낌을 받았고 상담을 할 때에도 나의 문제들을 선생님께 많이 말할 수 있었던 것 같다.

둘째로, 선생님은 개개인에게 관심을 깊이 가져 주시고 친밀하게 대하셨다.

진정한 인간관계는 단체에서 나오는 것이 아니라 개인과의 관계에서 나온다고 하지 않는가. 그것을 나는 이 선생님에게 배울 때에, 그 선생님과 1년을 지낼 때에 깨닫게 되었다.

선생님은 성적만이 아니라 나의 전반적인 것에 대해 알고 계셨고 또한 더 알기 위해 노력하시는 것을 느꼈다.

내가 생각하기에 훌륭한 선생님이란 물론 수업시간에 훌륭한 교수법과 학생들의 흥미를 끌 수 있는 자질이 있어야 하겠지만 그 결과는 수업 외의 행동에 따라서 결정된다고 생각된다. 결국 훌륭하고 훌륭하지 않고는 학생의 판단에 따른 것이기 때문에 얼마나 학생들을 존중하고 사랑하는지, 그리고 얼마나 관심을 가지고 있는지에 따라서 그 선생님이 훌륭하고 좋은 선생님인지 평가할 수 있다고 본다. 교사는 수업시간에만 그 학생들에게 지식을 전해 주기보다는 그 학생들의 재능을 찾아 개발시키고 부족한 것들을 찾아 채워 주기 위해 항상 노력하는 선생님이 되어야 한다고 생각한다.

1. 생활지도의 정의

생활지도(guidance)란 '개인 스스로가 자신과 자신이 처해 있는 세계를 이해할 수 있고, 더 나아가 직면한 문제를 해결할 수 있는 능력을 함양하도록 조력하는 과정'이다. 이와 같은 정의에서 사용된 몇 가지 용어를 보다 자세히 살펴보면 다음과 같다.

• 개인: 생활지도의 정의에서 '개인'이라는 단어는 학교상황에서의 학생을 뜻한다. 즉, 생활지도는 정상적인 발달 단계에 따라 발생하는 다양한 사건에 대해 도움을 필요로 하는 보통의 학생을 돕는 활동이다.

- 자신과 자신이 처해 있는 세계 이해: 개인이 하나의 인격체로서 자아를 확립해 나간다는 의미로, 정체감이 형성되고 자신의 특성에 대한 이해와 지각이 이루어지는 것을 뜻한다.
- 조력: 도움 또는 혜택 등의 의미로서 생활지도가 치료적인 기능뿐 아니라 예방적 기능도 가지고 있음을 강조한다.
- 과정: 생활지도는 특정한 목표를 향하여 진행되며, 계속적인 변화를 보여 주는 일련의 행동 또는 단계임을 의미한다.

이러한 과정을 통하여 인간은 자신이 처해 있는 세계와 환경을 이해하고, 타인과의 상호작용을 통하여 직면한 문제를 해결함으로써 개인 각자의 발전과 더불어 교육적 효과를 기대할 수 있게 된다(Shertzer & Stone, 1981).

2. 생활지도의 필요성

김계현 등(2004)은 생활지도의 필요성을 아동 · 청소년 문제, 발달상의 필요성, 훈육관의 변화, 사회의 변화, 가족구조와 성역할의 변화 등 5가지로 설명하고 있다.

1) 아동 · 청소년 문제

가장 심각한 청소년 문제는 비행(非行)과 정신건강의 문제다. 청소년 범죄의 양적 증가, 질적 흉포화, 연령의 연소화 등은 학교에서 이런 비행을 예방하기 위한 활동의 필요성을 강력하게 시사하고 있다. 또한 청소년 비행 문제에 대해서 학교에서 받는 성적 스트레스, 입시부담, 집단 따돌림 등 학교와 관련한 원인이 제기되기 때문에 학교가 예방활동을 해야 한다는 주장이 타당성을 갖는다.

어느 연령층이든지 정신건강의 문제로 고생하는 사람들이 일정 비율 존재하는 것은 사실이며, 청소년층도 주로 정신병과 관련한 유전적 소인이 있거나 과중한 스트레스, 부적합한 환경, 충격적인 사건 등이 원인이 되어 정신건강상의 문제가 발생한다. 경우에 따라서는 가정에서 가족이 발견하지 못한 문제를 학교에서 교사나 친구들이 발견하는 수도 있다. 따라서 학교나 교사들은 학생의 정신건강상의 문제를 예방하는 역할, 조기에 발견하여 적절한 조치를 받도록 하는 등의 역할을 해야 한다.

2) 발달상의 필요성

개인의 성격은 18~19세가 되어야 안정적으로 나타난다. 즉 아동기와 청소년기에 나타나는 성격은 아직 '형성과정 중'이라고 보면 된다. 다시 말하면 아동·청소년은 자기가 어떤 사람인지 이해하기 위해서 여러 가지 성격을 시험해 본다고 말할 수 있다. 때로는 급한 성격으로, 때로는 여유 있는 성격으로, 때로는 순종적인 성격으로, 때로는 반항적인 성격으로, 때로는 소극적인 성격으로, 때로는 적극적인 성격으로, 때로는 회피적인 성격으로, 때로는 사교적인 성격으로 자신을 끊임없이 실험해 본다. 이런 수많은 실험을 통해서 아동·청소년은 자신이 어떤 사람인지 이해해 나간다. 이런 실험과정은 자아정체감(self-identity)이 형성될 때까지 계속된다고 볼 수 있다.

그런데 모든 사람이 마음 편하게 자신을 실험하면서 이해해 나가지 못하거나 환경이 그것을 허용하지 않는 경우도 많다. 예컨대, 학교에서 장기적인 집단 따돌림이나 집단 폭행 등 개인의 힘으로는 대처하기 어려운 고통을 장기간 당하는 경우에 건전한 성격 형성에 장애가 된다. 또한 부모가 지나치게 엄격하거나 학대적이거나, 반대로 지나치게 허용적이거나 방임적인 경우 아동·청소년은 부모의 행동에 비추어 자신을 실험하는 일에 관심을 기울이기 어렵다.

이런 이유에서도 생활지도는 필요하며, 개인들이 자기 자신을 다양하게, 자연스럽게, 편안하게 실험해 보고 건전한 자신을 발견할 수 있도록 돕는데 학교와 교사가 공헌할 수 있다. 이런 학교와 교사의 활동은 지식교육이 아니라 전반적인 학교생활을 통하여 '잠재적으로' 이루어진다.

3) 훈육관의 변화

20세기 후반부의 교육계는 훈육, 즉 'discipline'이라는 측면에서 큰 변화를 체험하였다. 민주주의라는 이데올로기가 정치 분야 이외에 가정, 학교, 직장 등 사회 전반에 확대되면서 훈육에 대한 개념이 크게 바뀌었다. 과거에는 교사 중심, 학교 중심, 교육자 중심, 부모 중심의 훈육이 통용되고 그것이 옳다고 여겨졌으나 이제 그런 훈육관이 흔들리기 시작한 지 오래다. 학생 중심, 아동 중심 교육관이 자리 잡은 것이다.

물론 현대의 교육에서 훈육이 완전히 사라진 것은 아니다. 그러나 훈육에 대한 관점 및 방법이 많이 변화된 것이 사실이다. 요즘의 교사와 부모는 '학생이 싫어하는 일' '자녀가 싫어하는 일'을 그들에게 일방적으로 요구하기가 어렵다. 교사와 부모가 옳다고 생각하는 것조차도 아동과 학생이 어느 정도는 수용해야 실행이 가능하게 되었다.

체벌의 문제가 그렇고, 아동·학생의 옷차림, 두발 등에 있어서 교사와 학생, 부모와 학생 간의 이해와 타협, 해결방안 등에 있어서 많은 문제가 발생하고 있는 것이 사실이다.

생활지도의 부각은 민주주의 사상과 일맥상통한다. 민주주의 교육관이란 교육받는 자가 수용하고 동의하는 교육을 해야 한다는 것이 핵심이다. 생활지도는 이런 사상에 기초하고 있으며 교육계에 민주주의 과정을 도입할 수 있는 효과적인 방법이다.

4) 사회의 변화

현대사회에서 지식과 정보는 그 내용이 급격히 변화할 뿐 아니라 양적인 면에서도 급격히 증가한다. 정보와 지식은 결코 정형화될 수 없다. 그런 시대는 이미 지나갔다. 지식과 정보는 무제한으로 제공되며 그것을 검색하고, 취사선택하는 것이 더 중요한 시대가 되었다. 학교에서는 지식을 정형화시켜서 가르치는 일보다는 한없이 쏟아지는 지식과 정보를 검색하는 기술을 가르치는 일이 더 중요하게 되었다.

이러한 정보화 시대의 도래로 학교 생활지도는 어떠한 영향을 받을까? 정보화 및 지식기반 사회는 직업의 세계, 즉 일의 세계를 크게 변화시켰다. 정보화는 새로운 일, 새로운 직업을 탄생시켰을 뿐 아니라 일의 방식과 일에 대한 관념, 즉 직업관을 변화시켰으며 앞으로 이러한 변화는 더욱 가속화될 것이다. 따라서 어떤 정형화된 이성의 소유자들을 기르는 것이 아니라 변화하는 사회에서 자신의 인성을 창의적으로 적용시켜 나가는 인간을 기르는 것이 현대적인 학교 생활지도의 개념이다.

5) 가족구조와 성역할의 변화

일의 세계와 마찬가지로 가족구조도 끊임없이 변화하고 있다. 종전에는 대가족 혹은 확대가족에서 핵가족으로 변화되는 것이 주된 변화의 양상이었다. 그러나 이제는 새로운 변화가 가족에서 일어나고 있는데, 이는 편부 또는 편모 가정, 편조부모 가정, 그리고 국제결혼을 통해서 탄생한 다문화 가정의 대두다.

성인 중심의 가족 형태에서 벗어나 자녀 중심의 가족 분위기가 형성되는 것은 자라나는 어린이들을 위해서는 다행한 일이라고 볼 수 있으나 어린이들의 바람직한 성장·발달을 위한 보호와 지도가 반드시 잘되어 있다고는 할 수 없다(공석영 외, 2005). 소가족제도 안에서 부모가 모두 일하고 있을 때 어린이가 의당 받아야 할 정서적 관심을 충분히 받을 기회는 희소해지기 쉽고 성장과정에서 동일시해야 할 사람을 찾지 못할 우려가 있다. 종래의 학생 문제 중 많은 부분이 억압적이며 권위적인 가족 분위기에서 기인했다고 인정할 수 있다면, 앞으로의 문제는 상당히 많은 조화를 잃어버리고 와해된 가족 분위기에서 비롯되리라 예견할 수 있다. 가족관계의 와해는 앞으로 해결해야 할 커다란 문제이며 자녀의 교육에서 주로 어머니의 역할로 생각되어 온 정서적 책임을 아버지도 나누어 맡아야 할 때가 온 것이다.

또한 여성의 직업참여가 급격하게 증가하고 있으므로 이들을 위한 진로교육 및 상담이 체계적으로 이루어져야 한다.

직업에 대한 준비는 진로교육, 혹은 진로상담이라고 해서 생활지도 및 학교상담의 중요한 기능으로 여겨져 왔다. 그런데 지금까지 학교에서 이루어진 진로교육과 진로지도는 추상적인 수준에서 진로나 직업세계에 대한 소개를 하는 수준에 머물거나 상급학교 진학을 위한 입시지도의 수준에서 이루어진 것이 사실이다. 그런데 앞으로는 구체적인 진로교육과 진로지도가 이루어질 전망이다. 특히 점점 증가하는 여성들의 직업참여, 다양한 직업의 탄생 및 소멸, 다문화 가정에서 탄생한 학생들의 진로 및 직업교육 등으로 학교 생활지도의 커다란 변화가 예상된다.

3. 생활지도 활동의 영역

생활지도는 직업·진로지도에서 시작되었으나 이후 영역이 확대되어 교육활동의 중요한 영역을 차지하고 있다. 이러한 생활지도의 영역은 생활지도 담당자와 대상자에 의해서 여러 가지 형태로 나타날 수 있다. 먼저 학급별로 초 · 중 · 고교 및 대학에 따라서 달라질 것이다. 또한 성별, 지역별, 계열별 구분 및 비행예방, 직업교육, 정보제공 등의 역할에 의해서도 달라질 것이다. 그러나 청소년을 대상으로 하는 생활지도는 공통적으로 포함될 수 있는 대표적인 영역을 지니게 된다.

장혁표(1983)는 생활지도 영역으로 교육지도, 직업지도, 인성(정서)지도, 사회성 지도, 건강지도, 여가지도의 6가지를 제시하고 있다.

- 교육지도(educational guidance): 교육과정, 학교 등의 선택, 학교교육을 아동 · 학생에게 적응시키기 위한 문제 등이 포함된다.
- 직업지도(vocational guidance): 직업준비, 직업선택, 직업적응 등 장래의 진로에 관련되는 영역에 대하여 지도하는 영역으로, 자기의 적성에 알맞고 흥미와 의욕을 가지고 전진할 수 있도록 각종 직업에 관한 정보를 수집하여 제공하고 학생들로 하여금 직업준비를 하도록 지도한다.
- 인성(정서)지도(personal-emotional guidance): 인성의 문제란 대체로 성격, 정서적 불안, 욕구불만, 정신건강, 신경과민, 개인적 습관과 태도, 이성 문제 등 개인적 · 심리적 적응에 관한 문제를 뜻한다. 이때 인성지도의 목표는 아동 · 학생 개개인이 자기의 성격을 올바르게 인식하고 원만한 인격의 소질을 육성하도록 조언하는 것이다. 그러므로 원만한 인격 형성에 장애가 되는 인간의 기본적 욕구불만, 우월감, 열등감, 공격적 태도, 정서적 불안감 등을 제거하여 줌으로써 올바른 성격을 형성하도록 지도하는 것이다.
- 사회성 지도(social guidance): 각 개인 혹은 학생이 교양을 쌓고, 도덕적 윤리관과 인간존중의 습관을 형성하며, 의사전달의 합리적 방법을

익히고, 이성과의 교제 및 집단에서의 대인관계 등 원만한 인간관계를 유지하며 협동과 봉사의 정신으로 생활할 수 있도록 사회성을 개발하는 것을 뜻한다.

• 건강지도(health guidance): 운동, 영양, 위생관념 등의 신체적 지도를 의미하며, 최근에 와서는 신체적인 면뿐 아니라 정신위생의 차원에서도 많이 언급되고 있다. 즉 청소년 시기는 신체적으로 가장 빠른 성장률을 보이는 때이므로 신체 각 부분의 불균형적 성장에서 오는 피로, 무기력 등에 의한 부적응이 일어나게 된다. 이러한 심한 부적응은 신경쇠약이나 심신허약의 원인이 되며, 나아가서는 학업에 있어서도 부진의 원인이 되는 수가 많다. 그러므로 건강이나 신체 발달에 대한 정보를 적절히 제공하고 건강한 생활을 하도록 도와야 한다.

• 여가지도(leisure time guidance): 여가지도는 학교나 사회에서 각 개인의 여가를 가치 있게 활용할 수 있도록 레크리에이션 활동을 선택하고 이러한 활동을 통해서 건전한 취미와 심신의 조화로운 발달을 도모하는 것이다. 가치 있는 여가활동으로는 스포츠, 독서, 미술, 오락, 사회활동 등을 들 수 있으며 이러한 활동 중에서 각 개인의 흥미, 요구, 능력, 성격 등에 따라 가장 적합한 것을 선택하여 여가를 선용하도록 하는 것이다.

이재창(2005)은 주요 영역만을 선정하여 학생이해활동, 정보활동, 상담활동, 진로지도 및 정치활동을 구분하고 있다.

위에서 언급한 영역을 종합할 때 생활지도활동은 일반적으로 학생이해활동, 정보제공활동, 상담활동, 정치(定置)활동, 추수활동의 5가지로 나눌 수 있다(임규혁 외, 2007). 이 5가지 기능이 순서적으로 위계를 이루어 전개되는 것은 아니나 주로 이 단계를 거쳐 진행된다고 볼 수 있다.

1) 학생이해활동

(1) 학생이해활동의 의미

학생들을 도와주기 위해서는 우선 조력 대상인 학생에 대한 이해가 앞서야 한다. 학생이해활동(student inventory service)은 개인이 유사성과 상이성을 함께 지니고 있다는 사실을 기본 전제로 하여 각 개인의 개별성(individuality)을 찾는 데 초점을 둔다.

학생이해활동의 주요 목적은 학생이 자신을 이해하고 의미 있는 의사결정을 할 수 있도록 돕기 위해서 학생에 관한 정보를 수집하는 것이다. 사실 학생들은 자신의 능력이나 자질, 또는 장단점 등을 알지 못하는 경우가 허다하다. 학생 자신에 대한 바른 정보를 제공함으로써 학생이 자신을 이해하고, 자신을 위한 결정을 스스로 내리고, 이에 따라 행동을 하게 하는 것이 바람직한 일이다(이재창, 2005).

(2) 학생이해의 원리

학생의 특성을 파악하기 위해서는 몇 가지 원리가 적용되어야 한다. 원리나 지침은 개인적인 특성을 효과적으로 판단하도록 하며 객관성을 유지할 수 있도록 해 주기 때문이다.

학생의 특성을 평가하기 위한 원리로 이재창(2005)은 9가지를 제시하고 있다.

- 사정은 학생 개개인의 궁극적인 이익을 위해서 수행되어야 한다. 학생에 관한 조사나 평가활동은 교사나 학교당국이 아니라 학생 자신을 위해서 실시하는 것이므로 학생이 우선시되어야 한다.
- 각 개인은 독특하며, 이러한 독특성이 인정되어야 한다. 상담자가 학생에 대한 정보를 수집하는 것은 학생들의 공통점을 찾기보다는, 학생

을 다른 사람과 구별하게 하는 고유성을 찾는 데 그 목적이 있다. 모든 인간은 자신만의 개성이 있다. 이러한 개성을 찾아내 이를 개발시키도록 조력하는 것이 교사와 상담자의 임무다.

• 모든 학생에 대해 같은 시기에 같은 양이나 정도의 조사를 할 필요는 없다. 학생마다 능력과 특성이 다르기 때문에 조사를 필요로 하는 유형과 정도 또한 다르다. 따라서 조사활동은 모든 학생을 대상으로 일괄적으로 시행하는 것보다는 학생의 필요에 따라서 실시하는 것이 바람직하다.

• 모든 상황에 적합한 하나의 조사방법이나 절차는 없다. 조사 대상 학생이나 조사내용의 성격에 따라서 질문지법이 더 효과적일 수도 있고, 면접법이 더 효과적일 수도 있다. 조사를 실시하기 전에 조사 대상과 대상이 처해 있는 상황을 철저히 파악해서 가장 적절한 방법과 절차를 사용해야 한다. 부적합한 조사방법을 사용하게 되면 조사 자체에 대한 남용이 되고 학생에게는 피해를 줄 수 있다.

• 정확한 인간사정은 도구와 인력에 의해서 제한을 받고 있다. 이는 검사의 한계를 말하는 것이다. 여기에는 2가지 이유가 있다. 하나는 인간은 기계와 달리 복잡하고 변화무쌍하다는 점이다. 인간의 특성은 워낙 다양하고 복잡하기 때문에 이를 정확하게 밝혀내는 데는 한계가 있다는 것이다. 다른 하나는 아직까지 개발된 도구들은 인간의 속성이나 특성을 정확하게 밝혀낼 수 있을 정도로 완벽하지 못하다는 것이다. 따라서 상담자는 이러한 한계를 염두에 두고 조사에 임해야 하고 결과를 해석해야 한다.

• 학생이해활동은 개인의 긍정적인 면을 수용한다. 인간사정의 목표는 각 개인의 잠재력을 발견해 내는 데 있다. 즉 각 개인에 내재하고 있는 독특한 가치를 밝혀내는 것이다. 따라서 상담자가 부정적인 결과를 두려워하는 것이 아니라 긍정적인 것을 인지하는 낙관적인 과정이라고

할 수 있다.

• 학생이해활동의 근본적인 목적은 학생들의 자기이해와 현명한 의사결정을 증진하는 것이다. 체계적인 조사와 분석을 통해서 학생들은 자신을 더 잘 이해하게 되고, 자신에 관한 정확한 사실에 기초해서 결정을 내리기 때문에 현명한 의사결정을 내릴 수 있다. 상담자는 수집된 정보의 해석에 신중을 기해서 각 자료가 의미하는 것이 무엇인가를 정확하게 이해할 수 있도록 해야 한다.

• 학생이해활동은 학생 자신과 학생이 속해 있는 환경을 다 같이 고려해야 한다. 예를 들면, 능력과 같이 학생으로부터 추출된 자료는 단독으로 사용되어서는 안 된다. 학생의 능력에 관한 환경의 영향도 함께 고려해야 한다. 따라서 조사 범위가 학생이 속한 환경적 배경까지 확대되어야 한다는 것이다.

• 인간사정은 전문적인 윤리적 지침을 준수해야 한다. 상담자를 비롯한 학생조사활동에 참여하는 모든 사람은 자신들이 다루고 있는 대상이 인간이라는 사실을 인식해야 한다. 이를 위해서는 적절한 조사방법과 절차를 따라야 하며, 아울러 내담자의 권익을 보호하기 위한 사생활과 비밀보장에 대해서도 각별히 유의해야 한다.

(3) 학생이해방법

학생이해활동의 방법으로는 주로 심리검사를 통해 정보를 수집하게 된다. 이때 사용되는 심리검사로는 표준화검사와 비표준화검사가 있는데, 표준화검사에는 성격검사 · 지능검사 · 적성검사 · 학력검사 · 흥미검사 등이 있으며, 비표준화검사로는 질문지법, 면접, 관찰법, 투사법, 사회성 측정법, 일화기록법, 자서전법 등이 있고, 가정환경조사서, 건강기록부 등도 활용된다.

① 표준화검사에 의한 학생이해

표준화검사는 고도의 훈련을 쌓은 전문가가 장기간에 걸친 연구와 검토 끝에 제작한 것으로 학생들의 능력이나 특성을 객관적으로 평가할 수 있다. 윤운성 등(2001)은 표준화검사의 기능으로 예측, 분류, 자기이해의 증진, 프로그램 평가, 과학적 탐구의 5가지를 제시하고 있다.

표준화검사의 종류는 다음과 같다.

지능검사(intelligence test)　지능에 대한 정의는 매우 다양하며 강조하는 바가 조금씩 다르다. 각 정의에서 강조하는 바에 따라 지능에 대한 정의를 분류하면 3가지로 나누어 볼 수 있는데, 지능을 추상적인 사고능력으로 보는 견해, 지능을 학습능력으로 보는 견해, 지능을 새로운 환경에의 적응능력으로 보는 견해 등이다.

지능과 학습 간의 관련성에 대하여 살펴보면 지능지수는 어느 정도의 가능성을 예언해 주는 것이지 그것 자체가 절대적 의미를 지니는 것은 아니다. 지능지수는 정신연령을 실제연령으로 나눈 것에 100을 곱한 것이다. 이것은 동일한 생활연령의 아동은 동일한 학습 기회를 가졌음을 전제로 하는 것이다. 그러나 실제로 같은 연령의 아동이 같은 학습 기회를 갖는 것은 아니다. 또한 평균 이상의 지능을 가진 학생도 학업에 실패하는 경우가 있으므로 학업에는 지능 이외의 많은 변수가 작용함을 알 수 있다.

개인 지능검사 중 WAIS(Wechsler Adult Intelligence Scale)는 성인용 지능검사로 11개의 하위 검사(6개-언어성, 5개-동작성)로 구성되어 있다. 아동용 지능검사인 WISC(Wechsler Intelligence Scale for Children)는 12개의 하위검사(6개-언어성, 6개-동작성)로 구성되어 있다. 우리나라에서 이 WAIS 지능검사를 표준화한 KWIS(Korean Wechsler Intelligence Scale), 즉 한글판 웩슬러 지능검사는 11개의 하위 검사(6개-언어성: 상식, 이해, 산수, 공통성, 숫자, 어휘; 5개-동작성: 바꿔 쓰기, 빠진 곳 찾기, 토막 짜기, 차례 맞추

기, 모양 맞추기)로 구성되어 있으며 12세 이상을 대상으로 하고 있다(공석영
외, 2005).

지능은 생득적이며 유전성이 강하다는 것이 일반적인 견해인데 이 문제
는 간단하게 결론짓기는 어렵다. 지능에 유전성이 강하다고 하는 이론은
Cronbach에 의하여 제시된 대로 지능검사에서의 점수의 변량(고저의 차)
중 75%는 유전에 기인하고, 21%는 환경에 기인하며, 4%는 우연요인에 기
인한다는 결론에서 연유한다.

적성검사(aptitude test)   일반적으로 적성은 미래의 어떤 직업이나 분야
에서 일을 수행하거나 학습할 수 있는 개인의 능력을 좌우하는 특성(trait)
을 의미한다. 따라서 적성검사는 주어진 활동을 성취하거나 성취하는 방법
을 학습할 수 있는 잠재력을 측정하도록 제작된 검사다.

적성검사는 특히 다음과 같은 기능을 가지고 있다(Gibson & Mitchell,
2003). 첫째, 개인이 미처 인식하고 있지 못하고 있는 잠재력을 발견할 수
있다. 둘째, 개인의 특수능력이나 잠재력을 개발하도록 격려할 수 있다. 셋
째, 학업이나 진로를 결정하는 데 있어 중요한 정보를 제공할 수 있다. 넷째,
개인의 미래 학업이나 직업에서의 성공 가능성을 예측할 수 있다. 다섯째,
다른 발달이나 교육적인 목적을 위해 학생들을 적성에 따라 분류할 수 있다.

적성검사는 특수적성검사(special aptitude test)와 종합적성검사(aptitude
batteries)로 분류할 수 있다(윤운성 외, 2001).

특수적성검사는 특정한 직업이나 활동 영역에 있어서 개인의 수행능력
이나 가능성을 측정하도록 제작된 검사다. 특수적성검사는 구체적인 하나
의 적성을 측정하기 때문에 단일적성검사라고도 한다. 단일적성검사는 주
로 기계, 사무, 예능과 같은 단일 능력을 측정하는 데 사용되고, 또한 수학
이나 외국어와 같은 특수 교과에 대한 능력을 측정하기도 한다. 그러나 이
러한 특수적성검사는 종합적성검사가 보편화됨에 따라 그 사용도가 하락

하는 추세에 있다.

종합적성검사는 여러 직업이나 직업과 관련이 있는 활동과 연관이 있는 여러 개의 하위 검사로 구성되어 있어서 적성의 형태를 측정하는 검사다. 특수적성검사에 비해서 종합적성검사가 갖는 이점은 다음과 같다. 첫째, 한 검사로 다양한 활동에 대한 가능성을 측정할 수 있기 때문에 실시하는 데 편리하고, 둘째, 모든 하위 검사가 같은 모집단을 대상으로 표준화 작업을 하기 때문에 비교 가능한 하위 검사의 규준을 제시할 수 있고, 셋째, 하나의 검사로 광범위한 영역의 잠재력을 비교할 기회를 가질 수 있다.

가장 대표적인 적성검사로는 DAT(Differential Aptitude Test)와 GATB(General Aptitude Test Battery)가 사용되고 있다. DAT는 원래 중 · 고등학교에서 진학과 직업지도를 위해서 개발되었고 대학생과 성인에게도 사용할 수 있게 된 검사로, 언어추리, 수리력, 기계추리, 공간지각, 추리력, 지각속도, 어휘력, 수공능력 등의 8개의 하위 검사로 구성되어 있다.

GATB는 대학에 진학하지 않고 바로 직업을 가지려는 고등학교 졸업생들의 직업지도를 위해서 제작된 검사로, 일반 지능검사, 언어적성, 수적성, 공간적성, 도형지각, 사무지각, 운동조정, 수공능력, 손가락 기능 등을 측정하는 9개의 하위 검사로 구성되어 있다.

성격검사(personality test)   성격의 의미는 다양하고 일반적으로 광범위하게 사용되지만 성격검사는 개인의 능력과 구별되는 개인의 정서적 · 동기적 · 대인적 · 태도적 특성을 측정하는 도구를 의미한다(Anastasi, 1982).

성격검사의 방법은 측정하는 형태에 따라서 일반적으로 목록법, 평정법, 투사적 기법 등으로 구분할 수 있다(김재은, 류기섭, 1979).

첫째, 목록법(inventory type)은 성격에 관한 많은 문항에 대해서 '예' '아니요' '잘 모르겠다' 등의 간단한 응답을 하게 하는 질문지법의 대표적인 형태다. 대부분의 성격검사가 여기에 속한다. 대표적인 예로는 미네소

타 다면적 인성검사(Minnesota Multiphasic Personality Inventory: MMPI)와 성격유형검사(Myers-Briggs Type Indicator: MBTI)를 들 수 있다.

MMPI는 심리학자인 스타크 해서웨이(Starke Hathaway)와 정신과 의사인 조비안 맥킨리(Jovian Mckinley)에 의해 제작되었으며 진단적 평가를 위한 결과적 검사다. 따라서 MMPI의 일차적인 목적은 정신과적 진단 분류를 위한 측정이다. 그러나 병리적 분류의 개념이 정상적인 행동 설명에도 어느 정도 적용 가능하다는 전제하에서 이 검사를 통해 일반적 성격특성도 유추 가능한 것으로 보고 있다(김중술, 1996). 550문항(집단용 MMPI의 총 문항 수는 566문항이지만 16문항이 반복 제시되기 때문이다)으로 구성되어 있고, 검사 대상은 초졸 이상의 학력자이며 16세 이상이 되어야 한다. MMPI는 주요 비정상행동의 종류를 측정하는 10가지 임상척도와 그 사람의 검사태도를 측정하는 4가지 타당도 척도로 구성되어 있다. 임상척도는 Hs(Hypochondriasis: 건강염려증), D(Depression: 우울증), Hy(Hysteria: 히스테리), Pd(Psychopathic Deviate: 반사회성), Mf(Masculinity-feminity: 남성특성-여성 특성), Pa(Paranoia: 편집증), Pt(Psychasthenia: 강박증), Sc(Schizophrenia: 정신분열증), Ha(Hypomania: 경조증), Si(Social Introversion: 사회내향성) 등 10개로 구성되어 있다(이재창, 2005).

성격유형검사(MBTI)는 우리가 어떤 과제를 수행함에 있어서 정신적 혹은 심리적 선호 경향이 있다고 본다. 4가지의 기본적인 선호 경향이 있는데 다음과 같다. 첫째, 힘의 근원(당신은 에너지를 어디에서 어떻게 얻는가?), 둘째, 사물을 보는 관점(정보를 수집할 때 당신은 어떤 것에 주의를 기울이는가?), 셋째, 의사결정의 근거(당신은 결정을 내릴 때 어떠한 체계를 사용하는가?), 넷째, 삶의 양식(당신은 어떤 삶의 유형을 채택하는가?) 등이다. 4가지의 선호 경향에는 각각 2가지의 가능한 선택이 있으며, 전체로는 총 8가지의 선호 경향이 있다. 비록 우리들이 8가지의 선호 경향 모두를 사용하기도 하지만, 일반적으로 기본이 되는 4가지의 선호 경향 중에서 한 가지를 선호한다. 이 4가지 선호 경향의 조합이 우리의 심리 유형을 결정하게 된다(Hirsh & Kummerow, 1996). Jung의 심리 유형 이론을 근거로 개발한 이 성격검사는 4가지 선호지표에 의해 16가지 성격 유형으로 구분하고 있다.

4가지의 선호 차원을 구체적으로 살펴보면, ① 힘의 근원에 대한 선호 경향에는 2가지 방식이 있는데 외향성(E: Extraversion)과 내향성(I: Introversion)이다. 외향성은 그 사람의 외부세계에 존재하는 사람이나 행동, 그리고 사물 등과 같은 외부로부터 에너지를 끌어오는 것과 관련되는 선호 경향이다. 내향성은 개인의 내부세계에 존재하는 생각이나 정서, 그리고 인상 등과 같은 것으로부터 에너지를 끌어오는 것과 관련되는 선호 경향이다. ② 사물을 보는 관점의 2가지 선호 경향은 감각(S: Sensing)과 직관(N: iNtuition)이다. 감각은 오감(五感)을 통해 직접적으로 인식되는 정보에 주의를 기울이는 것을 선호하고 실제로 존재하는 것에 관심을 두는 것과 관련된다. 직관은 육감(肉感)을 통하여 얻는 정보에 관심을 기울이는 것과 실제로 존재하는 것보다는 있음 직한 것 혹은 있을 법한 것을 알아차리는 것과 관련되는 선호 경향을 말한다. ③ 의사결정의 근거와 관련된 2가지 선호 경향은 사고(T: Thinking)와 감정(F: Feeling)이다. 사고는 논리적이고 객관적인 방식으로 결정하기 위해 정보를 조직화하고 구조화하는 것과 관련되는 선호 경향이다. 감정은 개인적이고 가치 지향적인 방식으로 결정하기 위해 정보를 조직하고 구조화하는 것과 관련된다. ④ 생활양식에 대한 선호 경향은 판단(J: Judging)과 인식(P: Perceiving)이다. 판단은 미리 예정되어 있고 조직화된 생활을 하는 것과 관련되는 선호 경향이며, 인식은 보다 자율적이고 융통성 있는 방식으로 생활하기를 선호하는 것을 말한다.

둘째, 평정법(rating method)은 면접이나 관찰을 통해서 얻어진 피험자의 현상행동에서 추출된 어떤 성격 특성의 양을 평정해서 표시하는 방법이다. 즉, 성격특성을 나타내는 몇 개의 문항을 선정해서 각 문항에 대해서 양극단을 정하고 이 둘 사이를 3~5단계로 나눈다. 그리고 피검사자의 행동을 관찰해서 그 정도에 따라 척도의 어느 단계에 맞추어 점수를 매기게 된다.

셋째, 투사적 기법(projective technique)은 성격의 역동적 구조를 밝혀내기 위한 방법으로, 특정 개인의 전체적인 성격의 역동이나 구조를 여러 가지 자극 상태에서의 반응의 과정을 통해 파악하고, 거기에서 어떤 개성적인 법칙을 찾아내려는 방법이다. 이 방법의 특징은 다음과 같다. 첫째, 방법이 간접적이기 때문에 피검자는 검사자가 무엇을 원하는지 모르며, 둘째, 피검자가 자유스럽게 반응하기 때문에 피검자의 반응은 그 개인에게 있어서는 중요하고 결정적인 어떤 내면적인 것을 보여 주게 되고, 셋째, 해석은 자료의 여러 가지 변수를 동시에 평가하고 측정함으로써 이루어진다. 투사적 기법에 따른 검사로는 로르샤하 검사(Rorschach test), 주제통각검사(Thematic Apperception Test: TAT), 문장완성검사, 벤더-게슈탈트 검사(Bender-Gestalt test) 등이 있다.

로르샤하 검사는 투사적 검사 중 가장 대표적인 검사로, 개인의 지각과정을 통해서 행동을 예측한다는 기본 가정 아래 1921년 스위스의 정신과의사인 로르샤하(Rorschach)가 개발하였다. 10개의 표준화된 잉크반점(ink blot) 카드로 구성되어 있는데, 그중 5매는 흑색으로 되어 있고, 2매는 적색과 흑색으로, 나머지 3매는 여러 색깔로 구성되어 있다. 로르샤하 검사는 표준자극에 대한 피험자의 반응을 보려는 것이며, 이를 통하여 지각, 성격의 구조를 알아보는 방법이다. 본 검사의 해석은 장소의 문제(전체-부분) 결정, 인자의 문제(운동형체, 색체, 명암), 내용의 문제(물체), 기타의 문제(독창성-일반성) 등의 내용이다.

주제통각검사는 하버드 대학교의 머레이와 모건(Murray & Morgan)이 1935년 처음 고안한 검사다. 이 검사는 30매의 그림과 자유공상을 위한 1매의 백지로 구성되어 있다. 실시요령은 2회로 나누어 첫 번에 10매의 카드, 그다음 번에 또 다른 10매의 카드를 사용한다. 시간은 매회에 50~60분 정도가 소요된다. 주제통각검사는 프로이트(Freud)의 정신분석학이 이론적 배경이 되고 있으며, 개인의 인성을 욕구-억압이라는 이론에 집약시켜 측정하고자 한 것이 특징이다(공석영 외, 2005). 이 검사가 측정하려는 것은 성격의 내용인 충동, 욕구, 감정, 갈등, 상상 등이다. 인간이 불명료한 사회 장면을 해석할 때에는 무의식 속에 잠재해 있는 감정이 작용하기 때문에 평상시에는 드러나지 않는 성격의 여러 측면을 드러낸다는 원칙에 기초를 두고, 불분명한 그림을 피험자에게 제시하고 그 그림을 가지고 이야기를 꾸미도록 하는 것이다. 이 검사는 그림을 피험자에게 보여 주고 그림을 중심으로 해석 관계를 상상해서 이야기를 만들게 하는 일종의 상상력 검사다.

② 비표준화검사에 의한 학생 이해

학생이해활동에 보편적으로 사용되는 방법은 표준화검사에 의한 방법이지만 여기에는 제한점이 있기 때문에 이를 보충하기 위해서 교사가 필요에 의해서 간편하게 사용할 수 있는 비표준화검사가 개발되었다. 이에는 질문지법, 면접법, 관찰법, 사회성 측정법, 일화기록법, 등이 있다.

질문지법 질문사항이 열거된 용지에 대답하게 하는 방법이다. 이것은 홀(Hall)이 1891년 보스턴 초등학교에 입학한 아동의 심리적 내용을 조사한 것에서 비롯되었다. 질문지의 용도는 크게 사실(fact)을 위한 것과 의견(opinion)을 위한 것으로 나눌 수 있다. 사실에 대한 질문은 가정환경, 생년월일, 부모의 교육 정도, 직업, 건강, 출신학교 등이며 의견이나 태도에 대한 질문은 신앙, 기호, 만족도, 정치, 경제, 민주주의 등의 내용이다.

질문지법의 종류에는 자유반응형, 선택형, 체크리스트형, 등위형, 평정척도법 등이 있다(윤운성 외, 2001).

- 자유반응형(open or free response questionnaire): 어떤 문제에 대해

응답자가 자유롭게 어떤 형식에 구애받지 않고 반응하는 형태로 응답자가 응답능력이나 표현능력을 갖추고 있을 때 가능하다. 이 방법에 의해서 얻은 자료는 질적 분석이 선행되어야 하며, 그러기 위해서 조사자의 특별한 훈련과 능력이 갖추어져 있어야 한다. 예를 들면 다음과 같다.

〈예 1〉

10년 후의 여러분의 모습을 될 수 있는 대로 자세히 써 보시오.

〈예 2〉

여러분 학교의 시설 중 특히 부족하며 보완이 필요하다고 생각되는 것을 3가지만 드시오.

1. _____

2. _____

3. _____

• 선택형(choice method): 두 개 이상의 선택지 중에서 가장 적절한 선택지를 고르도록 하는 방법이다. 선택지는 하나가 원칙이나 경우에 따라서 복수로 응답할 수 있다. 응답의 결과를 빈도나 백분율로 처리하면 각 선택지의 비중을 알 수 있고, 응답자에게 비교적 부담을 덜 주기 때문에 무응답의 수가 줄어들 수 있다는 이점이 있다. 그러나 자신에게 적절한 답이 없어도 억지로 선택해야 하기 때문에 성의 없이 응답할 염려도 있다. 이런 경우를 막기 위해서 '기타' 란을 제시하는 것도 하나의 좋은 방법이다.

〈예 1〉

학교생활이 즐겁지 않은 이유는 무엇입니까?

_____ 1. 공부하는 것이 재미가 없어서

_____ 2. 선생님이 나에게 관심이 없어서

_____ 3. 마음에 맞는 친구가 없어서

_____ 4. 취미나 특기활동을 할 수 있는 시설이 부족해서

_____ 5. 불량학생들이 괴롭히기 때문에

_____ 6. 기타(_____)

〈예 2〉

여러분은 다음과 같은 행동을 한 경험이 있습니까? 있는 대로 번호 앞에 ∨ 표시를 해 주세요.

_____ 1. 부모에 대한 반항   _____ 10. 환각물질 소지

_____ 2. 무단결석   _____ 11. 주먹싸움

_____ 3. 물건 훔치기   _____ 12. 패싸움

_____ 4. 음주   _____ 13. 기물파손

_____ 5. 흡연   _____ 14. 음란만화, 잡지 보는 것

_____ 6. 교사에 대한 반항   _____ 15. 주거침입

_____ 7. 답안지 훔쳐보기   _____ 16. 부녀자 희롱

_____ 8. 전자오락실 출입   _____ 17. 남녀 혼성 캠핑

_____ 9. 무단 가출   _____ 18. 유흥업소 출입

• 체크리스트형(checking method): 실험적 절차를 거쳐서 제작되는 질문지 형식이다. 어떤 문제에 대해서 자유반응형식으로 반응자의 반응 내용을 탐색해서 그것을 기초로 완전한 목록을 제작한다. 이렇게 제작

된 문항을 다시 실험집단에 실시해서 각 항목이 모두 적당한 자각가가 있는지를 검증하여 없는 것은 제외한다. 이렇게 결정된 일군의 같은 종류의 문항에 대해 긍정/부정으로 대답하도록 한다. 해당 항목이 있으면 모두 표시해도 되고 하나도 없으면 전혀 표시하지 않아도 된다. 이 방법은 한 문제나 행동 영역에 대해 적어도 20~30개의 문항을 제작해서 실시해야 의의가 있다. 결과는 체크한 것의 총계를 가지고 수량화시켜 비교한다.

〈예〉

건강을 유지하는 방법을 알고 싶다.

균형 잡힌 날씬한 체격을 갖고 싶다.

공연히 공상을 자주 하게 된다.

조용히 혼자 있고 싶다.

머리가 멍하고 무거울 때가 있다.

우울함을 느낄 때가 있다.

조그만 일에도 걱정을 한다.

실패나 창피를 당할까 두려워한다.

취미나 특기를 살릴 수 있었으면 좋겠다.

여가를 마음껏 즐길 만한 장소나 시설이 없다.

• 등위형(ranking method): 서열법이라고도 하는데, 이는 같은 성질을 띤 일군의 항목에 대해 중요성이나 기호, 가치에 따라 최상위에서 최하위까지 순위를 정하는 방법이다. 너무 항목이 많으면 신뢰성이 낮아질 수 있으므로 대개 7~8개가 적당하며, 통계적 처리를 위해서는 각 항목에 주어진 등위의 빈도를 기초로 백분율이나 무게의 비중치를 계

산한다.

<예>
다음 10개의 사항 중 여러분들이 직업을 선택할 때 중요하게 고려하는 것을
5개만 골라서 중요한 순서대로 오른쪽에 쓰시오.

타인에 대한 봉사   권력행사   1. _____

직업의 안정성   여유시간   2. _____

사회적 인정   자유   3. _____

경제적 보상   일의 다양성   4. _____

창의력 발휘 기회   승진 기회   5. _____

• 평정척도법(rating scale method): 미리 정해 둔 3·5·7·9단계의 척
 도에 따라 평정하도록 하는 방법으로 대개 실험적 절차를 거친 척도나
 표준화검사에서 많이 사용한다. 이 방법은 결과를 통계적으로 검증할
 때 대개 점수를 주어 수량화한다.

<예>
다음에 여러 가지 선생님의 성격이 있습니다. 잘 읽고 만약 그 성격이 마음
에 꼭 맞는 것이면 3, 싫지도 좋지도 않으면 2, 마음에 들지 않으면 1이라고
표시하시오.

_____ 명랑한 성격   _____ 무서운 성격   _____ 엄격한 성격

_____ 우울한 성격   _____ 심각한 성격   _____ 온화한 성격

_____ 활동적인 성격

면접법　면접법이란 면접인이 훈련받은 기법을 이용하여 피험자의 모든 면을 조사하는 방법이며 주로 언어적 수단을 매개로 이루어지는 과정이다. 면접이란 어떤 정보나 자료를 얻기 위하여 두 사람이 직접 대면하는 일종의 대화로 최근에는 치료적 가치도 인정되고 있다.

면접은 선발을 위한 면접(예: 입학, 취직 등)과 학생을 이해하고 지도하는 방법으로도 사용된다. 면접은 조사면접과 상담면접으로 구분할 수 있다. 조사면접이란 자료수집을 위한 면접을 말하며, 상담면접이란 장래 계획이나 부적응의 증상을 조사하거나 치료할 목적으로 면접하는 방법을 말한다.

학교상황에서 면접이 필요한 경우는 다음과 같다. 학생의 이상한 행동을 관찰하였을 때(문제행동 등), 학생의 기본능력과 학력 사이에 현저한 차이를 발견했을 때, 학생들의 장래 혹은 직업에 대한 계획을 세우고자 할 때, 전입생의 경우 등을 들 수 있다.

바람직한 면접을 위한 지침을 들면 다음과 같다(장혁표, 1983).

- 면접의 목적을 분명히 할 것: 사전에 면접의 목적을 염두에 두고 관계 자료를 조사하여 면접을 통해서 무엇을 성취할 것인가를 분명히 밝혀 두어야 한다.
- 상대방을 편안하게 해 줄 것: 자연스럽게 상대방의 마음을 편하게 해 주는 시간과 장소, 그리고 자연스러운 일상 화제로 이야기를 시작하는 것이 좋다.
- 비밀보장: 면접 장소는 제3자의 출입으로 예기치 않은 중단이 생기지 않는 곳이어야 하며, 또한 면접 시 이야기가 딴 곳으로 들리지 않는 곳이어야 한다. 한편 면접 시 상대방에게 비밀을 보장함을 확인시켜 준다.
- 라포의 형성: 라포(rapport)란 상담자와 내담자 사이의 따뜻하고 가까운 신뢰관계를 가리키는 말로, 이렇듯 상대방이 호의를 가지는 친화

적 관계는 면접목적을 성공적으로 수행하는 중심적 역할을 한다. 따라서 상호이해와 상호신뢰의 라포를 형성하기 위해서 교사는 성실하고 다정한 태도로 신뢰감을 조성하여 분위기를 부드럽게 하는 것이 필요하다.

- 화제의 순서: 조급하게 본론에 들어가는 것은 좋은 결과를 가져오지 못하며, 특히 라포를 형성하는 데 방해가 되므로 처음에는 상대방이 이야기하기 쉬운 내용에서 시작하고 거북하게 느끼는 내용은 상대방의 신뢰감이 싹틀 때까지 뒤로 미루는 것이 효과적이다. 훌륭한 면접자는 상대방의 마음에 민감하여야 하며 선입견을 가진 질문이나 표현은 배제할 수 있어야 한다.
- 면접 시의 질문: 질문할 때에는 상대방이 부정하기 쉽거나 '예, 아니요'로 답할 수 있는 질문을 되도록 피하는 것이 좋다. 즉 상대방이 자신의 느낌을 이야기할 수 있는 기회를 주어야 한다.
- 응답의 재검토: 진술하는 내용보다 그 뒤에 숨은 느낌이나 생각에 더 많은 관심을 두어야 한다.
- 면접의 종결: 면접은 1회로 끝낼 수도 있으나 대개는 수회에 걸쳐 서서히 저항을 제거한 뒤에 정보를 얻도록 하는 것이 바람직하다. 왜냐하면 정서적으로 저항을 느끼고 있을 때 자아를 깊이 꺼내도록 하면 면접이 실패로 끝날 우려가 있기 때문이다.
- 기록: 이상과 같은 제반 여건을 고려한 후에 실시한 면접은 반드시 누가기록부나 면접카드에 간략히 기록하여 언제든지 누구에게나 도움이 되도록 해야 한다.

관찰법　관찰은 다른 과학에서와 마찬가지로 행동이나 특성을 이해하는 가장 기본적인 방법이다.

관찰의 목적은 생활지도와 상담 측면에서 특정한 학생에 대한 판단을 내리기 위해 필요한 정보를 수집하는 데 있다.

관찰방법은 분류하는 기준에 따라 여러 가지로 구분할 수 있다. 예컨대, 관찰상황의 통제 여부에 따라 자연적 관찰과 통제적 관찰로 나눈다. 그리고 관찰자와 피관찰자 간의 참여 여부에 따라 참여관찰과 비참여관찰로 구분하기도 한다(이종승, 1989).

관찰은 관찰자에게 고도의 훈련과 역량을 요구하는 특수 활동이라고 할 수 있다. 관찰의 성패는 관찰자의 자질에 달려 있다. 관찰자는 반복적인 실습을 통해서 관찰의 정확성을 증대시켜야 하고, 경우에 따라서는 두 명 이상의 관찰자가 동시에 같은 대상을 관찰해서 그 결과를 비교함으로써 관찰의 객관성을 높일 수 있다.

관찰의 정확성을 기하기 위하여 유의해야 할 사항을 들어 보면 다음과 같다(Gibson & Mitchell, 2003; Shertzer & Stone, 1981).

- 관찰을 하기 전에 무엇을 관찰할 것인지 명확해야 한다.
- 관찰의 구체적인 준거(criteria)를 정해야 한다.
- 관찰은 비교적 장기간에 걸쳐 실시되어야 한다.
- 관찰은 다양하고 자연스러운 상황에서 이루어져야 한다.
- 전체 상황의 맥락에서 관찰이 이루어져야 한다.
- 관찰에서 얻어진 자료는 다른 자료와 종합해서 분석되어야 한다.

사회성 측정법 사회성 측정(sociometry, sociometric devices)은 집단 내 개인 간에 존재하는 사회적 관계를 기술하는 방법이다. 정신 의학자인 모레노(Moreno)에 의해 고안되었으며 집단 내 동료에 의해서 각 개인의 수락의 정도 및 사회적 적응을 평가하기 위한 방법으로, 일명 수용성검사 혹은 교우관계 조사법이라고도 한다.

예를 들면 ① 자리를 정할 때 누구와 같이 앉고 싶으냐? 그 이름은? ② 숙제를 할 때 누구와 같이 하고 싶으냐? ③ 등산할 때 누구와 같이 동행하고 싶으냐? ④ 휴가 동안에는 누구와 같이 놀고 싶으냐? ⑤ 생일 파티에는 누구를 초대하고 싶으냐? ⑥ 사진을 찍는다면 누구와? 등이다.

'중심 아동'은 그 성원의 인기를 한몸에 모으고 지지를 받아 주위에 영향이 큰 것에 비하여 '고립아'는 집단의 냉담한 거부나 명백한 적의, 노골적인 혐오 속에 갇히게 된다.

모레노 이후 연구 결과는 사회성 도표에 다음과 같은 유형이 포함되어 있다. ① 고립형은 집단 내의 누구에게도 친구로서 선택되지 않는 것이다. ② 상호선택형은 서로 좋아하는 우인으로서 소위 단짝이라고 하는 것이다. ③ 스타형은 집단 내에서 인기가 있으며 다수인으로부터 호의를 얻은 선택된 사람이다. ④ 연쇄형은 A는 B를, B는 C를, C는 D를 선택하는 것이다. ⑤ 삼각형은 막힌 연쇄관계를 이어 주는 것으로서 A는 B를, B는 C를, C는 A를 선택하는 경우다.

일화기록법   일화기록법(anecdotal method)은 특정 상황에서의 개인의 행동을 상세하게 기록하는 것이다. 일화기록에 서술된 행동은 긍정적이거나 부정적일 수 있으나, 학생의 행동을 서술해야지 그 행동에 대한 관찰자의 해석을 서술해서는 안 된다.

일화기록에서 유의할 점을 들면 다음과 같다(Shertzer & Stone, 1981). 첫째, 행동이 일어난 날짜와 상황을 기록해야 한다. 둘째, 학생의 행동과 이 행동에 대한 다른 학생의 반응, 그리고 이 반응에 대한 원래 학생의 반응을 기록해야 한다. 셋째, 관찰된 상황에서 학생이 이야기한 내용과 다른 사람이 그 학생에게 이야기한 내용을 다 기록해야 한다. 넷째, 학생의 정서표현에 단서가 될 만한 몸의 자세, 몸짓, 음성, 얼굴표정 등에도 주의를 기울여야 한다. 다섯째, 학생의 생활에서 행한 행동적 계기를 제시할 수 있도록 상황을 충분하게 기술해야 한다.

2) 정보제공활동

(1) 정보제공활동의 정의와 목적

학생들에게 필요한 각종 정보 및 자료를 제공하여 학생의 개인적 발달과 현실 사회 적응을 돕는 것이 정보제공활동(information service)이다.

엥글러(Engler, 1979)는 정보제공활동의 목적을 아래와 같이 제시하였다.

- 모든 훈련 단계에서 인생의 기회와 문제에 관한 광범위하고 사실적인 견해를 발전시킨다.
- 정확하고 뚜렷한 직업적 · 교육적 · 개인적 · 사회적 정보에 대하여 욕구(needs)의 인식과 적극적인 욕망을 기르도록 한다.
- 진보적인 자기지향을 위한 정보를 얻고 설명할 수 있는 기술정보를 하도록 도와준다.
- 관련된 넓은 범주의 활동에 비추어 교육적 · 직업적 · 사회적 활동에 대한 넓은 범위를 이해하도록 한다.
- 적성, 능력, 흥미에 적합하고 명확한 의사결정에 타당하도록 점진적으로 선택에 가깝게 도와준다.
- 개인 만족과 효과를 올리기 위하여 생산적인 선택과 적응을 하도록 돕는 태도와 습관을 마련한다.

(2) 정보제공활동의 영역

학생들에게 제공되는 정보는 교육정보, 직업정보, 개인적 · 사회적 정보 등으로 분류된다. 이와 같은 정보의 제공은 그 자체가 교육적 과정이라는 사실에 유념하여 학생의 요구, 흥미, 학업성취도에 맞추어 교육적인 방법으로 이루어져야 함은 물론이다.

[1] 교육정보

교육정보는 학교생활에 관한 정보, 상급학교 진학에 대한 정보, 장학금에 관한 정보, 학습방법에 관한 정보, 도서관 이용방법에 관한 정보 등을 의미한다.

[2] 직업정보

직업정보는 직업군 또는 직업의 종류에 관한 정보, 직업에서 요구되는 기능이나 적성에 관한 정보, 직업조건 및 전망에 관한 정보 등이다.

[3] 개인 · 사회적 정보

개인 · 사회적 정보는 자기 이해에 관한 정보, 대인관계에 관한 정보, 가족관계에 관한 정보, 성교육에 관한 정보, 가치관 · 도덕 · 종교 등에 관한 정보 등이다.

3) 상담활동

전문적 지식을 가진 상담가가 도움을 필요로 하는 내담자에게 내담자 자신과 환경에 대한 이해를 높여 주고, 합리적인 행동양식을 증진시키거나 의사결정을 내릴 수 있도록 도와주는 활동이 상담활동(counseling service)이다. 상담활동의 목표는 학생으로 하여금 최대한으로 자율적인 발달, 즉 책임과 독립심을 키우고 현실에서 자기이해를 성취할 수 있도록 돕는 데 있다. 상담은 문제에 따라 성격상담, 학업상담, 진로상담 등으로 분류하기도 하고, 그 형태에 따라 개인상담, 가족상담, 집단상담 등으로 분류하기도 한다.

자세한 설명은 다음 장에서 다루기로 한다.

4) 정치활동

(1) 정치활동의 의미

생활지도 활동에서 학생이해, 정보제공, 그리고 상담활동을 마친 내담자에게 적합한 배치를 제공하는 단계에서 내담자 스스로 직업, 학교, 교육과정, 교과목, 특별활동, 그 밖의 활동을 선택하고 활동할 수 있도록 조력하고 기회를 제공하는 것이 정치활동(placement service)이다.

현대사회에서 이러한 정치활동에 대한 지도의 필요성이 더욱더 높아지고 있다. 왜냐하면 사회가 더욱 분화되면서 여러 가지 직업이 등장하게 된 상황에서 학생들은 어떠한 위치를 선택할 것인가에 대해 더욱 혼란스러움을 경험하기 때문이다. 또한 학교의 교과목과 교육과정이 복잡해지고 입시제도가 나날이 달라지고 학교에서의 활동이 더욱 다양해지기 때문에 정치활동은 그 중요성이 더욱 커지고 있다.

서처와 스톤(Shertzer & Stone, 1981)은 정치활동의 초점을 생애계획과 배치에 두면서 그 필요성을 다음과 같이 지적하고 있다.

- 지식의 가속적인 증가로 인해 생애계획이나 배치와 같은 정치활동의 필요성이 더욱 커지고 있다. 비록 정확한 사실을 말해 줄 수 있는 것은 아니라 하더라도 지식의 증가를 추정해 보면 1세기에서 1750년 사이에 지식이 두 배가 되었고, 다시 1900년에는 앞서보다 두 배가 되었으며, 또 다시 1950년에는 바로 앞서보다 두 배가 되었는데, 1960년에는 또다시 앞의 연도보다 두 배가 되었다. 이러한 지식의 증가는 끊임없이 변화되는 지식과 기술, 그리고 일의 세계에 대해서 능동적으로 대처할 수 있는 계획이 필요하다.
- 아동과 청소년에게 주어지는 교육의 기회가 부족하다. 극도의 빈곤, 범죄, 비행 등은 대체로 교육을 받지 못하였거나 아니면 교육 기회를

충분하게 갖지 못한 것에서 비롯된다. 직업과 생애 발달에 필요한 태도, 가치, 그리고 실천의 기능을 학습하지 못하기 때문에 직업의 세계에서는 물론 가정생활에까지도 어려움을 겪는 사람이 늘어나고 있다.

• 문화적으로나 사회적으로 소외된 청소년들이 있다. 여러 유형의 불이익을 안고 있으며 사회의 주류에서 벗어난 소외된 청소년들이 개인의 잠재능력을 발견하고, 의미 있고 목적 있는 생활을 할 수 있도록 원조해야 한다.

• 여성의 사회적 역할이 급격하게 달라지고 있다. 여성의 직업, 결혼, 출산, 육아, 가정생활 등이 크게 달라짐에 따라 체계적이고 슬기로운 생애계획, 배치, 생애교육 등과 같은 정치활동이 필요하게 되었다.

• 노동력의 양적 변화와 구조적 변혁이 이루어지고 있다. 우리나라는 사회가 점차로 고학력 사회로 변모되고 있으며 학교에서의 교육은 사회의 변화에 따라서 점차 새로운 일의 세계에 대한 준비를 하도록 되어 있다.

• 기계문명의 발달로 자동화가 이루어짐에 따라 일의 성격이 상당히 변모하고 있다. 기계화 내지 자동화로 미숙련 노동직이 줄어들고 있으며 이런 추세는 자동화가 진행될수록 더욱 강하게 나타나게 될 것이다.

• 사회가 불확실성 내지 불안정성을 지니고 있다. 현대사회는 확실성보다는 불확실성을 내재하고 있다. 그 이유는 통제하기 어려운 경제적 불황, 기아, 전쟁, 정치적 변혁 등에서 기인한다고 볼 수 있다. 이로 인해 파생되는 개인의 무관심, 염세주의, 맹목성, 의미 상실 등과 같은 부정적 경향을 완화 내지 극복하기 위한 교육적 노력이 필요하다.

• 개인의 수월성 탐구가 점차로 증대되고 있다. 모든 개인이 삶의 여러 분야에서 타고난 잠재능력을 가능성의 최고 수준까지 발달시키는 것은 개인에게만이 아니라 사회적으로도 매우 중요한 과제다. 탁월한 성취를 이룩하도록 도우려면 인생의 계획과 생애의 결정, 그리고 건전한

태도를 교육하기 위한 끊임없는 교육적 노력이 필요하다.

(2) 정치활동의 영역과 유형

이러한 정치활동에는 학생들이 일정 수준의 능력에 도달하도록 그들을 능력별로 배치하는 일, 학생들의 진급, 전학, 진학, 월반을 돕는 일, 학생 개개인의 수준에 맞게 교육과정이나 교과목을 선택하도록 돕는 일, 교과 외의 활동을 선택하도록 돕는 일, 자기 능력과 사정에 맞는 부직을 찾도록 돕는 일, 상급학교와 직업의 선택을 현명하게 하도록 돕는 일, 졸업생이 항구적인 직업을 정하도록 돕는 일 등이 포함된다(황응연, 1984).

정치활동의 유형은 보는 관점에 따라서 여러 형태로 구분되나 여기서는 학교 내 정치활동과 학교 외 정치활동으로 나누어 살펴보고자 한다.

① 학교 내 정치활동

학교 내 정치활동은 학생들로 하여금 적합한 교육과정, 교육과정에 있어서의 교과, 특별활동, 특별집단이나 특별학급 등을 선택하도록 도와주는 활동 등으로 구성되어 있다.

여기에는 깁슨과 미첼(Gibson & Mitchell, 2003)의 교육적 정치와 개인발달을 위한 정치, 그리고 황응연과 윤희준(1983)의 교과활동에 대한 정치와 교과 외 활동에 대한 정치 등이 포함된다고 할 수 있다.

교육적 정치는 학생의 특성과 자질을 진학할 학교나 특정 프로그램의 자격요건과 연결시키는 조직된 노력을 의미한다. 즉 상급학교의 입시요강, 경비, 학교의 특징, 프로그램 내용 등에 관한 정보를 제공함으로써 학생으로 하여금 합리적인 의사결정을 하도록 하는 것이다.

고등학교에서 이루어지는 교육적 정치의 예를 들면 다음과 같다. 첫째, 학생과 학부모의 의견을 조사해서 희망조서를 만들어 학생이 원하는 계열이나 전공 분야를 알아보도록 한다. 둘째, 이러한 희망조서를 기초로 해서 상담교사와 주임교사가 함께 학생들을 분류하고 각 학생에게 필요한 과정을 설정한다. 셋째, 학생들을 정해진 과정에 따라 배치하고 선택과목을 설정하여 선택하도록 한다. 넷째, 도중에 개인의 사정에 의해서 장래의 방향을 바꾸어야 할 경우가 생기는 것에 대비해서 추수지도를 통한 재평가와 재배치를 해야 한다.

학생들의 개인적 발달을 촉진시킬 수 있는 교과 외 생활에 배치시키는 일도 포함한다. 이러한 교과 외 생활에 대한 정치는 학생의 사회적 발달과 사회참여, 그리고 개인 성장에 대한 욕구를 충족시키기 위한 활동을 포함한다. 즉 각급 학교에서 정규과정으로 참가하는 특별활동과 학생들이 자유롭게 참가하는 과외활동과 집단활동이 포함된다.

학교 내 정치는 학생들로 하여금 자신에게 적합한 특별학급을 선택하도록 도와주는 일도 포함한다. 예를 들면, 학생들이 자신의 능력에 비해 안일하게 낮은 학급을 택하거나, 혹은 야심 있는 부모에 의해서 너무 높은 학급을 택하는 것을 지양하고 학생의 능력에 적합한 특별학급에 배치하는 것이다.

② 학교 외 정치활동

학교 외 정치활동은 시간제 부업이나 방학 동안의 부업, 졸업 후의 취업, 또는 상급학교로의 진학이나 훈련 등에 학생들을 적절히 배치하는 것을 의미한다. 학교 내 정치활동이 주로 학교 안에서의 교과활동이나 특별활동에 학생들을 적절히 배치하는 데 비해, 학교 외 정치활동은 주로 학교장면 밖으로 학생들을 배치하는 활동이다. 황응연과 윤희준(1983)의 직업에 대한 정치와 훈련에 대한 정치, 그리고 깁슨과 미첼(Gibson & Mitchell, 2003)의 환경적 정치와 진로정치가 학교 외 정치활동에 속한다고 볼 수 있다.

직업에 대한 정치와 진로 정치는 장차 가질 직업을 위한 활동이며 환경적 정치는 개인 발달의 한 활동이라고 할 수 있다. 환경적 정치는 학생으로 하여금 자신이 속한 환경과 다른 환경을 경험할 기회를 제공하기 위해서 배치하는 것이다. 예를 들면 도시의 학생들로 하여금 농촌환경에 접할 기회를 만들어 주는 것이다. 학생들의 역할 배치는 학급이나 학교 안에서 다른 역할을 경험함으로써 개인의 발달을 촉진하는 것인데 비해, 환경적 정치는 학교 밖의 새로운 환경에 접함으로써 학생의 개인적 발달을 증진시키도록 하는 것이다.

훈련에 대한 정치는 실습과 같은 특정한 훈련경험에 따라 학생을 배치하는 것이다. 다시 말해 공업학교 학생들에게는 공장에 가서 실습을 하게 하는 것, 교사를 희망하는 학생들에게는 교생실습을 할 적절한 학교에 배치하는 것 등이 이에 속한다. 경우에 따라서는 방학 동안에 현장에 나가서 교과에서 배운 이론의 실제를 경험하게 되는데 이러한 것들이 모두 훈련에 대한 정치라고 할 수 있다.

5) 추수활동

(1) 추수활동의 의미와 내용

일정 기간 생활지도를 받았던 학생이 진학하거나 졸업한 후 사회적응을 잘 하고 있는지를 지속적으로 확인하는 활동이 추수활동(follow-up service)이다. 다시 말하면 생활지도를 받은 학생의 추후 적응상태를 지속적으로 관찰하여 더욱 효과적으로 적응하도록 도와주는 활동이며, 넓은 의미의 추수활동은 학생이 졸업하고 난 후의 활동까지도 포함할 수 있다.

추수지도의 내용을 좀 더 구체적으로 열거하면 다음과 같다(황응연, 윤희준, 1983).

• 학교를 떠났거나 과거에 지도를 받았던 학생에게 계속해서 그가 당면한 상황에 대한 정보를 주는 일

- 이전에 지도를 받았던 학생에게 계속해서 자기를 평가하고 이해할 수 있는 정보를 제공하는 일
- 이전에 지도를 받았던 학생이 그 이후에 얼마나 적응된 생활을 하고 있는지를 확인하는 일
- 졸업생이나 중퇴생을 계속 접촉하여 친화감을 유지하면서 교육적인 영향력을 발휘하는 일
- 학생과 학교와 지역사회 간의 유대를 긴밀하게 하는 일
- 현재 지도하고 있는 학생들에게 도움이 될 만한 정보를 제공하는 일
- 과거에 지도했던 학생들로부터 현재의 대상 학생이나 학교교육 활동에 도움이 되는 건설적인 의견을 듣는 일
- 과거에 지도했던 학생들을 위하여 계속적인 상담활동을 하는 일

(2) 추수활동의 형태

추수지도의 형태는 졸업반 학생을 대상으로 하는 것과 졸업생을 대상으로 하는 것으로 구분할 수 있다. 먼저 졸업반 학생들에 대한 추수지도가 필요한 까닭은 다음의 2가지로 생각할 수 있다(윤운성 외, 2001). 첫째, 학생들의 장래 계획 수립에 도움을 줄 수 있다. 둘째, 학교 자체의 생활 지도계획을 위하여 필요한 것이다.

그러므로 카운슬러는 졸업반 학생들에게 베풀 추수지도 계획을 확고하게 세우지 않으면 안 될 것이다. 졸업반 학생들은 졸업을 앞두고 진학계획을 세우거나 직업계획을 세우는 문제 때문에 상담교사의 도움이 절실하게 필요할 것이다. 이 같은 학생들에게 알맞은 도움을 주기 위한 설문지로서 다음과 같은 것을 참고할 수 있다.

졸업반 학생에게

졸업을 앞둔 여러분들에게는 많은 문제가 있을 것입니다. 다음에 있는 설문지는 학교의 생활지도 계획을 돕고, 여러분의 계획을 알기 위한 것입니다.

1. 학교 _____　　2. 성 _____　　3. 연령 _____

4. 학생은 상담교사를 일 년에 몇 번 만납니까?

　학생은 그것이 충분하다고 생각합니까?

　　(예　아니요)

5. 학생은 개인적인 문제를 누구와 의논합니까? (상담교사 혹은 그 밖의 사람)

　(자세히 쓰십시오)

6. 학생은 상담교사가 학생을 어느 정도 알고 있다고 생각합니까?

　　(아주 잘　약간　모른다)

7. 학생은 학교에서 하고 있는 생활지도활동에 만족하고 있습니까?

　　(예　아니요)

8. 학생은 과외활동에 참가하고 있습니까? (예　아니요)

　어떤 활동에(짧게)?

9. 어떤 활동을 학교에서 준비해 주었으면 합니까?

10. 졸업하고 상급학교에 진학합니까? (예　아니요)

　간다면 어떤 학교를?

11. 어떻게 해서 그 학교에 가기를 결정을 했습니까?

　　(대학안내서　상담교사　부모　친구　그 밖에)

12. 졸업 후 취직을 하려면 어떻게 일자리를 얻겠습니까?

13. 취직 문제 때문에 누구와 의논한 적이 있습니까? (예　아니요)

14. 있다면 학생이 상담에서 좋은 점이 있다면 어떤 것이었습니까?

　　　_____

　　　_____

15. 학생들을 좀 더 잘 돕기 위해 학교에서 고쳐야 할 절차에 관해 간단히 쓰십시오.

　　　_____

　　　_____

졸업한 후에 상급학교 진학이나 또는 취직을 하였을 때 졸업생이 새로운 환경에서 어떻게 적응하고 있는가를 알아보기 위해서도 추수지도가 필요하다. 졸업생에 대해서 추수지도를 해야 하는 이유는 다음과 같다.

- 추수지도로 얻은 정보는 졸업생의 성취를 나타내 주는데, 그 같은 성취는 그들이 재학 시에 받은 교육의 정도를 나타낸다.
- 추수지도로 얻은 정보를 통하여 각급 학교에서는 졸업생들이 받았던 교육과 그 이용 관계를 알게 되어 교육계획의 평가를 할 수 있게 된다.
- 졸업생들의 정보를 통하여 상담교사와 생활지도위원회는 그들이 현재 할 일을 추진할 수 있다. 일반적으로 상담교사는 졸업생들에 대한 경험이 현재 학생의 문제를 해결하는 데 도움을 준다는 사실을 알고 있다.

4. 학교상담과 생활지도에 임하는 교사의 태도

학교 현장에서 상담과 생활지도는 전문 상담교사만의 임무는 아니다. 학급 담임교사는 담임으로서의 학급관리를 통해, 교과교사는 수업시간을 통해서 학생들에게 교과 이외의 부분에 대한 교육을 항상 담당하고 있다. 김계현 등(2004)은 교사가 갖추어야 할 바람직한 태도에 대하여 긍정적 인간관, 끊임없는 자기 발전, 학교조직 및 제도와의 협력 등을 제시하고 있다.

1) 긍정적 인간관

상담과 생활지도의 철학에는 기본적으로 인간의 잠재 가능성에 대한 신뢰가 내재되어 있다. 이는 인간과 사회의 긍정적인 면을 강조하는 철학이다. 개인이든, 집단이든, 사회든, 부분적으로는 부정적이고, 자기파괴적 요소가 존재하기는 하지만 이런 부정적 측면에도 불구하고 개인과 집단과 사회에는 건설적이고, 문제해결적이고, 협조적인 긍정적 요소가 있기 때문에 우리는 이 긍정적인 측면을 강화시켜야 한다는 것이다. 부정적 측면을 약화시키는 가장 효과적인 전략은 부정적 요소를 줄이려는 노력보다는 긍정적 요소를 키우고 강화시키는 것이기 때문이다. 그래서 심리치료, 진로지도, 직업상담 등 대부분의 주요 상담이론에서는 상담과정을 치료과정 혹은 교정과정으로 보지 않고 '교육적 과정'으로 보는 경향이 농후하다. 이른바 문제행동이 소멸되려면 그것을 대체할 수 있는 다른 건설적 행동을 학습해야 한다는 행동치료 이론이 이를 가장 잘 설명해 준다. 개인, 집단, 사회는 자체적으로 문제, 갈등, 고통을 감소시키는 경향성과 능력을 가지고 있다는 긍정적인 인간관이 생활지도 담당교사들에게 필요하다.

2) 끊임없는 자기발전

상담자와 생활지도 담당교사들이 자기발전을 위해 노력해야 하는 데는 2가지 이유가 있다. 첫째, 학생에게는 발전, 성장, 변화를 요구하면서 자신은 정체되어 있다면 이는 결정적인 모순으로서 학생지도를 방해한다. 둘째, 자기변혁의 모델이 되지 못하는 교사에게서 학생들은 자기변혁을 배울 수 없다.

(1) 인간적 성장

전문상담자들을 보면 상담자로서의 발전을 위해서 자신의 정서, 사고, 대인행동과 반응에 대해서 총체적인 생산을 추구한다. 즉 자신이 오랫동안 풀지 못했던 갈등과 문제를 해결하고 그런 굴레에서 벗어나 '더 나은' 인간이 되려고 부단히 노력하는 모습을 볼 수 있다. 사실 이러한 노력이 전문상담가들만의 일은 아니지만, 이런 인간적 성장의 노력이 없이는 전문상담가로서 제대로 일하기 어렵다.

전문상담가들은 여러 가지 방법으로 인간적 성장을 추구한다. 집단상담을 통해서 자신이 타인에게 어떻게 비쳐지는지 검토하고, 자신의 변화를 확인한다. 다른 전문가에게 개별 상담을 받음으로써 개인적인 문제나 갈등을 해결하려고 한다. 혹은 다양한 자기성장 프로그램에 참여하여 자기에게 잠재된 가능성을 발현시킨다. 우리나라에는 현재 전국적으로 여러 가지 성장 프로그램이 실시되기 때문에 교사들이 어렵지 않게 참여할 수 있다.

(2) 전문성의 발전

상담교사들은 계속해서 자신의 전문성 제고를 위해서 노력해야 한다. 상담 관련 지식은 항상 변하고 발전하며, 새로운 이론과 기법이 도입된다. 그리고 아동·청소년의 행동, 가치, 문화 역시 항상 변화한다. 상담교사는 이런 변화에 적응해야 하고, 새로운 지식과 기법을 습득해야 한다.

또한 학회나 연구회에 가입하여 활동할 수 있으며, 각 지역마다 학교 상담교사들의 모임이 있고, 지역의 청소년 상담실 등에서도 상담교사 모임을 구성하여 자기발전을 꾀하고 있다. 수시로 개최되는 상담 관련 워크숍에 참여하여 새로운 이론이나 기법을 배우는 것이 바람직하고, 꾸준히 전문서적과 관련 자료를 읽어야 한다. 최근에는 인터넷을 통해 좋은 자료를 쉽게 구할 수 있으며, 교육과학부나 교육청 등에서 발간하는 자료는 실질적으로 매우 유용하다.

3) 학교조직 빛 제도와의 협력

학교상담과 생활지도는 교육이라는 제도적 틀 안에서, 학교라는 제도적 조직 안에서 이루어지는 활동이다. 물론 담당교사에게 재량권이 주어지지만 제도적·조직적 틀을 무시한 채 학교상담이나 생활지도에 임하려는 교사가 있다면 이는 별로 바람직하지 않은 태도다.

　서양의 상담과 심리치료 이론은 다분히 개업상담의 기초 위에서 발전되었다. 그래서 상담 관계를 상담자 개인과 내담자 개인 간의 일대일 관계로 파악하는 전통이 강하다. 그러나 학교상담과 생활지도에서는 그런 관점이 항상 맞지는 않는다. 학교에서는 학교장의 방침, 다른 교사들의 의견을 항상 고려해야 하며, 교육청이나 교육부의 정책과 행정절차 등을 항상 고려해야 한다.

　조직이나 제도, 행정절차 등은 상담자들에게 항상 '규제'로만 작용하는 것은 아니다. 조직, 제도, 행정 등은 많은 경우 '지원'과 '강화'로 작용하기도 한다. 현재 상담과 생활지도와 관련해서는 오히려 이런 제도적·행정적 지원이 너무 부족한 편이다. 그러므로 상담 분야 입장에서는 규제를 받지 않기 위해서 제도나 행정을 멀리할 것이 아니라 규제를 받더라도 제도와 행정 틀 안에 들어갈 필요성이 있다.

　따라서 학생상담을 지도하는 전문상담교사와 담임교사들은 학교나 교육청의 지시를 기다리지 말고 교육과학기술부와 교육청이 적극적으로 지원하도록 협조를 요청해야 할 것이다.

제7장

진로교육 및
진로지도

내가 만난 훌륭한 교사-내면의 모습을 끄집어내는 교사

내게 진정으로 도움을 주고 내 인생을 확 바꾼 교사는 없었다. 나는 중학교 때부터 음악 대학을 지망하였는데, 입시 때 음대의 입시 실정에 대해서 모르는 학교교사가 다반사였고, 특기 플루트 전공생을 뽑는 대학의 수가 적었기 때문에 나는 나의 레슨 선생님과 부모님의 도움으로 나의 미래를 결정하였다. 그렇기 때문에 조금은 슬픈 이야기지만 내게는 고등학교 시절 좀 더 나은 미래로 발돋움할 수 있게 도움을 준 학교의 '은사님'이 특별히 없다. 그러나 굳이 내게 있어서 훌륭한 교사를 꼽는다면, 나는 고등학교 2학년 담임선생님이셨던 김○○ 선생님이 생각난다.

김○○ 선생님을 처음으로 만났던 날이 아직도 생생하다. 그분은 팔다리가 길고 항상 눈빛이 맑고 초롱초롱해서 생김새가 꼭 사슴 같았다. 그분은 고등학교 1학년 아이들에게 지리를 가르치시다가 이번 학년에 세계지리를 가르치시면서 우리 반인 2-14반의 담임이 되셨다. 처음에 아이들은 그분의 친절함과 사근사근함에 대해서 무시하고 있었다. 그분이 젊으셨기 때문이기도 하였지만, 무엇보다도 우리는 철이 없었다. 고1의 풋풋한 긴장감은 없고, 고3의 입시 전쟁을 아직 모르고 있었던 고2라는 명분하에 우리는 자유를 추구하고 있었다. 다른 말로 표현하자면, 우리는 고삐 풀린 조랑말이었다. 그래서 젊은 여자 담임 하나쯤이야라는 생각에 우리는 학생으로서의 개념까지 상실하고 있었다. 한번은 아이들이 계속 청소를 제대로 안 하고 일주일간 버텼었다. 선생님의 말씀을 들을 리가 절대 없었고, 우리들의 세상인 마냥 노는 데만 정신이 팔려 있었다. 그러다가 어느 금요일 날 종례시간에 우리는 눈을 감고 묵상하라는 선생님 말씀에 자리에 앉아 묵상을 하게 되었다. 선생님의 첫마디는 "지금부터 1분을 줄 테니까 너희 자신을 낱낱이 살펴보고 과연 네가 지금 인간으로서, 학생으로서의 도리를 다하며 잘하고 있는지에 대해서 생각해 보아라"였다. 조금은 무거운 묵상을 마치고 선생님의 얼굴을 올려다보았다. 선생님은 이렇게 말씀하셨다. "너희들이 나를 무시하여도 좋다. 내가 너희 담임을 맡은 이상 나는 너희와 함께 배를 탄 선장일 뿐이다. 그러나 나는 나의 직임을 성실히 다하려고 열심히 노력하고 있다. 그러니 너희도 학생으로서 자신의 도리를 다하는 것이 좋지 않겠니?" 선생님의 얼굴에서 화가 난 기색은 거의 찾아볼 수 없었다. 다만 안타깝고 걱정으로 가득 찬 얼굴이었다. 마치 나의 부모님처럼 말이다. 우리 반 아이들은 그날 반성을 안 할 수가 없었다.

그 후로 우리 반 학생들의 행동은 바뀌었다. 무언가를 할 때 성실히 임했고, 중간과 기말이 되어 공부를 즐겁게 하였다. 생각해 보면 내게 공부가 가장 재미있을 때가 그때였다. 공부의 재미에 맛들려 아이들과 토론하고 필기 내용을 서로 보여 주기도 하였다. 무엇보다도 담임선생님의 세계지리 시간이 그렇게 재미있을 수가 없었다. 담임선생님은 우리의 친구이자 우리를 이끌어 주는 믿을 수 있는 분이었다. 한 사람씩 상담을 하여도 성심성의껏 우리의 고민을 해결해 주고자 하셨고, 우리를 학생으로서가 아닌 인간으로서 대해 주셨다. 우리 반은 반평균에서도 1등을 하였고, 미술, 체육대회 등 모든 상을 휩쓸었다. 이러한 원동력은 담임선생님의 힘으로부터 나온 것이라고 생각한다. 담임선생님은 우리를 믿어 주심으로써 하나로 만들었기 때문이다.

항상 생각해 왔던 것인데, '만약 김○○ 선생님께서 나의 고3 입시 담임이었다면, 나는 좀 더 나은 곳으로 진학했을까?' 라는 의문을 가진다. 지금 나의 상황도 괜찮지만, 만약에 말이다. '나라는 학생 하나를 위해서 열심히 연구해 주고, 도움을 주시려고 노력하지 않으셨을까?' 하는 생각이 든다. 음대에 대해선 전혀 모른다는 말씀을 하시면서도 다른 아이들에게 고개를 돌리지 않으시고 내 미래도 함께 고민해 보지 않으셨을까 하는 생각이 든다.

훌륭한 교사란 딱히 없는 것 같다. 잘 가르치고 능력이 있는 것도 좋지만, 무엇보다도 선생님으로서의 본분을 다하는 것 하나만으로도 충분하다고 생각한다. 학생 하나하나에 관심을 가지고 학생의 미래를 생각해 주며 학생의 내면을 무한으로 끄집어낼 수 있는 교사가 진정한 교사라고 나는 생각한다. 학생 스스로가 자신의 꿈을 찾아나서는 것도 좋지만, 어느 정도 한계가 있는 법이다. 그것을 주변 사람이, 특히 교사가 방향을 잘 인도해 주고 학생에게 잘 알려 주어야 한다고 생각한다.

1. 진로지도의 개념

진로(career)지도란 생애지도 등으로 해석되는 개념으로, 미래에 대한 생애설계 및 전망 등을 포함한다. 또한 진로지도는 생애 직업 발달과 그 과정을 가리키는 포괄적인 용어다.

진로지도(진로교육)는 개인적으로는 자신의 진로를 합리적으로 인식하고 선택하게 하며, 사회적으로는 적재적소에 알맞은 유능한 인재를 양성하는 바람직한 인간교육을 말한다.

이러한 진로지도에 대한 관심은 벌써 오래전부터 대두되었다(이재창, 2005). 사실 프랭크 파슨스(Frank Parsons)에게서 시작된 현대 생활지도 운동도 직업지도 운동으로부터 출발한 것이다. 이렇게 진로지도는 생활지도 발달의 원동력이 되었고 계속해서 생활지도의 중요한 영역을 차지해 오고 있다.

2. 진로지도의 필요성

진로지도에 관심을 갖게 되는 이유는 다음과 같다. 첫째, 우리 인간은 생활하면서 계속해서 결정을 하고 선택해야 한다. 둘째, 우리가 살고 있는 오늘날의 사회가 급격하게 변화하고 있어서 각 분야가 전문화 · 특수화되어 가고 있다.

진로지도의 필요성과 목적을 이야기하는 논거는 현재 청소년들이 자신의 진로결정과 선택을 제대로 수행하고 있지 못한다는 데에서 찾을 수 있다. 이와 관련하여 이재창(1995)은 청소년들이 불합리한 진로결정을 하도록 하는 원인으로서 ① 입시 위주의 진로지도, ② 부모 위주의 진로지도,

③ 자신에 대한 이해 부족, ④ 왜곡된 직업의식, ⑤ 일의 세계에 대한 이해 부족 등을 열거하고 있다.

3. 진로지도의 목표와 내용

1) 진로지도의 일반적인 목표

진로지도의 일반적인 목표에 대하여 김계현 등(2004)은 다음과 같이 5가지를 들고 있다.

(1) 자신에 관한 보다 정확한 이해 증진

파슨스(Parsons, 1909)가 특성요인 이론을 제안한 이래 올바른 진로선택을 위해 가장 중요하게 다루어지는 것이 자기 자신에 대한 올바른 이해다. 여기에서 올바른 이해란 보다 정확한 이해, 객관적인 이해를 의미한다. 오늘날 학교에서의 진로지도가 제대로 대응하지 못하고 있는 문제점 중의 하나는 일과 직업세계에 관련한 올바른 자기 인식능력을 길러 주지 못하고 있다는 것이다.

현대의 복잡한 직업세계에서 자기에게 가장 적합한 직업을 선택하고 성공적인 직업생활을 영위한다는 것은 결코 쉬운 일이 아니다. 직업의 종류에 따라 요구되는 능력과 적성, 기능, 역할이 다양하다. 따라서 자기에게 맞는 일과 직업을 선택하기 위해서는 무엇보다도 자기의 가치관, 능력, 성격, 적성, 흥미, 신체적 특성 등에 대하여 올바르게 이해하는 것이 필수적이다. 따라서 진로지도는 이러한 자기이해를 중요한 목표의 하나로 삼아야 할 것이다.

(2) 직업세계에 대한 이해 증진

산업혁명 이래 세계는 급속하게 산업화되었다. 이에 따라 직업의 전문화 · 고도화가 급속하게 진전되었다. 이제 선진국의 경우는 2~3만 종류의 직업이 존재하게 되었고 우리나라의 경우도 앞으로 이에 버금가는 직업의 종류가 생겨날 것으로 전망된다. 그리고 일부 미래학자들의 예측에 의하면, 머지않아 현존하는 직업의 50% 정도는 없어지고, 새로운 직종이 생겨나며, 존속하는 직종의 경우도 일의 방법이 많이 바뀔 것으로 전망된다.

이러한 상황에서 장래성 있는, 그리고 자기에게 맞는 직업을 선택한다는 것은 결코 쉬운 일이 아니다. 일과 직업의 세계에 대한 객관적인 정보와 이에 대한 체계적인 탐구 없이 진로 혹은 직업을 선택한다는 것은 무모한 일이다. 그러나 상담사례를 보면 청소년들은 일과 직업세계에 대해서 너무나 모르고 있으며, 설령 알고 있다고 해도 매우 피상적인 수준에서 단편적인 측면만을 숙지하고 있다는 사실을 확인할 수 있다. 따라서 일과 직업세계의 다양한 측면과 변화 양상 등을 올바르게 이해할 수 있도록 하는 일은 진로지도의 매우 중요한 목표다.

(3) 합리적인 의사결정 능력의 증진

진로지도의 최종 결과는 그것이 크든 작든 어떤 '결정'이란 형태로 나타난다. 앞에서 언급한 자신에 대한 정보, 직업세계에 대한 정보 등을 가지고 최종적으로 진로를 선택하게 되는 의사결정을 해야 한다. 이러한 의사결정을 합리적으로 잘 하느냐 그렇지 않느냐에 따라 자기에게 적합한 진로를 선택할 수도 있고 그렇지 못할 수도 있다. 아무리 훌륭한 능력과 정보를 가지고 있어도 이를 적절히 활용해서 최선의 선택을 할 수 있는 의사결정 기술을 갖추고 있지 않으면 올바른 진로결정을 하기가 어렵다.

진로를 결정하는 일은 개인의 일생을 통해서 성취해야 할 가장 중요한 과업 가운데 하나다. 진로선택의 결과에 따라서 우리 생활의 대부분이 영향을 받고 있다. 그러나 이렇게 중요한 결정이 매우 불합리한 과정을 거쳐서 내려지는 경우도 많다. 즉 자신과 직업세계에 대한 정확한 이해 없이, 편견이나 부모의 요구 또는 친구의 권유에 의해서 또 다른 외적인 욕구를 추구하다가 불합리한 결정을 내리는 경우가 많다. 이렇게 내린 결정의 결과에 대해서는 만족하기보다는 불만을 갖게 되고 아울러 많은 부작용을 낳게 된다. 따라서 청소년들에게 올바른 진로 결정을 할 수 있도록 의사결정 기술을 증진시키는 일은 무척 중요하다.

(4) 정보탐색 및 활용능력의 함양

현대사회를 일컬어 '지식 및 정보화 시대'라고 한다. 이는 일상생활에 있어서 지식과 정보가 그만큼 중요한 역할을 하고 있으며, 고부가가치를 창출한다는 의미다. 따라서 이미 정보화 시대 속에 살고 있고, 앞으로 더욱 고도화된 정보화 시대를 살아갈 청소년들에게 정보를 탐색하고 활용하는 능력을 길러 주는 일은 결코 간과될 수 없는 일이다.

진로지도 및 진로상담에서는 '정보 제공'이 매우 큰 비중을 차지하고 있다. 그 이유는 내담자들로 하여금 직업세계에 대해서 정확히 알고 나서 선택을 하도록 도와주어야 하기 때문이다. 이때 상담자는 단순하게 내담자가 원하는 정보를 알려 주는 서비스도 해야겠지만, 학생인 내담자 스스로가 필요한 정보를 탐색하고 활용하도록 안내하는 역할을 하는 일도 무척 중요하다. 따라서 학생들 스스로 정보를 탐색할 수 있는 방법을 알려 주고 실행에 옮겨 보도록 안내하면, 학생들은 이러한 시도를 해 보는 가운데 자기가 필요한 정보를 스스로 수집해서 활용하는 능력을 체득하게 될 것이다. 이러한 능력은 단지 진로정보 탐색에만 국한되지 않고 결국 삶의 모든 영역에까지 확장될 것이다.

(5) 일과 직업에 대한 올바른 가치관 및 태도 형성

진로지도의 중요한 목표 중의 하나는 학생들로 하여금 일과 직업에 대한 올바른 가치관 및 태도를 갖도록 하는 것이다. 이러한 가치관과 태도는 성장하는 동안에 이미 나름대로 어느 정도 형성되어 있겠지만 잘못되었거나 왜곡된 내용은 지도와 상담을 통해서 올바르게 수정해야 할 것이다. 현대 사회에서 일이란 부를 창조하는 원천이며, 직업은 생계의 수단으로서뿐 아니라 사회봉사와 자아실현의 수단으로서 그 중요성이 더욱 증대되고 있다. 그러나 아직도 우리 사회는 일을 천시하거나 싫어하는 풍조를 벗어나지 못하고 있다. 특히 전통적인 직업의식 중에서도 우리 사회에 만연되어 있는 지위 지향적 직업관, 직업에 대한 전통적 귀천의식, 블루칼라직에 대한 천시 풍조, 화이트칼라직에 대한 지나친 선호 경향 등은 고쳐야 할 가치관 또는 태도다.

4. 진로지도의 발달단계별 과정

진로지도는 학생들의 발달단계에 따라 이루어져야 한다. 진로 심리학자들은 초등학교는 진로인식 단계, 중학교는 진로탐색 단계, 고등학교는 진로준비 단계, 대학교는 진로전문화 단계라고 말한다.

1) 초등학교

초등학교에서의 진로교육은 진학지도나 취업알선 등과 같은 단순한 수준의 진로선택에 국한된 개념이 아니라 교육과 일의 세계를 연관시키기 위한 것으로 개인이 일생동안 수행하게 될 일을 준비하도록 하는 교육이며, 개인에게 일이 가능하고, 의미있고, 만족스럽게 하는 것이다. 최동선

(2006)의 연구에서는 초등학교의 진로교육 목표를 '직업 또는 일과 관련하여 자신의 모습을 인식'하는 '진로인식' 단계로 설명하고 있다. 여기에서 '인식'이라는 것은 '알아차림'이라는 소극적 의미를 벗어나, 자신의 모습을 직업 또는 일이라는 관점에서 조망함으로써 자신의 가능성을 발견하고 계발하도록 돕는 적극적인 교육의 과정으로 해석되어야 할 것이다.

2) 중학교

중학교에서의 진로교육의 목적은 다음과 같다. 첫째, 삶에서 진로와 직업의 의미를 이해하고, 진로와 관련한 자신의 다각적인 특색을 폭넓게 탐색하고자 하는 노력을 통해 긍정적이며 적극적인 태도를 갖게 한다. 둘째, 직업세계의 다양함과 역동적으로 변화하는 모습을 이해하고 자기 주도적으로 직업세계를 탐색할 수 있는 역량을 기른다. 셋째, 중학교 이후의 교육경로, 직업인 역할 모델을 비롯한 관심분야의 진로 · 직업을 탐색하는 역량을 기른다. 넷째, 자신과 진로 · 직업 및 교육세계에 대한 탐색을 바탕으로 중학교 졸업 이후의 진로를 합리적으로 설계하고 이를 실천하기 위한 역량을 기른다.

3) 고등학교

고등학교에서의 진로교육의 목적은 다음과 같다. 첫째, 학생이 자신에게 적합한 진로 및 직업을 탐색하고 합리적으로 결정하며, 이를 체계적으로 계획하고 실천하도록 한다. 둘째, 자아를 실현하고 사회발전에 기여할 수 있는 건실하고 교양 있는 직업인으로서의 능력을 함양하여 행복한 삶을 영위할 수 있도록 한다. 셋째, 합리적인 진로의사결정 과정을 통하여 진로를 결정하고, 이를 바탕으로 자신의 진로를 계획하고 준비할 수 있도록 한다.

4) 대학교

대학에서의 진로교육의 목적은 다양하게 변화하고 발전하는 현재를 이해하고 미래를 창조할 수 있는 능력을 길러주는 데 있다. 그러기 위해서는 개개인이 지니고 있는 가능성을 탐색·발견하고 충분히 개발시켜 개인이 원하는 진로를 설정할 수 있도록 해야 한다. 또 학생 개개인이 행복한 개인으로 삶을 영위하고, 생산적인 사회구성원으로 사회에 봉사할 수 있어야 한다. 나아가, 학생 개개인이 전인격적으로 성숙하고, 자아를 실현하여 이 모든 일에 대해서 주체적인 인간으로서 참여하고, 선택하고, 결정할 수 있도록 해야 한다.

대학 진로교육을 할 때에는 먼저 학생들의 자아의식을 제고시켜 주고 자신들이 장차 직업에 대한 준비를 해야 하며 이를 위한 교육을 받아야 함을 인식하도록 하고, 그다음에는 진로교육 프로그램을 제공한 후에 학생 개개인이 취업기회를 찾아내는 능력, 취업기회를 평가하는 능력, 여러 취업기회 중에서 선택하는 능력을 갖게 해 주고, 나중에는 취업을 위한 면접요령 실습, 구직 및 직업유지·전환을 위해 요청되는 역량을 강화하는 체계적인 접근을 해야 한다.

5. 학교급별 진로지도의 내용과 방법

1) 초등학교의 영역과 지도내용

초등학교에서의 진로지도는 직업선택에 필요한 초보적인 지식과 기능의 습득, 일에 대한 기본적 태도와 가치관 형성을 주요 목적으로 하는데, 구체적인 목표로서는 자신을 이해하고, 다양한 직업역할의 유형에 대한 인식

및 자기가 한 일에 대한 책임의식 고취, 그리고 협동적인 사회행동의 필요
성에 대한 인식과 자세의 함양 등을 들 수 있다(김계현 외, 2004).

　초등학교에서 진로지도를 할 때 저학년에서는 구체적인 방법, 예를 들면
견학, 시뮬레이션, 시범, 슬라이드, 비디오테이프의 상영 등으로 어린이들
이 가능한 한 직접 보고, 만지고, 행동으로 표현해 볼 수 있는 지도방법을
활용하여야 효과적이다. 그러다가 고학년에 올라감에 따라 점차적으로 추
상적 개념을 도입하도록 하는 것이 바람직하다.

〈표 7-1〉 초등학생의 진로지도(교육) 영역과 지도내용

영역	저학년	중학년	고학년
직업과 관련된 자아인식	• 나와 친구의 차이점 알아보기(잘하는 일, 못하는 일)	• 나와 타인의 특징 이해 수용 • 자아개념의 의미 이해	• 자신의 소질, 흥미, 적성에 대한 개념 이해 • 자신의 능력 이해 • 자아의 긍정적 수용
일과 직업의 세계 이해	• 직업활동놀이(의사놀이, 교사놀이 등)	• 직업의 중요성 인식 • 가족의 직업 알아보기 • 다양한 직업 존재 인식 • 되고 싶은 직업인 조사	• 직업군 이해 • 개인의 생존에 필요한 여러 가지 물건과 직업인 알아보기
일에 대한 적극적이고 긍정적 태도 습득	• 일에 대한 긍정적 태도 • 일의 소중함 인식	• 직업과 근로의 중요성 인식 • 성공한 직업인에 대한 존경	• 직업의 중요성과 일에 대한 긍정적 태도
원만한 인간관계 기술 습득	• 친구와의 놀이에서 협동의 중요성 터득 • 양보, 상호존중 의식 • 의사소통 연습	• 의사소통의 기술 향상 • 역할의 차이점 발견 • 역할학습 활동	• 타인의 역할 수용 • 역할학습 활동 • 자신의 역할 증진
일과 직업의 경제적 측면 이해	• 물건 사기 놀이 • 상점놀이	• 일을 통해 얻는 보수의 의미 인식 • 벌어 온 돈으로 살림 꾸려 가기 놀이	• 보수의 중요성 인식 • 직업의 변화에 대한 학습
교육과 일의 세계와의 관계 인식	• 학교놀이 • 교육과 일과의 관계 예시 활동	• 진학에 대한 학제 학습 • 공부의 계속성 이해	• 우리나라 학제 학습 • 학교교육과 평생교육 이해 • 일과 학력관계 예시 학습

2) 초등학교의 진로지도방법

- 교과지도: 교과 관련 직업 영역의 확대, 일상생활의 현실적 문제 등을 통한 이해
- 특별활동: 진로교육용 읽기자료 활용, 진로지도 프로그램 운영, 근로관찰, 면접
- 행사교육
  - 체신의 날, 근로자의 날, 약사의 날 등과 관련한 계기교육
  - 진로의 날 행사: 직업조사, 산업체 견학, 직업인의 1일 명예교사제

3) 중학교의 영역과 지도내용

중학교 시절은 진로탐색의 시기로서, 특히 직업에 대한 지식과 진로결정 기술을 확립하도록 지도하는 것이 핵심사항이다(김계현 외, 2004). 또한 중학교에서는 초등학교에서 강조되던 일에 대한 안내를 계속 해 나가는 동시에, 긍정적인 자아개념의 발달과 의사결정 능력의 증진을 기하고, 직업정보 및 탐색적인 경험을 제공해 주며 학생들로 하여금 자신의 진로계획을 세우도록 도와준다.

중학교에서의 진로지도는 초등학교 때보다 좀 더 추상적인 방법을 사용할 수도 있다. 그러나 아직 학생들의 논리적 사고가 완전한 수준에 도달한 것은 아니기 때문에 추상적인 방법에 비해 구체적인 방법이 효과가 더 큰 경우가 많다. 이 시기에는 특히 자신의 감정과 태도를 자연스럽게 표현하고 탐색할 수 있는 기회를 제공하는 것이 좋다. 지도방법으로는 개별적으로 하는 것도 좋지만 집단상담을 이용함으로써 더 좋은 효과를 거둘 수 있다. 또한 모든 교과목의 교사가 수업시간에 학습내용과 진로를 관련지으면서 지도하는 것이 더욱 실제적인 지도가 될 수 있다.

영역	1학년	2학년	3학년
〈표 7-2〉 중학생의 진로지도(교육) 영역과 지도내용			
직업적 역할과 자아인식	• 자신의 특성 확인 • 일에 대한 긍정적 태도 함양	• 자신의 능력과 한계 • 자신의 소질, 흥미, 적성의 발견 • 청소년기 과제 인식	• 흥미, 소질, 적성과 일과의 관계 인식 • 일에 관련한 자신의 가치 이해
일의 세계에 대한 인식	• 직업의 종류와 특성 이해 • 제품이 되어 나오기까지의 관련 직종 알아보기 • 직업군별 직종 학습	• 직업의 발달과 변모 이해 • 기업의 융성과 쇠망의 관계 • 직업의 의미학습	• 직업과 관련한 개인적 환경적 요인 조사 • 다양한 직종과 적성의 관계 인식 • 직업 가치의 탐색
일에 대한 적극적·긍정적 태도 습득	• 일과 학교와 사회의 연관성 • 하고 싶은 일 설정 • 일의 가치와 역할 조사	• 일의 소중함 인식 • 세계적인 명성을 가진 직업활동 알아보기	• 진로동기 유발 • 특정 직업활동을 희망하는 이유 알아보기
의사결정 능력의 함양	• 직업 선정의 중요성 토의 • 책임과 융통성 있는 진로계획 수립	• 직업 선정과 그 기준 • 진로정보활동	• 교교 진학의 실제에 대한 교사, 부모 상담 • 생애설계 활동 • 의사결정 및 수정에 대한 학습
일과 직업의 경제적 측면 이해	• 부모에의 의존과 독립의 관계 알아보기 • 아버지의 보수와 생계유지의 관계 알아보기	• 생산과 일과 보수의 관계 알아보기 • 우리나라 수출과 수입, GDP의 관계 알아보기	• 사회 경제 변화와 직업의 변화 인식 • 기본적인 경제조직과 산업구조 변이 학습
교육과 직업세계와의 관계인식	• 교육의 연속성 이해	• 다양화되어 가는 직업 추이와 그에 따른 다양한 교육준비 인식	• 학교교육, 평생교육, 성인학교 인식 • 일과 학력, 기능과 보수의 관계 이해

4) 중학교의 진로지도방법

(1) 진로지도 연간계획 수립

진학지도, 직업 탐색, 자아 영역의 의식 확대, 진로정보실 운영, 학급활동 시간의 활용, 진로지도 프로그램 운영, 진로의 날 행사, 진로지도를 위한 행정 · 재정적 지원 등의 연간계획을 수립한다.

(2) 교과지도

교과와 관련한 직업을 탐색한다.

(3) 학급활동 시간의 활용

진로상담은 진로결정 프로그램 운영, 자아 영역과 직업 영역 탐색을 통한 합리적 의사결정 능력의 신장과 책임감을 지도한다.

(4) 진로의 날 운영

진로의 날은 선배와의 대화, 직업세계의 이해를 위한 자원 인사의 활용, 직업 현장의 견학 등의 활동으로 구성한다.

(5) 진로정보실 운영

각종 진학 정보 및 취업 정보 자료를 비치하고 진학 및 진로상담을 한다.

5) 고교 수준의 내용 구성

진로발달 이론가들의 견해에 따르면 고등학교 시기는 잠정기와 전환기에 해당된다. 학생 개인의 욕구, 흥미, 능력, 가치관 등을 고려하여 잠정적인 진로를 선택하게 되고, 이러한 선택이 환상, 논의, 교과, 일 등을 통해서 시도된다(김계현 외, 2004). 그러나 이러한 선택은 현실적인 요인들이 고려되지 않았기 때문에 진로계획은 잠정적인 것이다. 그렇지만 고등학생들은 학교를 졸업한 후에 직면하게 될 현실을 심각하게 고려하지 않을 수 없다. 따라서 자신의 능력, 적성, 흥미, 경제적 여건, 직업 포부, 중요한 타인의 이견 등을 고려해서 진로를 선택하고 그 진로를 개척해 나갈 수 있는 탐색과 준비를 해야 한다.

고등학생들은 상급학교에 진학할 것인지 아니면 직업세계에 입문할 것인지를 결정해야 하기 때문에 진로교육, 진로지도, 진로상담이 더욱 중요한 때라고 볼 수 있다.

고등학교에서의 진로지도는 중학교에서 실시하던 방법 이외에 진학을 위한 상급학교와의 유기적인 협동하에서의 연계 강화, 혹은 취업에 대비하여 현장 실습이 가능한 산학협동 방안을 실현함으로써 그 효과를 증대시킬 수 있다.

〈표 7-3〉 고등학생의 진로지도(교육) 영역과 지도내용

영역	내용
1. 자아이해 영역	• 직업수행에 필요한 인성과 사회적 대응 기술 • 작업 습관과 태도 이해 • 긍정적 자아개념, 진로선택에 영향을 끼치는 요인 이해 • 자신의 여건에 맞는 진로선택의 결심, 상담
2. 진학 및 취업 정보의 활용	• 직업의 종류 파악 • 진로, 취업 정보 탐색과 활용 • 직종별 직무 근로조건, 우리나라 직업 전망 탐색 • 대학의 종류와 특성, 각종 학내 장치와 특색, 전공학과와 직종
3. 진로계획	• 진로계획의 기본원리 이해 • 인생계획의 필요성과 생애 설계
4. 진로결정의 조건	• 적성요인, 직업적 흥미, 인성요인, 신체적 조건의 객관적 적용 능력 • 학력, 경제적 여건, 신체적 특성, 기술, 자격 등에 대한 자기검토와 수용

(계속)

5. 직업 및 직장윤리	• 직업, 직장윤리의 필요성 • 직장에서 지켜야 할 기본 예의 • 직무수행의 기본 태도
6. 일과 직업의 경제적 측면 이해	• 직업이 요구하는 생활양식과 보수의 관계 • 직업의 장래성과 사내훈련, 승진의 관계 • 직업의 보수에 대한 수입과 지출의 균형 문제
7. 일과 직업의 교육적 측면 이해	• 진로가 요구하는 교육, 훈련의 조건 • 진로가 요구하는 제 능력, 기술훈련과 그 전략 수립

6) 고등학교의 진로지도방법

- 교과지도: 교과와 관련된 직업을 탐색한다.
- 진로정보실 운영: 각종 진학정보 및 취업정보 자료를 비치하고 진학 및 진로상담을 한다.
- 진로상담: 개인상담 또는 집단상담을 실시한다.
- 학교선택 프로그램 운영
  - 대학 진학의 필요성 재확인
  - 관련 정보 수집, 진학 학과 탐색, 학내 각종 장치와 특색 조사
  - 자아에 대한 재확인과 진로 수정
- 직업선택 프로그램 운영

7) 대학교의 진로지도내용

현재의 대학교육은 진리탐구에 목적을 둔 소수 정예자에 대한 상아탑적 성격의 전문교육이라기보다는 졸업 후 취업을 목적으로 하는 다수 대중의 직업교육적 성격이 강하므로 졸업 후의 진로에 관한 지도 및 상담을 요구하고 있다(이무근, 1999). 특히 중학교에서의 체계적인 진로지도 부재와 사

회적 고학력화 추세로 인하여 자신의 적성과 장래희망보다는 일단 대학에 들어가야 한다는 사회적 분위기 속에서 입학한 학생들은 진로문제에 있어서 많은 갈등과 문제점을 나타내고 있다. 최근에는 학부제 모집의 확대로 인하여 2학년이 되면서 해야 하는 전공 결정의 문제, 교과목 이수에 대한 자율성이 커진 데 따른 수강과목 결정의 문제, 경제상황 악화로 인한 취업의 어려움, 학비 조달을 위한 아르바이트 구하기의 곤란 등이 대학생들을 괴롭히고 있다. 따라서 대학생들이 자신의 인생목표를 설정하고, 이것과 대학생활을 연결시킬 수 있도록 도움을 주는 안내와 지도가 절실한 상황이다.

대학에서의 진로지도는 저학년부터 자신의 특성과 적성을 다시 재점검해 보는 노력이 필요하며 대학생활 동안 취업을 위해 스스로 준비하는 자기주도적 진로자세가 무엇보다도 중요하다. 학교에서는 취업지원센터(인력개발원, 종합인력개발센터 등), 학생, 지도교수, 학생의 소속학과, 선배, 지역사회가 유기적인 관계를 맺고 적재적소에 알맞은 인재를 취업하도록 조직적인 협력체제가 잘 구축되고 또 운영되어야 한다.

6. 우리나라 초 · 중등 교육과정에서의 진로교육 방안

2009 개정교육과정에서는 우리나라 학교교육을 통해서 길러야 할 인간의 모습을 그리고, 그것을 위한 교육과정 구성 방침과 학교급별 교육목표를 단계적으로 제시하고 있다. 이 교육과정에서는 전인적 성장의 기반 위에 개성의 발달과 진로를 개척하는 사람을 추구하도록 하고 있으며, 이러한 인간상을 구현하기 위하여 교육과정에서는 학생의 능력 · 적성 · 진로를 최대한 구현할 수 있도록 다양한 교육내용과 방법을 운영하고, 이를 통해 사회 변화의 흐름을 주도할 수 있는 기본능력을 개발할 수 있도록 교육과정을 구성해야 한다고 설명한다. 또한 교육과정 편성 · 운영에서의 현장 자

율성을 확대함과 동시에 교육에 대한 질 관리를 강화하는 방침도 제시하고 있다.

그리고 2009 개정교육과정에서는 교육과정이 추구하는 인간상을 구현하기 위하여, 특히 '전인적 성장의 기반 위에 개성의 발달과 진로를 개척하는 사람'이라는 인간상을 구현하기 위하여 초등학교, 중학교, 고등학교의 교육목표에서 다양한 일의 세계의 이해, 적극적인 진로탐색, 진로개척 등을 강조하고 있다(교육과학기술부, 2009). 이러한 교육과정 구성 방향 및 목표에 있어서 진로교육은 나름의 중요성이 강조되고 있다는 것이 대체적인 평가다. 하지만 교육과정이 추구하는 인간상이나 학교급별 교육목표에서 언급하는 진로교육에 비하여 교육과정 편제나 운영에 있어서는 매우 미흡하다는 평가가 다수를 이루고 있다.

2009 개정교육과정은 국민공통기본교육과정과 고등학교 선택교육과정으로 구성되어 있다. 다시 국민공통기본교육과정은 교과(군), 창의적 체험활동으로 구성되며, 고등학교 선택교육과정 역시 교과(군)와 특별활동으로 구성되어 있다. 창의적 체험활동은 자율 활동, 동아리 활동, 봉사활동, 진로활동의 4가지로 구성되어 있다. 이러한 편제에서 진로교육은 ① '진로와 직업'이라는 독립된 교과를 통한 방법, ② 특정한 몇 개의 교과에 단원으로 편성하는 방법, ③ 교과에 통합(infusion)하는 방법(교과에 통합하는 방법의 경우 국가 교육과정 수준에서는 원론적인 언급만이 있다는 점에서 이 방법이 활용되고 있지 않다는 지적도 가능할 것이다), ④ 창의적 체험활동을 통한 방법 등이 가능하다. 그러나 이들 네 가지의 방법이 현행 교육과정에서 체계적인 방식으로 제시되어 일선 현장에서의 진로교육을 촉진하는 데 효과적인가에 대해서는 회의적인 시각이 많다. 이에 대하여 구체적으로 살펴보면 다음과 같다.

1) 독립된 교과를 통한 방법: '진로와 직업'

2009 개정교육과정에서는 종전의 고교 선택과목이었던 '진로와 직업'과 함께, 중학교의 선택과목의 하나로 '진로와 직업'이 신설되었다. 2009 개정교육과정에서 중학교 선택과목은 '진로와 직업'을 비롯하여 '한문' '정보' '환경' '생활외국어' '보건' 등이다.

또한 고등학교 재학 시기에 4단위로 이수할 수 있도록 일반선택 보통교과로 '진로와 직업'이 편제되어 있다. '진로와 직업'은 최근 많은 학교에서 선택·운영하고 있다. 최근의 설문조사 결과에 의하면, 일반계 고교의 49.6%, 실업계 고교의 39.4%가 이 교과를 선택·운영한 것으로 나타났으며(이지연, 최동선, 정일동, 2005), 29.2%의 학교에서는 이를 1학년 학생들을 대상으로 교과 재량활동의 일환으로 운영하고 있었다(교육인적자원부 교육과정정책과, 2004). 이러한 '진로와 직업' 교과에 대하여 크게 두 가지의 상반된 입장이 있는 것으로 보인다.

첫째, '진로와 직업'이라는 독립된 교과를 활용함으로써 보다 집중적인 진로교육을 실시할 수 있다는 긍정적인 입장이다. 특히 우리의 학교 현실에서 많은 학생들에게 적절한 진로교육을 제공하기 힘든 실정에, 독립된 교과를 통하여 다양한 정보와 학습기회를 제공할 수 있다는 것이다. 최근에 '진로와 직업' 교과를 선택하는 학교가 늘어난 것은, 교육 내적인 요인과 노동시장 변화 등의 교육 외적인 요인으로 인하여 진로에 대한 관심과 이에 대한 적극적인 대응에 대한 요구가 증가하고 있음을 상당 부분 반영하고 있다고 해석할 수 있다.

그러나 진로개발 역량을 지원하지 못하는 지식 중심의 내용 체계, 체험을 강조한 교수-학습 방법의 부족, 교과에 대한 학생평가 및 피드백 체제의 미흡 등의 교육내용 및 방법에 대한 문제가 제기되고 있으며(이지연 외, 2005), 특히 학령기의 중요한 진로개발 시점인 중학생에게도 집중적인 진로교육을 실시할 체계가 갖추어져야 한다는 요구도 있다.

둘째, '진로와 직업' 교과의 효과를 의문시하는 입장이다. 비록 독립된 교과를 통한 학습이 집중적인 교육이 가능하다는 장점이 있으나, 진로교육의 범위를 진로선택 및 정보탐색과 같이 제한된 영역으로 한정함으로써 기초적인 역량을 다양한 국면에서 지속적으로 교육하는데 제약이 따른다는 것이다(임언, 장홍근, 윤형한, 2005). 또한 현실적인 측면에서, 제도적으로 '진로와 직업'을 담당할 교사가 체계적으로 양성되지 못하는 실정에, 수업 시수가 줄어든 교사들이 담당하는 데 큰 무리가 없는 교과라는 인식으로 인한 교육의 비효과성 문제를 제기하는 경우도 있다. 그리하여 일반계 고교의 49.6%가 '진로와 직업' 교과를 선택 · 운영한다는 현실에는 상당한 거품이 존재할 것이라는 입장도 나타나는 것이다.

셋째, '진로와 직업'의 효과에 대한 논의와는 별개로, 이 교과가 학생들의 다양한 요구에 충분히 부응하고 있는지에 대한 검토도 요청되고 있다. 현행 '진로와 직업'은 고등학교 선택중심 교육과정의 보통교과 가운데 일반선택 과목으로 분류되어 있다. 이러한 이유로 교과용도서가 일반계 고등학생이 아닌 실업계 고교생이나 특수학교 재학생에게는 적합하지 않다는 것이다. 특히 특수학교 교육과정에서는 고등부의 선택중심 교육과정의 교과로 '진로와 직업'을 포함하면서 이를 일반 고등학교 교육과정에 준하도록 하고 있어 대상별 특성에 기초한 진로교육 전개를 충족시키는 데 미흡한 실정이다. 이에 따라 학생들에게 직접적인 전달매체인 교과용 도서에 있어서 대상별 특성이 반영되어야 한다는 주장이 제기되고 있다.

2) 특정 교과에 일부 단원으로 편성하는 방법

일부 교과에서 부분적으로 진로교육의 내용이 중단원 또는 소단원 수준에서 편성되어 있음을 발견할 수 있다. 국민공통기본교과 가운데에는 실과, 도덕, 사회가 대표적인 교과라고 할 수 있는데, 이들 교과가 다루는 진로교육 내용은 각 교과의 특성을 반영한 차별성을 보인다는 특성이 있다.

예를 들어 실과(기술・가정) 교과에서는 가족과 일의 이해라는 대영역 아래에 초등학교 6학년 시기에 '일과 직업의 세계'라는 단원이, 그리고 중학교 3학년 시기에 '산업과 진로'라는 단원이 편성되어 있다. 이와 함께 부분적으로 미래 기술 및 산업의 발달 전망, 앞으로의 생활 및 진로설계에 관한 내용도 함께 다루어지고 있다. 이처럼 실과(기술・가정) 교과가 진로교육과 밀접한 관련이 있음에도 불구하고, 교육내용이나 이수시간 등에서 아직 미흡하거나 부족하다는 평가를 하기도 한다(송병국, 2002).

사회 교과는 다양한 정보를 활용한 사회 현상을 다룬다는 점에서 진로교육과 연관을 맺고 있는데, 지역사회 및 국가의 산업・직업적 현상, 산업별 변화 동향, 그리고 이에 대한 대응 방향 등을 다룬다는 점에서 진로정보를 수집・분석하고, 일이나 직업에 대한 기초적인 지식을 습득할 수 있는 교과로 이해할 수 있는 것이다. 특히 초등학교 단계의 교육내용이 지역사회에서 수행하는 다양한 직종에서의 일을 직접 탐색하는 내용이 포함되는 등, 직업세계에 대한 일반적인 이해를 돕는 데 유용한 교과인 것이다. 그러나 사회 교과 내에서는 이러한 직업세계에 대한 이해가 학생 개개인의 진로개발을 촉진하도록 도와주는 연결 고리가 마련되어 있지 않다는 아쉬움이 있다.

마지막으로, 도덕 교과는 인성교육, 시민의식, 책무성 등을 강조한다는 점에서 진로교육과 부분적인 연계를 맺는 교과이며, 직접적으로는 중학교 3학년의 가정・이웃・학교생활 영역의 하나의 소단원으로 '진학과 진로탐색'이 편성되어 있으며, 그 외에도 자신의 개성 신장 및 자아발견, 타인과의 긍정적인 상호작용, 책무성이나 성실함 등의 자기관리능력의 개발 등을 부분적으로 진로교육적인 요소로 꼽을 수 있다.

이처럼 도덕 교과는 초・중등학교에서의 진로교육이 진학 및 취업에 관한 선택에만 집중되지 않고 지속적인 자아 성찰, 개인생활 및 학교생활에서의 성실함이나 주도성 등의 함양을 통한 긍정적인 직업가치나 태도의 형성, 동료 및 타인과의 긍정적인 상호작용 능력의 배양 등과 같이 진로교육의 범위를 확장할 수 있는 학습기회로 활용할 수 있으나 도덕 교과와 진로교육의 관계가 비교적 불분명한 상황이라는 점에서 학교 현장에서의 교수-학습을 위한 다각적인 지원 방안이 강구될 필요도 있다.

이처럼 특히 실과(기술·가정), 사회, 도덕 교과 등과 같은 국민공통기본교과에서 독립된 단원으로 개별 교과의 특성을 반영한 진로교육 내용은 지속적인 진로교육 또는 모든 학생을 대상으로 하는 범용적인 진로교육이 가능하다는 장점을 갖고 있으나, 현행 교육과정에서는 직접적으로 진로교육 관련 내용의 양이 적을 뿐만 아니라 교과 내 또는 교과 간에 발달적인 연계가 미흡한 실정이다. 또한 실천보다는 지식 전달에 국한되는 경우가 많다는 문제도 있다.

3) 교과에 통합(infusion)하는 방법

초·중등 교육과정에서는 진로교육을 포함한 범교과 학습 주제들이 관련되는 교과 등의 교육 활동 전반에 걸쳐 통합적으로 다루어질 것을 강조하고 있다. 이는 보통교과에 진로교육적인 요소들을 반영하는 통합적인 방법이 필요하다는 것인데, 그러나 국가 수준의 교육과정에서는 각 교과별로 어떻게 진로교육적인 요소들을 반영해야 하는지에 대한 지침은 제공하지 않고 있다. 그 대신, 일부 시도에서는 자체적으로 국민공통기본교과를 통해 진로교육을 운영할 수 있는 교수-학습 자료를 개발·보급하고 있는데, 그 예로 서울특별시교육연구원(2004)에서 개발한 '교과와 함께 하는 진로교육' 등이 있다.

그러나 보통교과와 진로교육을 연계하는 기준이나 전략에서의 어려움으로 인하여 진로교육과의 관련이 상대적으로 적은 교과목에서는 억지로 내용을 추출한 부분이 상당수 존재함으로 인한 문제점, 단위 학교에서의 진로교육을 촉진할 수 있는 시스템의 부재로 인하여 관련 자료가 개발·보급되더라도 교과를 통한 진로교육을 운영하는 데 교사 개개인의 창의성에 의존할 수밖에 없는 한계, 일부 시·도의 노력에도 불구하고 여전히 통합적인 접근을 활용하기에는 교수−학습 자료를 비롯한 지원체제가 미흡한 점 등의 문제점이 노출되어 있다. 이러한 이유로 보통교과에 흡수하여 진로교육을 운영하는 통합적인 방법은 현실적으로 많은 한계에 직면하고 있는 실정이다.

4) 창의적 체험활동을 활용하는 방법

기존의 특별활동과 창의적 재량활동을 통합하여 '창의적 체험활동'을 신설하였는데, 내용 체계의 하나로 '진로활동'이 명시됨으로 인하여 향후 창의적 체험활동을 통한 진로교육에 대한 요구나 필요성이 증가할 것으로 기대되고 있다.

종래의 재량활동과 특별활동을 통합한 교육과정 활동영역으로 궁극적으로는 배려와 나눔을 실천하는 창의 인재를 양성하기 위해 신설된 창의적 체험활동은 첫째, 교육과정의 한 영역으로서 교과활동과는 상호 보완적인 관계에 있으며, 둘째, 개별적인 활동보다는 집단을 통하여 심신의 조화로운 발달을 도모하는 데 중점을 두고, 셋째, 학생들의 자발적이고 자율적인 활동에 바탕을 두며, 넷째, 주제 및 장소 선정, 시간 운영, 집단 편성, 부서 지도, 부서 이동 등의 운영에 있어서 융통성을 가지고 있고, 다섯째, 학교급 및 학습자의 발달 단계를 고려하여 운영한다는 성격을 갖고 있다(이광우 외, 2010).

2009 개정교육과정에서의 창의적 체험활동은 자율활동, 동아리 활동,

봉사활동, 진로활동 등의 4가지 영역으로 구분되어 있다. 또한 그 내용체계도 학교급에 따른 구분없이 하나로 제시되어 있어 단위 학교에서는 해당 학교급의 특성이나 발달단계, 학교의 실정 등을 고려하여 융통성 있게 내용을 선정하여 운영하도록 하고 있다.

이러한 창의적 체험활동의 진로활동은 독립적으로 다양한 진로교육 활동을 전개할 수 있도록 구성되어 있을 뿐만 아니라, 중·고교 '진로와 직업'을 비롯한 교과활동, 그리고 창의적 체험활동의 다른 영역과의 통합·연계, 진로계획서의 작성 및 지속적인 수정·보완 등의 단위 학교에서의 진로교육 운영과 관련한 다양한 기회가 포함되어 있다. 또한 평균 주당 3~4시간에 달하는 상당한 시간이 진로교육 활동에 활용될 수 있으며, 정일제, 격주제, 전일제, 집중제, 그리고 방학기간을 활용한 집중과정도 가능하기 때문에 지역사회 자원을 활용한 다양한 체험활동도 전개할 수 있게 되었다. 특히 지역사회에서의 다양한 체험활동이 가능하도록 단위학교 및 교육청에서 활용 가능한 인사, 시설, 기관, 자료 등의 자원실태를 파악하고 지원하도록 하고 있다.

교육과정에서 진로교육을 전개하는 이들 4가지의 방법은 각각 장점과 단점을 모두 갖고 있다(〈표 7-4〉 참조). 따라서 각 전략의 장점을 극대화하고 단점을 보완할 수 있는 상호 보완적인 입장에서 접근할 필요가 있다. 어느 하나의 방법에만 국한되어 논의를 전개하는 것은 단위 학교에서 모든 학생들에게 진로교육 서비스를 제공하는 데 한계로 작용할 수도 있기 때문이다.

〈표 7-4〉 교육과정에서 진로교육을 운영하는 방법에 따른 장점과 단점

구분	장점	단점
독립된 교과를 통한 방법	• 진로에 관한 집중적인 학습이 가능하다. • 초 · 중등 진로교육이 독자적인 정체성을 확보할 수 있다. • 보다 전문적인 지도가 가능하다. • 진로교육 프로그램에 대한 모니터링과 적절한 대응이 가능하다. • 학교 내에서의 다양한 진로교육 활동과의 연계를 도모할 수 있다.	• 학습의 내용이 진로선택 등에 한정되어, 다양한 상황에서의 지속적인 교육에 대한 제약이 나타날 수 있다. • 진로교육의 전문성이 교사 개인의 책임으로 간주될 가능성이 있다. • 팀 티칭의 장점을 활용하기 힘들다.
특정 교과의 일부 단원으로 포함하는 방법	• 높은 수준의 전문성을 보장할 수 있다. • 경우에 따라서는 팀 티칭의 장점을 활용할 수 있다. • 지속적인 진로교육이 가능하다. • 국민공통기본교과에 포함되는 경우, 모든 학생을 대상으로 하는 진로교육이 이루어질 수 있다.	• 체계적이며 집중적인 진로교육이 어려울 수 있다. • 다양한 교수-학습 방법을 적용하는 데 시간적인 제약이 따를 수 있다.
보통교과에 통합하는 방법	• 다양한 상황에서 진로 · 직업적인 요소를 다룸으로써 학생들의 진로개발 동기를 유발할 수 있다. • 교육과 직업세계를 연결하는 강력한 기제로 작동할 수 있다. • 보통교과의 학습동기를 강화할 수 있다.	• 전문성을 보장하기 힘들다. • 단편적인 지식의 제공에 그칠 우려가 크다. • 일관된 진로교육이 어려울 수 있다. • 각 교과와의 치밀한 사전준비가 되지 않을 경우 용두사미에 그칠 수 있다.
창의적 체험활동으로 운영하는 방법	• 현장체험, 탐구학습, 소집단활동 등 다양한 교수-학습 방법의 적용이 가능하다. • 학교의 여건에 맞는 자율적인 운영이 이루어질 수 있다. • 학생들의 요구에 즉각 부응할 수 있다.	• 시간적인 제약으로 인하여 단편적이며 일회적인 활동으로 그칠 가능성이 크다. • 모든 학생에게 공평한 진로교육 기회를 제공하기 힘들다.

제2부

학급운영, 학교경영 및 학부모 이해

학급운영

내가 만난 훌륭한 교사-모범을 보이는 교사

난 어렸을 적부터 부모님과 선생님으로부터 산만하다는 이야기를 자주 듣곤 하였다. 수업시간에는 옆에 있는 친구에게 장난을 걸고, 쉬는 시간에는 뛰다 넘어지는 일이 예사였으며, 교과서는 최신 유행 만화 캐릭터들로 채워져 있었다. 초등학교 저학년 때부터 선생님께 지적을 받곤 하였으나, 나의 이런 산만함은 쉽게 고쳐지지 않았다.

그러다 6학년에 올라가게 되었고, 그때 나는 나름 고학년이라는 생각에 내가 학교에서 제일 잘났다는 생각을 품고 있을 시기였다. 나는 반항적이었고, 쉽게 어른들의 말을 들으려 하지 않았다. 어린 나이였지만 어른들은 지키지도 않는 많은 것들을 아이들에게만 강요한다고 생각했었다. 예를 든다면 어른들은 늦게까지 잠에 들지 않으면서 어린이에게는 일찍 자고 일찍 일어나라고 강요한다는 식으로 말이다.

6학년 때 담임선생님은 내게 있어 처음으로 실천하는 모습을 먼저 보여 주신 분이셨다(적어도 어린 나에게는 그렇게 느껴졌다).

개학 첫날 선생님은 우리에게 지각을 해서는 절대 안 된다고 하셨다. 그렇게 말하시곤 다음 날부터 선생님께서는 교실에 8시까지 오셔서 등교하는 우리를 하나하나 반겨 주셨다.

그때 비록 어린 나이였지만 난 선생님이 참 좋은 분이라는 것을 느꼈다. 보통 체육시간에 선생님들께서는 국민체조를 한 뒤 이렇게 말씀하신다. "자 이제부터 운동장 두 바퀴 뛴다." 이렇게 해서 아이들이 운동장을 뛰기 시작하면 선생님은 가만히 서서 뒤처지는 아이에게 훈계 아닌 훈계를 하시며 우리를 지켜보신다. 하지만 선생님은 다르셨다. "자 이제부터 운동장 두 바퀴를 뛴다." 이 이야기까지는 다른 선생님과 다르지 않았다. 하지만 선생님께서는 "하나 둘 하나 둘"을 외치며 우리와 함께 달려 주셨다. 선생님은 그런 분이셨다. 아이들에게 강요하기보다는 먼저 실천하여 보여 주시고 자신의 행동을 나침반 삼아 우리를 이끌어 주셨으며 항상 우리와 함께 호흡하고 우리와 함께 행동하는 친구 같은 선생님이 되어 주셨다.

몇 년이 흐른 지금 나도 선생님과 같은 교사가 되기 위하여 ○○대학교에서 교직 수업을 듣는 예비교사가 되었다.

1. 학급운영의 정의

학급은 학교의 기본적이며 고유한 기능인 교수–학습이 일어나는 기본 단위 조직이다. 기순신(2001)은 학급운영을 학급의 목적을 효율적으로 달성하기 위하여 인적·비인적 자원을 활용하여 계획, 조직, 지도, 통제하는 일련의 활동을 통해서 학급을 이끄는 협동적 활동으로 정의하고 있다.

2. 학급운영의 원리

기순신(2001)은 학급운영의 원리를 8가지로 언급하고 있다.

- 자유의 원리: 학생의 인격을 존중하고 그들의 개성을 발전시킨다.
- 협동의 원리: 학급집단의 안전과 이익을 위하여 협동생활을 할 수 있도록 지도해야 한다.
- 노작의 원리: 노작은 자기활동이요, 자기표현이다. 정신적·육체적 활동을 통하여 유형, 무형의 창작물이 나온다. 따라서 학습활동, 특별활동 등에서 스스로 자기의 목표를 실현하도록 노력한다.
- 창조의 원리: 창조는 광범하고 깊은 상상력의 발로다. 따라서 학급생활에서 과학하는 과정, 곧 자료수집과 분석, 종합, 정리, 활용하는 방

법을 지도하고, 관찰, 실험실습, 현장학습 등에서 과학하는 활동을 지
도하고, 간이기구의 제작을 비롯한 공작활동을 하도록 동기유발을 하
여 준다.

- 흥미의 원리: 흥미는 활동의 원동력이므로 생활환경을 새롭게 마련하
고, 성취감을 가지도록 지도하고, 다음 학습에 대한 준비태세를 갖추
도록 하며, 자율적 활동을 적극 권장하도록 한다.

- 요구의 원리: 이끌고 도와주는 교사의 입장과 이끌리고 활동하는 학생
의 입장을 동시에 고려하고 학생의 요구, 가정의 요구, 지역사회의 요
구, 국가의 목표를 충분히 고려한다.

- 접근의 원리: 학급은 교사와 학생이 상호접근하는 장이다. 교사와 학
생 또는 학우 상호간의 의사소통과 인격적 접근으로 개개인과 학급 전
체가 발전하는 것이다.

- 발전의 원리: 바람직한 발전을 위하여 단원을 설정하고 자료를 수집하
여 지도함으로써 학급생활에 계획된 변화를 가져오도록 한다.

3. 학급집단의 발달단계

슈먹(R. Schmuck)과 슈먹(P. Schmuck)은 학급집단 활동과정에 있어 집
단발달의 4단계를 [그림 8-1]과 같이 제시하였다.

4단계	• 단체의 융통성 있는 규범은 다양한 개개인의 학습유형에 대한 표현을 승인한다. • 단체는 그 자체를 갱신하고 대단히 큰 응집력과 효력으로 변화할 힘을 갖는다. 효과적이고 지속적인 학습이 발생한다.

↑

3단계	• 단체는 공통된 목표와 이를 달성하기 위한 절차를 세우며, 고도의 생산성 단계에 들어선다. • 단체의 통일성은 공유된 역사의식을 통해 증가한다. • 단체의 응집력은 평가, 재평가, 갈등해결을 통해 증가한다.

↑

2단계	• 하위집단이나 파벌은 그 구성원의 개성, 흥미, 관심사에 근거하여 발달한다. • 갈등은 하위집단 사이에, 개인과 그들의 하위집단 사이에서, 하위집단과 교사 또는 전체 학급 사이에서 일어나는 경향이 있다. • 의사소통 유형은 직무수행과 집단 유지에 관계된 유형에 따라 발달한다.

↑

1단계	• 개별학생은 교사와 동료들의 허락을 얻고자 한다. • 학생들은 한 집단에서 구성원의 정신에 대한 의미를 발달시킨다. • 학생들은 교사들이나 다른 학생들과 기본적인 신뢰감을 확립한다.

[그림 8-1] 집단발달의 4단계

출처: 이칭찬 외(2009)에서 재인용.

4. 학급담임의 역할

학급담임은 학교에서 다양한 활동을 수행한다. 학급담임의 역할은 첫째, 교육과정 편성 및 운영, 그리고 평가, 둘째, 교과지도, 셋째, 교과 외 활동 지도, 넷째, 생활지도, 다섯째, 진로(진학)지도, 여섯째, 학교운영에의 참여, 일곱째, 학부모ㆍ지역사회와의 관계 유지, 여덟째, 전문성 개발로 나눌 수 있다. 자세한 설명은 〈표 8-1〉에 나와 있다(박병량, 1997).

〈표 8-1〉 학급담임의 역할

영역	직무내용
교과지도	• 수업준비: ① 학생의 학습활동 관련 특성 파악, ② 교재연구, ③ 학습지도안 작성, ④ 수업자료 및 각종 기자재 준비 • 수업진행: ① 학생의 동기유발, ② 수업 주제 및 목표의 명료화, ③ 학습지도안에 따른 수업 운영, ④ 적절한 학습지도방법 활용, ⑤ 효과적인 질문, ⑥ 효과적인 의사소통, ⑦ 수업자료와 각종 기자재의 적절한 활용, ⑧ 학생들의 개인 차 고려, ⑨ 간단명료한 판서, ⑩ 학습 기회의 균등한 분배 • 수업의 정리 및 평가: ① 수업내용의 정리 및 차시 예고, ② 과제물 부여와 처리, ③ 학습활동에 대한 평가, ④ 수업지도에 대한 교사 자신의 반성과 평가
특별(재량)활동지도	① 적절한 특별(재량)활동 계획 수립, ② 특별활동에 대한 적극적 자세 지도, ③ 특별활동 지도에 필요한 능력과 기능의 구비, ④ 학생 전체의 적극적인 참여 유도, ⑤ 학생의 특별활동 결과에 대한 평가, ⑥ 특별활동 지도에 대한 교사 자신의 반성과 평가
학급담임으로서의 생활지도	• 생활지도 계획: ① 학생의 개인적 문제와 부적응 행동에 대한 자료 수집, ② 학생들의 일반적인 성장 패턴과 행동의 이해, ③ 생활지도 계획 수립 • 생활지도 실행: ① 적절한 생활지도방법의 활용, ② 각종 심리검사의 활용, ③ 생활습관의 생활화 지도, ④ 교내외 순찰 지도, ⑤ 생활지도에 대한 자세 • 생활지도 결과의 정리 및 평가: ① 생활지도 과정 및 결과의 정리·기록, ② 생활지도에 대한 반성과 평가, ③ 상담 결과의 비밀유지
학급담임으로서의 진로(진학)지도	• 학생들에 대한 진로(진학)지도: ① 학생들의 진로(진학)지도 관련 자료 수집, ② 진로(진학)자료의 활용, ③ 합리적인 진로(진학)지도, ④ 진로(진학)지도에 대한 적극적인 자세, ⑤ 졸업생에 대한 추수지도
학급운영	① 자율학습지, ② HR 및 학급생활위원회 활동 지도, ③ 학급 환경 조성, ④ 학급 내 제 장부 관리, ⑤ 조·종례 실시, ⑥ 학생들의 신상 파악, ⑦ 성적 유지 및 향상 독려, ⑧ 학급 내 규율질서 유지, ⑨ 성금 및 폐품 등의 수합·독려, ⑩ 학급 학생들의 사기 앙양, ⑪ 학급 전체 학생에 대한 공평한 관심
학교경영 참여	① 직원회의 참여, ② 각종 위원회 참여, ③ 담당 교무분장 업무처리, ④ 각종 규정, 규칙, 내규의 숙지, ⑤ 각종 학교행사 참여(자아·국토 탐구, 졸업식 등), ⑥ 학교운영 개선에 관한 선설석 제안
학부모·지역사회 관계	① 학생의 학교 및 가정생활에 대한 정보교환, ② 학교 일에 대한 학부모의 관심과 참여 유도, ③ 학부모와의 원만한 인간관계 유지, ④ 학생문제 해결을 위한 학부모와의 긴밀한 협조, ⑤ 학교, 학급 일에 대한 동문들과의 협조관계 유지, ⑥ 지역사회 주민과의 협조관계 유지

(계속)

전문성 개발	① 교내 자체 연수 참여, ② 각종 교외 연수 및 워크숍 참여, ③ 교과교육 연구모임 참여, ④ 동료교사들 간 공동 연구·협의 및 자료 개발, ⑤ 교내외 연구·공개수업 참여, ⑥ 대학원 과정 이수, ⑦ 개인별 연구·저술·창작활동, ⑧ 전문단체·기관 방문을 통한 교육자료 및 정보수집, ⑨ 교육 관련 서적과 시청각 매체를 통한 전문 지식 습득, ⑩ 녹음·녹화를 통한 자기 수업분석, ⑪ 교사로서의 능력 개발을 위한 학원·사회교육 강좌 수강

5. 학급운영의 계획과 실행

교사는 새 학년, 새 학기가 시작되기 전에 학급 내에서 학생들이 지켜야 할 규칙과 절차를 정한 후 학기가 시작할 때에 학생들에게 기대하는 행동을 분명히 알려야 한다. 학급규칙의 설정 지침은 다음과 같다.

- 학급의 규칙은 학교의 교칙과 일치하도록 정한다. 교사는 학교 또는 지역사회의 정책과 모순되지 않도록 학급의 규칙을 정해야 하는데, 규칙을 준비하고 학생에게 제시하기 전에 교사는 반드시 학교나 지역사회의 정책을 살펴본 후 그것과 일관된 규칙을 만들도록 한다.
- 규칙은 분명하게 진술한다. 규칙이 분명히 진술되지 않으면 학생의 행동에 영향을 미치기 어려울 뿐 아니라 모호한 규칙은 오히려 학습을 방해한다. 예를 들어, '수업 전에는 반드시 준비하여 들어온다'는 규칙은 그 의미가 불분명하다. 따라서 구체적으로 '매 수업시간 전에는 필요한 자료를 가지고 온다'고 하는 편이 의미가 더 분명하다.
- 규칙이 있어야 하는 근본적이고 합리적인 이유를 강조한다. 이 규칙이 왜 있어야 하고 중요한지를 학생이 이해한다면 규칙을 지킬 가능성은 높아진다. 학생이 규칙이 있어야 하는 이유에 대해서 생각해 보는 경험은 규칙의 필요성과 의미를 이해하는 것을 돕는다. 반면 아무런 근

거나 이유 없이 규칙을 지키도록 강조한다면 학생은 교사에게 일방적
인 구속감을 느낄 것이고 규칙을 지켜야 하는 것에 대한 의구심과 회
의감을 가지게 된다.

- 규칙은 긍정적으로 진술한다. '싸움하지 않기' '왕따 시키는 일 없기'
  보다는 '친구들과 사이좋게 지내기'로, '준비물 없이 학교 오지 않기'
  보다는 '수업에 필요한 준비물 가져오기'의 긍정문으로 진술하는 것
  이 바람직하다. 규칙을 긍정적으로 진술하는 것은 학생에게 긍정적인
  기대를 주고 책임감을 형성하는 데 도움이 되는 반면, 부정적인 진술
  은 학생에게 규칙이 하지 말아야 할 것이라는 신념만 가지게 한다.
- 규칙의 수는 최소화한다. 학생이 규칙을 어기는 가장 흔한 이유 중의
  하나가 규칙을 잊어버리기 때문이다. 교사가 판단하여 최소한의 필수
  적인 규칙만을 정하도록 한다.
- 규칙을 만들 때 학생이 참여하도록 한다. 교사의 권위에 의해 강요된
  규칙은 학생에게 저항감을 가지게 할 수 있으므로 규칙을 만들 때 학
  급 전체의 토의과정을 통해 학생을 참여시키고 의견을 반영하면 학생
  은 적극적으로 규칙을 지키게 된다.

6. 학급운영의 평가

1) 학급운영평가의 의의

학급운영평가의 궁극적 목적은 학급운영 체제를 개선하여 발전시키는
데 있다. 학급 담임교사는 학급운영과정에서의 투입 및 산출에 대한 평가
와 분석을 통하여 학급운영 체제를 반성할 수 있고 발전을 위한 대책을 수
립하게 된다. 학급운영의 자율성과 학급 담임교사의 책무성을 높이기 위해

서는 자체평가 체제가 바람직하다.

2) 학급운영평가의 내용

(1) 학급운영평가의 영역

- 투입평가: 학급운영활동에 투입된 요소의 질과 양이 평가된다. 투입평
가의 대부분의 내용은 학기 초 학급운영계획을 세울 때 미리 분석한다.
- 과정평가: 학급운영계획을 실천하는 활동이 평가된다. 즉 영역별 활동
이 평가되고 분석된다.
- 산출평가: 학급의 산출, 곧 목표가 어느 정도 달성되었는가를 판단하
여 학급운영의 효과를 측정하는 평가다.
- 총괄평가: 투입평가, 과정평가, 산출평가의 결과를 결합시키거나 종
합하여 학급운영을 총괄적으로 평가하는 것이다.

(2) 학급운영평가의 내용

- 학급운영 목표 및 계획: 학년, 학교목표 등 상위목표는 물론 교사의 교
육관을 반영한 운영목표나 방침이 포함되어야 한다.
- 중점지도 사항: 교사의 중점지도 사항을 하나의 독립된 영역으로 평가
하여야 한다.
- 교수-학습지도: 교과목표, 교수행동 및 유형, 교수-학습환경, 교수-
학습 집단조직, 교수-학습자료, 특별지도, 가정학습 지도 등이 포함
된다.
- 특별활동: 자치활동, 적응활동, 계발활동, 봉사활동, 행사활동 지도
등이 포함된다.
- 재량활동: 학생들이 다양하고 창의적인 활동을 체험할 수 있도록 활동
내용이 잘 조직되었는지, 재량활동을 통해 학생들의 자기 주도적 학습

력이나 창의력, 문제해결력, 정보활용능력이 길러졌는지를 중점적으로 평가하여야 한다.

- 생활지도: 인성문제에 대한 지도, 학업상의 문제에 대한 지도, 진학 및 진로, 건강지도, 여가생활 지도 등이 포함된다.
- 환경 및 시설관리: 게시물 관리, 시설 관리, 비품 관리, 청소 관리, 사회ㆍ심리적 환경 관리, 물리적 환경 정비 등이 포함된다.
- 사무관리: 학사물 관리, 학생기록물 관리, 가정 연락물 관리, 각종 잡무 처리 등이 포함된다.

(3) 학급운영평가표

담임교사는 바람직한 학급운영의 점검을 위하여 자체적으로 수시로 학급운영 평가를 실시해야 한다. 학급운영에 대해서 평가할 수 있는 평가방법을 구체화하고, 평가와 반성을 통해 학급운영의 성과를 진단하고 계획의 수정과 보완 및 차기 학급운영에 활용할 수 있어야 한다. 〈표 8-2〉는 교사 자신의 학급운영평가표의 예시다.

〈표 8-2〉 학급운영평가표

평가 영역	평가관점	평가척도					평가결과			
		5	4	3	2	1	1/4	2/4	3/4	4/4
1. 기본 관점 (10점)	① 학급의 독자적 특성이 조성되고 있는가?									
	② 학급의 일에 전 학생이 참여하고 있는가?									
2. 학급운영 계획(10점)	① 학급운영계획은 학교의 교육계획과 일관성을 가지고 있는가?									
	② 학급운영계획은 부단히 재구성·보완되고 있는가?									
3. 교과학습 지도(25점)	① 기본학습습관이 잘 이루어졌는가?									
	② 학생의 학습상담 지도가 잘 되고 있는가?									
	③ 부진학생 지도가 잘 이루어졌는가?									
	④ 가정과 연계한 가정학습 지도가 잘 이루어졌는가?									
	⑤ 학습 기자재는 잘 정비되어 교수-학습에 효과적으로 쓰일 수 있는가?									
4. 특별활동 (10점)	① 학생자치활동과 역할분담활동은 효과적으로 운영되고 있는가?									
	② 5대 영역이 균형 있게 이루어지고 있는가?									
5. 재량활동 (30점)	① 재량활동시간이 창의적이고 다양하게 이루어지고 있는가?									
6. 생활지도 (30점)	① 기본생활습관 지도가 잘 이루어지고 있는가?									
	② 예절생활 지도는 잘 이루어지고 있는가?									
	③ 요선도 학생 지도는 잘 이루어지고 있는가?									
	④ 교외생활 지도는 잘 이루어지고 있는가?									
	⑤ 안전생활에 대한 지도가 잘 이루어졌는가?									
	⑥ 건전한 소비생활교육은 잘 이루어지고 있는가?									
7. 기타 (10점)	① 게시물과 학급비품은 잘 정비되어 있는가?									
	② 학급사무 및 분장사무는 신속·정확하게 처리되고 있는가?									
	계(100점)									

출처: 서울특별시교육연구정보원(2006).

7. 학급관리의 실제

1) 학급 사무관리

(1) 학생 기초조사

학년 초가 되어서 새로운 학생의 담임을 맡게 되면 담임교사는 학생들에 대한 정보를 수집하여 활용하게 된다. 이때 수집된 자료는 담임활동을 하면서 계속 활용되며 학생생활기록부에 올릴 기초자료가 되기도 하고, 학생생활지도 및 학부모 상담에 있어서도 매우 중요한 자료가 된다. 이때 주의할 점은 다음과 같다(이병환 외, 2010).

첫째, 자료작성에 있어서 학부모, 학생의 성실한 작성을 정중하게 부탁한다.

둘째, 가정환경에 대한 정보를 정확하게 수집해야 한다. 학생과 학부모의 인권을 보호하는 차원에서 특별한 경우 외에는 주민등록등본 제출을 요구할 수 없으며, 기초자료 조사서를 통한 학생정보 파악에 의존할 수밖에 없다. 초1, 중1, 고1 담임교사는 특히 신중을 기해야 한다.

셋째, 담임교사는 작성된 내용과 정보에 대해 비밀을 보장하여야 한다.

기초자료 조사서는 학생생활기록부에 필요한 등록내용이나 생활지도 및 상담에 기초가 되는 자료들이 포함되도록 담임교사가 나름대로 구상하여 사용할 수 있다. 다음은 '가정환경조사서'와 '자기소개서'의 예시다.

가정환경조사서 예시

가 정 환 경 조 사 서

(   )학교 (   )학년 (   )반 (번) 성명(   )

본 가정환경조사서는 학생의 학교교육을 위한 기초자료로 활용될 예정이오며, 그 외의 목적으로는 절대로 사용되지 않음을 알려 드리며 구체적인 기재를 부탁드립니다.

20   .   3.   .

담임교사 ○○○

주민등록번호			전화번호			성별	
성명		(한자)	휴대폰			졸업학교	
주소							
보호자 성명			관계		학생의 부, 모, 조부, 조모, 기타( ) 해당되는 곳에 ○표 하기		

가 족 사 항	부			모	
	성명		성명		
	나이		나이		
	직업		직업		
	학력		학력		
	종교		종교		
	전화번호		전화번호		
	휴대폰		휴대폰		

	그 외 가족				
	관계	이름	나이	직업 및 학교	본교 재학 유무(학년 반)
	함께 사는 조부				
	함께 사는 조모				
	형(오빠)				
	누나(언니)				
	남(여)동생				

(가족관계의 특이사항): 부모님 이혼, 부모님 사별, 기초수급과정, 한부모가정, 소년가장, 조손가정
(경제적 지원요청): 학교운영비 감면 요청, 학교급식대금 감면 요청
－해당란에 ○표해 주세요.

학생취미	학생특기	학생의 장래희망 (직업)	학생	보호자
건강사항	*주의할 질병이나 신체상 특이점:			
(담임교사에게 당부의 말씀):				

출처: 이병환 외(2010).

자기소개서 예시

저를 소개합니다

(　　　　　　)학교 (　　)학년 (　　)반 (　　번) 성명(　　　　　　　)

　자기소개서는 여러분의 학교교육을 위한 기초자료로 활용될 예정이오며, 그 외의 목적으로는 절대로 사용되지 않으며 비밀이 유지됨을 알려 드리며 사실대로 써 주시기를 부탁드립니다.

20　　.　3.　　.

담임교사　○○○

1. 제가 생각하는 저희 부모님은 이런 분이십니다.
(부모님과 자신과의 친밀도를 1점에서 10점까지 평가해서 쓰기 바랍니다.)

아버지	어머니

2. 저의 성장과정을 요약하면?

3. 저는 이런 것은 잘할 수 있습니다.

4. 저는 이런 나쁜 습관이나 버릇을 고치고 싶어요.

5. 저는 일 년 후에 이렇게 변해 있을 거예요.

6. 저는 담임선생님이 이런 분이셨으면 합니다.

7. 선생님께만 들려 드리고 싶은 이야기

8. 내가 좋아하는 나와 친한 친구들

관계	이름	전화번호(휴대전화)	반, 학교 이름
우리 반			
다른 반			
다른 학교 (학원친구)			

출처: 이병환 외(2010).

(2) 학급운영계획서 작성

각 학교에서는 학급운영계획서를 작성하도록 하며 각 학급의 담임교사
는 이를 작성하여 제출하면 된다. 다음은 학급운영계획서(약식)의 예시다.

학급운영계획서(약식)

○○중학교 제 학년 반 담임 (인)

경영목표						
경영방침						
역점지도 계획						
1학급 1특색 운영주제		세부실천 과제			운영 방법	
1교 1덕목 실천주제		운영 방법				
학급 실태분석	재적 수	명		특별지도 대상 학생		
	지도방안					
학력관리 방안						
생활지도 방안						
특기사항						

출처: 이병환 외(2010).

(3) 교무업무 시스템 사용하기

교무업무 시스템은 학교생활기록부 작성을 위한 모든 자료를 입력 관리
하는 프로그램이다. 학교생활기록부는 담임교사가 반드시 작성해야 할 법
적 장부다.

교과활동 영역과 계발활동 평가는 당해 업무 담당교사가 기록하며 이를
제외한 모든 기록은 담임교사가 해야 한다. 학생의 학교ㆍ학급활동, 수상
자료, 자격증, 봉사활동, 심리검사 등의 기록은 발생 시 수시로 작성하여
누가기록하며, 진로지도, 상담활동은 수시로 작성, 관리한다. 또한 학생건
강검사, 신체능력 측정검사 등을 통한 학생건강관리 기초자료 등을 입력하
여야 한다.

제9장

학교경영

내가 만난 훌륭한 교사-카리스마와 배려와 관심

21세기에 걸맞은 지도자, 교사에게는 단순히 지도자와 학생의 관계, 즉 주종의 관계에서 벗어나 학생들의 의식을 고양시키고 스스로 할 수 있는 힘과 능력을 가질 수 있게 함으로써, 적극적이고 자발적인 참여를 이끌어 내며 성장해 가는 모습을 바라보고 지지해 주는 것이 필요하다고 생각한다.

이러한 나의 생각을 바탕으로 내가 여태까지 학교생활을 하면서 가장 기억에 남고 존경할 만한 선생님을 꼽으라 한다면, 초등학교 6학년 때의 담임선생님이 가장 먼저 떠오른다.

선생님 성함은 서○○ 선생님이시다. 나의 초등학교 때 친구들도 보면 항상 이 선생님을 떠올리고, 존경해 왔었다. 그래서 매년 찾아뵙고 했었는데, 어느새 친구들도 자주 못 만나게 되고, 선생님이 어디 계신지도 잘 모르게 되었다.

그러다가 작년에 동네 음식점을 간 적이 있었는데, 선생님께서 학생으로 보이는 한 남자아이와 함께 진솔한 이야기를 나누는 장면을 목격했다. 그래서 아는 척을 하고 싶었으나, 나의 모습을 보이기 왠지 창피하다는 생각이 들었다. 좀 더 멋진 모습, 성장한 모습을 보여 드리고 싶었으나, 그러지 못한 모습을 보고 그냥 지나치게 된 기억이 있다.

선생님께서는 카리스마가 있으셨다. 왠지 카리스마라고 하면 강인한 것만을 생각하게 된다. 그러나 꼭 강인한 것만이 아니라, 그 사람에게서 뿜어져 나오는 것에서 우리가 그것을 보고 감명을 받을 수 있고 존경을 가질 만하다면 카리스마라고 할 수 있지 않을까 싶다. 이 선생님도 미남이어서 굉장히 좋은 인상을 가지고 있었을뿐더러 항상 너무나 따스하게 웃으시는 모습이 아직도 나의 머릿속에는 선명하게 남아 있다. 그러나 정말 선생님께서 무서우실 때는 어느 누구도 대들거나, 내가 왜 혼나야 하는 생각을 하지 못할 정도였다. 그래서 우리의 잘못을 깨달을 때가 굉장히 많았다.

다른 좋은 선생님들도 있을 수 있고, 다른 아이들에게도 기억에 남을 선생님이 있을 것이며, 서○○ 선생님이 다른 아이들이 보기엔 그냥 평범한 초등학교 선생님일 수도 있을 것이다. 그러나 나뿐이 아닌 다른 아이들에게도 기억에 남는 것은 한 달마다 바꾸어 가며 6~7명씩 가상의 마을을 이루어서 생활을 하였던 경험이다. 각 마을은 우리들이 직접 이름을 지었고, 칠판엔 항상 마을의 이름이 적혀 있었다. 한 명이 아무리 잘한다 해도 그 마을은 성장하지 않았다. 특별히 잘하는 아이가 없는데도 그 달의 우수 마을로 뽑히는 경우도 많았다. 이렇게 우리들에게 협동심과 경쟁심을 키워 주시기도 하였고, 그 안에서의 개인의 성장도 있었던 것 같다. 1등 마을과, 따로 선정되는 최고의 학생에게는(칭찬과 장한 일이 있을 때 점수를 부여받아 최고의 점수를 가진 학생) 작은 선물과 편지를 주시곤 하였다. 학생들에게 전혀 차별대우 같은 것을 하지 않으셨던 분이였고, 항상 반에 있는 말썽꾸러기들도 그 선생님만큼은 정말 존경하고 선생님도 그 아이들을 정말 예뻐해 주시곤 하였다. 초등학교를 졸업하고 나서 선생님을 찾아뵙기 시작한 것도 그 아이들이 주도하여 시작된 일이었다. 그만큼 선생님께선 우리에게 배려와 관심을 쏟아 주셨다.

내가 또 선생님께 정말 감사드리고 감명을 받았던 적이 있다. 방학 때의 일인데, 지금 생각해 보면 별로 크게 아팠던 것도 아니다. 그러나 그 당시에는 내게 있어 무서웠던 것이었다. 그냥 비염이라고 해야 할까? 병원에서 인스턴트 식품이나 고기와 우유 같은 것을 먹지 않고 생활해야 한다고 하여 그렇게 몇 달 지내다 보니 난 당시 굉장히 말랐던 아이였고 살이 더더욱 빠지게 되었다. 부모님은 이렇게 살면 안 되겠다 싶어서 그 병원에 나를 더 이상 데려 가지 않으셨고 음식도 가리지 않게 되었다. 그 당시에는 무서웠던 터라 방학 때 선생님께 편지를 보냈었다. 보통 초등학교 방학 때 선생님께 편지를 보내면 선생님께서 답장을 해 주시곤 했었다. 그게 아마 방학과제 중 하나였던 것 같기도 하였다. 다른 선생님들은 그냥 성의만 보여 주시는 답장 정도였던 것으로 기억한다. 그런데 선생님께선 3장씩이나 되는 편지지에 나에 대한 걱정과 기대와 격려의 말씀을 적어 보내 주셨다. 지금도 잘 보관 중이다.

이러한 선생님의 사랑에 대해 또 한 번 감명을 받았던 적이 있었다. 우리 반 아이들은 졸업식 날 정말 너무 많이 울었고, 선생님께서 우리를 절대 잊지 않아 주실 거라고 기대하고, 우리에게 있어 서○○ 선생님이 최고였듯이 선생님의 제자 중에서도 우리가 최고일 것이라는 막연한 기대를 가지고도 있었고, 다른 학생들에게 우리보다 더 잘해 주고 사랑해 주지 않으셨으면 하는 질투도 가지고 있었다. 지금 생각하면 참 귀여웠던 때이고, 가장 행복했던 때인 것 같다. 지금 이런 과제를 계기로 다시 한 번 선생님과의 그때의 생활을 생각해 내며 재미도 있고, 가슴도 뭉클하기도 하며 마음이 따뜻해지는 시간을 가지게 되어 좋다. 내가 선생님이 된다면 과연 이렇게 나의 학생에 대해 이러한 관심을 표현해 줄 수 있을까? 이러한 큰 사랑을 베풀어 줄 수 있을까 싶다. 그래도 항상 이 선생님의 사랑을 생각하며 꼭 멋진 선생님이 되고 싶다. 그래서 나의 성장한 모습으로 선생님을 한 번 꼭 찾아뵙고 싶다.

1. 학교경영의 개념

학교경영이란 학교장을 중심으로 하는 정규의 교육조직체 내지 단위교육기관으로서의 학교를 운영·관리하며, 변화하는 환경여건 속에서 이를 유지·발전시켜 나가기 위한 일련의 봉사활동을 말한다(한국중등교육협의회, 1985). 즉 학교경영이란 단위학교의 경영이요, 행정이며, 학교라는 단위교육기관을 기점으로 교육활동을 전개함으로써 그 목표를 성취하도록 조성하는 것을 위주로 하는 봉사활동이다. 따라서 학교경영은 어떤 학교가 그 목적을 수립하고, 수립된 목적을 달성하기 위하여 인적·교육적·물적·재정적 자원을 확보하고, 이를 배분하여 효율적으로 활용하고, 목표 달성을 극대화하기 위하여 계획·운영·평가하는 일련의 활동이다(박종열, 1989).

2. 학교경영의 성격

학교경영은 학교조직의 유지·존속과 갱신·발전의 두 측면을 가진다. 전자는 정태적·관리적·보수적 기능이라고 할 수 있는데 기존의 질서와 관례를 유지하고 안정성을 보장하는 측면이다. 후자는 동태적·발전적·혁신적 기능이라고 할 수 있으며, 환경의 변화에 따라서 또는 새로운 변화를 유발하기 위하여 새로운 질서를 창조하고 새로운 기능을 발전시켜 나가는 측면을 말한다.

또한 학교경영은 본질적으로 2가지 측면을 가진다(김종철 외, 1990). 첫째는 교육적인 측면에서 단위 학교 수준의 학교교육을 잘해 보고자 하는 것으로, 학교에서 교육의 질을 높이고자 하는 목적으로 봉사하는 것이어야 한다는 점이다. 학교경영은 교육의 내실화와 질적 향상을 떠나서는 생각할 수 없으며, 교육목표를 위한 수단적 성격을 지닌다고 볼 수 있다. 둘째, 경영적인 측면에서 집단적 협동행위가 얼마나 훌륭하게 이루어지고 있는가의 문제다. 즉 학교조직의 효과성과 효율성을 향상시키는 것이 학교경영의 본질이라고 할 수 있다.

3. 학교경영계획의 의의와 원리

학교경영계획은 학교가 1년간 운영할 교육활동을 담고 있는 청사진이라 할 수 있으며, 이것은 동시에 학교교육이 1년간 나아갈 이정표가 된다. 학교경영계획은 학년경영계획과 학급운영계획을 포함한다.

교육내용, 방법 면의 개선으로 전인교육을 도입하고 업무처리를 개선하여 각 교사가 주체성을 가지고 학교경영에 참여하고, 조직적인 협력을 통해서 보다 높은 교육효과를 창조하기 위해서 경영계획의 수립이 필요하다. 그러므로 학교경영계획 수립의 궁극적인 목적은 학교교육목표를 효율적으로 달성하는 데 있다.

학교경영이 추구하는 중요한 가치로서 학교경영계획은 다음과 같은 원리에서 수립된다(손영환 외, 2007).

- 연계성의 원리: 학교경영계획은 국가교육계획이나 지역교육계획과 종적인 연계성을 유지하면서 수립되어야 한다. 따라서 계획의 기본 방향과 목표를 선정하는 데 있어 상위계획의 테두리를 벗어나거나 서로 상충되어서는 안 된다.
- 합리성의 원리: 학교경영계획의 수립은 합리적인 의사결정을 요구한다. 문제를 파악하고 대안을 선정 · 결정하며, 해결방안을 추출 · 선정하고, 효과를 비교 · 분석하는 과정에서 합리적인 절차가 요구된다.
- 종합성의 원리: 학교경영계획의 내용은 학교교육목표 달성을 위해 관련된 모든 요소가 포함되어야 한다. 필요한 요소들이 통합적으로 모두 포함되지 않을 경우 목표 달성을 제약하는 역기능적 요소로 작용할 수도 있기 때문이다.
- 참여의 원리: 학교경영계획은 학교의 관리층만이 참여하여 수립하는 것이 아니라 모든 교직원이 의견을 제시하고 조정하며 학부모, 동창들까지도 참여할 기회를 주는 것이 바람직하다.
- 현실성의 원리: 학교경영은 인적 · 물적 · 재정적 · 교육적 자원의 한계 내에서 목표를 달성하여야 한다. 따라서 수립된 계획안은 여러 가지 제약조건을 감안하여 실현 가능한 내용으로 구성되어야 한다.

4. 학교경영계획의 수립절차

학교경영계획을 수립하기 위해서는 대개 준비 단계, 수립 단계, 확정 단계 등 3단계를 거치게 된다. 첫째, 준비 단계에서는 계획 수립을 위한 계획 위원회를 조직하고, 학교경영계획을 위한 계획서를 작성하게 되며, 둘째, 수립 단계에서는 문제를 검토한 후, 교육목표와 방침을 설정하고 학교조직을 편성하며, 교육활동에 필요한 교육조건을 마련한다. 학교경영계획은 문제 규명, 교육목표 및 방침 설정, 조직계획, 활동계획, 평가계획을 포함한다. 셋째, 확정 단계에서는 수립 단계에서 작성된 학교경영계획 시안을 바탕으로 학교경영계획서를 확정하고, 학교경영계획을 홍보한다.

학교경영계획의 수립 단계를 중심으로 구체적인 수립절차를 제시하면 다음과 같다(손영환 외, 2007).

1) 문제의 규명

학교의 경영계획을 작성하는 기저로서 먼저 교육의 요구가 무엇이며, 현재 학교의 여건에서 교육의 문제는 무엇인가를 학교교육의 상위 목표, 지역사회의 실태, 학교의 여건을 중심으로 분석한다. ①「헌법」·「교육법」 등에 제시된 상위 교육목표와 교육청의 정책목표 또는 장학방침을 근거로 국가·사회가 요청하는 교육의 욕구를 분석하며, ② 지역사회의 환경, 학부모의 사회·경제적 배경을 중심으로 지역사회가 요청하는 교육의 요구나 문제점을 분석하고, ③ 학생의 실태, 교사의 실태, 학교의 물리적 환경 등을 중심으로 학교교육의 문제점을 분석하고 전년도의 경영실적도 분석한다. 이러한 분석을 통하여 추출된 자료를 바탕으로 학교교육목표를 설정한다.

2) 목표 및 방침의 설정

학교교육목표는 장기적인 안목에서 학생들이 궁극적으로 도달해야 할 인간상을 제시한 것이거나 그 행동특성을 종합적으로 명시한 것이다. 학교 교육목표를 설정하는 데는 헌법이나 교육법 등의 자료가 기초가 된다. 교 육목표의 추출원이 동일하더라도 학교별로 강조하는 교육목표가 다르기 때문에 진술상의 차이가 있을 수 있다.

교육목표는 ① 각 학교의 실정에 맞게 구체적으로 설정되어야 하며, ② 국 가적 당면과제나 사회적 요청에 부응하고, ③ 지역적인 특수성과 요청을 고려하여 설정되어야 하고, ④ 구체적이면서도 포괄성 있게 행동적 용어로 진술하여 교육내용에 대한 예측이 가능하도록 명료화되어야 한다. 또한 ⑤ 모든 학습활동에 반영되고 동시에 평가의 기준을 시사하는 것이어야 하 고, ⑥ 연차목표, 학년목표, 학급목표 등으로 계열화되어야 한다. 교육목표 에는 「교육법」에 제시된 교육목적, 시·도 교육청 수준의 중점목표, 교육 과정목표(기준), 중·고등학교 교육목표, 각 학교교육목표, 학년목표, 학급 목표, 각 교과의 목표 등이 있다.

학교경영목표는 교육목표 달성을 위해 수행되어야 할 경영상의 기본 방 향을 제시한 것이다. 이러한 경영목표는 경영활동이나 결정이 합리적인가 를 판단하게 되며, 아울러 경영성과의 측정과 평가의 기준이 된다. 따라서 학교경영목표는 학교가 학생을 교육하는 기본적인 단위경영체라는 입장에 서 학교경영활동의 전 영역에 걸쳐서 포괄적으로 결정된다.

3) 조직계획

학교경영목표와 방침이 결정되면 실천 단계에서 각종 활동이나 과업을 수행할 부서를 마련하고 담당자를 정하게 된다. 학생, 교직원, 지역인사들을 참여시켜 목표 달성을 위한 교육지도조직, 교무분장조직, 운영협회조직, 지역인사조직 등을 만들고 이를 통해 협력체제로서 학교경영이 가능하도록 한다.

4) 활동계획

활동계획은 학교조직이 경영목표를 달성하고 경영방침을 실천하기 위한 일련의 세부 활동계획이다. 이는 경영방침에 따라 구체적인 과업이나 활동을 합목적적으로 연결시키는 활동이며 사업을 계획하는 과정이다. 활동계획은 교과지도, 특별활동, 생활지도를 중심으로 하는 교육과정 운영, 교원의 연수, 연구활동 등을 통한 교원의 자질과 능력의 개발, 이러한 교육과정의 정상적인 운영을 가능하도록 하는 교육조건 관리활동을 포함한다. 활동계획은 교육과정 운영을 중핵으로 하여 여러 교육조건이 유기적으로 연관될 수 있도록 학교경영의 전 영역을 포괄해야 한다.

5) 평가계획

계획의 마지막 단계는 평가에 관한 계획을 수립하는 것이다. 학교경영계획에서 계량적으로 설정된 목표가 달성될 수 있도록 모든 체제의 하위요소가 적절하게 투입되고 그 과정에서 최적의 상호작용을 통해 그 산출을 극대화할 수 있는지를 검토하는 계획이 평가계획이다. 그렇기 때문에 경영의 목표 달성이 가능하겠는지를 투입요건 중심으로 평가하고 투입에서 산출에 이르는 과정도 평가하며, 목표 달성이 되었는지를 확인하는 산출을 평가하는 것 등에 관한 평가의 영역, 평가의 방법, 도구의 작성 등 총괄적인 학교평가계획과 피드백의 절차도 마련하여 계획을 완성하게 된다.

5. 학교경영활동의 내용

학교경영활동은 학교의 주목적으로 볼 수 있는 교수-학습의 전 영역에 대한 포괄적인 활동으로 상호간에 긴밀한 관련을 가지고 있어서 그 사이에 명확한 구분을 하기가 어렵지만, 경영계획의 수립, 권한과 업무의 부담, 또는 문제의 소재 파악을 위해서는 학교경영활동의 내용을 영역별로 구분할 필요가 있다. 학교경영활동의 내용에 대한 견해는 학자마다 다르지만 교수관계, 교직원, 학생, 지역사회 관계를 공통적으로 주요 과업으로 다루고 있으며 다만 재정, 시설, 사무에서만 좀 더 세분되거나 통합되는 차이가 있다.

학교경영활동의 내용에 대한 학자들의 주장을 살펴보면 다음과 같다.

- 김영돈(1977)은 첫째, 관리직(행정직) 기능으로 인적 관리(교직원, 학생), 물적 관리, 운영관리(교육계획, 교육과정, 학교관리)를, 둘째, 지도적 기능으로 교원의 복무에 관한 지도, 교육활동에 관한 지도를, 셋째, 대외적 기능으로 교육장과의 관계 유지, 지방공공단체 및 지역사회와의 관계 유지, 조직과 운영으로 나누고 있다.
- 김종철(1985)은 기획행정, 조직, 교육내용, 장학, 학생, 교직원 인사, 재정, 시설, 사무관리, 연구·평가 및 홍보로 나누고 있다.
- 김봉수(1982)는 학교조직 편성과 관리 영역, 인사관리, 학교재정, 회계경리, 학교 사무처리 영역, 지역사회, 학교평가, 학교건강관리로 나누고 있다.
- 문낙진(1993)은 전반적 계획, 장학, 교직원 조직 및 인사관리, 학생관리, 시설행정, 사무행정, 재정관리, 학력평가 및 체제평가, 교육청 및 지역사회 관계로 나누고 있다.

따라서 학교경영의 내용을 종합하면 교육과정 운영과 장학, 학생관리, 교직원 인사, 시설 및 재정관리, 사무관리, 대외관리의 6가지로 나누어 정리할 수 있다.

- 교육과정 운영과 장학: 교육목표를 달성하기 위한 교육과정의 운영문제와 시간 편성, 교사의 교수기술 향상과 교육과정 운영 개선, 그리고 학급 및 학년경영의 합리화를 위한 전문적 보조활동으로서 수업장학, 임상장학 등
- 학생관리: 입학, 재학, 퇴학, 특히 의무취학을 위한 제 문제, 생활지도, 복지 등
- 교직원 인사: 교직원의 채용, 능력발전, 사기 앙양문제 등
- 시설 및 재정관리: 교지, 교사, 운동장 등의 제 시설이나 교재, 교구 등 제 설비를 실제 교육에 알맞도록 정비하는 문제, 학교의 운영·관리에 필요한 제반 회계, 경리 합리화 등
- 사무관리: 학교경영활동을 수행하는 과정에서 수분되는 제반 기록과 장부의 작성 및 보관, 공문서 처리 등
- 대외관리: 학부모와의 관계, 지역사회와의 관계, 교육청 관계 등

6. 학교운영위원회

1) 학교운영위원회의 성격

학교운영위원회는 학교운영과 관련한 중요한 의사결정에 학부모, 교원, 지역인사가 참여함으로써 학교 정책결정의 민주성, 합리성, 투명성을 확보하고 학교교육목표 달성에 기여하고자 설립한 단위 학교 차원의 교육자치

기구다.

학교운영위원회는 법정위원회이며, 심의·자문기구이며, 독립된 위원회다. 학교운영위원회는 법률, 시행령 및 조례에 근거하여 설치·운영되며, 법률과 시행령 및 조례에서 규정한 사항은 반드시 심의(국·공립학교), 자문(사립학교), 의결(국·공·사립학교 학교발전기금)을 거치도록 하고 있다. 또한 학교운영위원회는 학교장과 독립된 기구다.

2) 학교운영위원회의 권한

학교운영위원회는 학교운영 참여권, 중요 사안 심의·자문권, 보고 요구권, 교육감 및 교육위원 선출권이 있다.

(1) 학교운영 참여권

학교운영위원은 학교운영위원회를 통하여 학교의 운영에 참여할 권리가 있다. 즉 운영위원들은 자신이 대표하는 학부모, 교원, 지역사회의 다양한 요구를 수렴하며 학교운영위원회에 제안하고 건의할 수 있다.

그러나 학교운영위원들의 참여는 개인적 지위에서가 아니라 각 분야의 대표라는 공적 지위에 근거한 것이므로 반드시 학교운영위원회를 통하여 이루어져야 한다는 점에 유의해야 한다.

(2) 중요 사안 심의·자문권

운영위원들은 「초·중등교육법」 제32조 및 「서울특별시립학교운영위원회설치·운영에 관한 조례」(이하 조례)에서 정한 학교운영에 관한 중요 사항을 심의·자문할 권한이 있다. 위원들은 학교운영위원회에 상정된 안건에 대해 질의, 논의 및 표결을 행하는 과정을 통해 학교운영의 자율성을 높이고 학교 특성에 맞는 다양한 교육을 실시할 수 있도록 학교운영위원회의 취지를 실현한다.

(3) 보고 요구권

학교장이 학교운영위원회의 심의 · 의결 결과와 다르게 시행하거나 운영위원회의 심의 · 자문사항에도 불구하고 심의 · 자문을 거치지 않고 운영하는 경우 학교운영위원회는 관련 사항과 그 사유를 지체 없이 학교운영위원회에 보고하도록 요구할 수 있다.

3) 학교운영위원회의 의무

학교운영위원회는 회의 참여의 의무와 지위 남용 금지의 의무를 진다.

(1) 회의 참여의 의무

운영위원은 학교운영위원회가 소집되었을 때 회의에 출석하여 성실히 참여해야 하는 기본적 의무가 있다. 서울특별시의 경우, 운영위원이 회의 소집통보를 받고도 사전 연락 없이 3회 연속하여 회의에 불참할 경우 자격을 상실하도록 하는 내용을 조례로 정하고 있다.

(2) 지위 남용 금지의 의무

운영위원은 그 지위를 남용하여 당해 학교와 영리를 목적으로 하는 거래를 하거나 재산상의 권리, 이익의 취득 또는 알선을 해서는 안 된다. 학교운영위원직은 무보수 봉사직이다. 따라서 운영위원으로서 활동하는 대가로 반대급부의 성격을 띤 보수나 수당을 요구할 수 없다.

4) 학교운영위원회의 구성

(1) 운영위원의 정수: 5인 이상 15인 이내

학교의 규모 등을 고려하여 당해 학교 운영위원회규정으로 정한다(「초·중등교육법」 제31조 제3항 및 「초·중등교육법 시행령」 제58조 제1항).

〈표 9-1〉 학교운영위원회의 구성

학교 규모	학생 수 200명 미만	학생 수 200~999명	학생 수 1,000명 이상
위원의 정수	5인 이상 8인 이내	9인 이상 12인 이내	13인 이상 15인 이내

출처: 서울특별시교육연구정보원(2006).

운영위원 정수 결정을 위한 학생 수 기준일은 새 임기의 학교운영위원회가 구성되는 해의 3월 1일(신입생 예정 학생 수 포함)이다.

(2) 운영위원의 구성 비율

학생운영위원회의 학부모, 교원, 지역위원 비율은 〈표 9-2〉와 같다.

〈표 9-2〉 운영위원의 구성 비율

위원 총수	학부모 위원 수	교원 위원 수	지역 위원 수	비고
비율	40~50% (30~40%)	30~40% (20~30%)	10~30% (30~50%)	100%

출처: 서울특별시교육연구정보원(2006).

(3) 운영위원의 자격(〈표 9-3〉 참조)

〈표 9-3〉 운영위원의 자격

위원 구분	자격
학부모 위원	• 당해 학교에 자녀를 둔 학부모
교원 위원	• 당해 학교에 재직하고 있는 교원
지역 위원	• 당해 학교가 소재하는 지역을 생활근거지로 하는 자로서 교육행정에 관한 업무를 수행하는 공무원 • 당해 학교의 소재 지역을 사업활동의 근거지로 하는 사업자 • 당해 학교를 졸업한 자 • 기타 학교운영에 이바지하고자 하는 자

출처: 서울특별시교육연구정보원(2006).

　운영위원으로 선출될 수 없는 자는 「국가공무원법」 제33조에서 규정하고 있는 결격사유에 해당하는 자, 정당의 당원인 자, 타 학교의 운영위원을 겸하고 있는 자다.

　또한 위원의 자격상실 요건은 교원 위원이 소속을 달리한 때, 학부모 위원의 자녀인 학생이 졸업 및 전학·퇴학한 때, 회의소집 통지를 받고도 사전 연락 없이 3회 연속 회의에 불참하였을 때, 학부모 위원이 제출한 신상자료에서 허위 사실이 있는 것이 발견된 때, 당해 학교와 영리를 목적으로 하는 거래를 하거나 그 지위를 남용하여 재산상의 권리·이익의 취득 또는 알선을 한 사실이 발견된 때다. 단 운영위원회 결정에 의한다.

(4) 운영위원의 임기(〈표 9-4〉 참조)

〈표 9-4〉 운영위원의 임기

운영위원	위원장 및 부위원장
• 2년, 1차에 한하여 연임 가능 　(다만, 보궐위원의 임기는 전임자의 잔임기간으로 함)	• 1년, 연임 가능

출처: 서울특별시교육연구정보원(2006).

(5) 국·공·사립학교 학교운영위원회의 비교(〈표 9-5〉참조)

〈표 9-5〉 국·공·사립학교 학교운영위원회 비교		
구분	국·공립학교	사립학교
운영위원회의 성격	심의기구	(필수적) 자문기구
교원 위원 선출	• 당연직 교원 위원을 제외한 교원 위원은 교원 중에서 선출하되, 교직원 전체 회의에서 무기명으로 선출(일반직 정규공무원은 피선거권은 없고, 선거권만 있음)	• 당연직 교원 위원을 제외한 교원 위원은 교원 중에서 선출하되, 정관이 정한 절차에 따라 교직원 전체 회의에서 추천한 자 중 학교장이 위촉
학부모 위원 및 지역 위원 선출	국·공·사립학교 동일함	

출처: 서울특별시교육연구정보원(2006).

5) 학교운영위원의 선출

(1) 위원의 선출시기

학부모 위원 및 교원 위원은 임기만료일 10일 이전에 선출하며, 지역 위원은 임기만료일 전일까지 선출한다.

(2) 운영위원 선출 시 고려할 사항

효율적 운영을 할 수 있는 위원을 선출하기 위한 홍보 및 참여 기회를 확대해야 하며, 선출절차는 공정성, 합리성, 공개성을 확보해야 한다.

(3) 운영위원 선출방법

① 학부모 위원 선출

학부모 중에서 민주적 대의 절차에 따라 학부모 전체 회의에서 직접 선출하되, 서신 또는 우편투표도 병행 가능하다(「초·중등교육법 시행령」 제59조 제2항). 단 학교 규모, 시설 등 객관적 사유가 있을 경우, 당해위원회 규정이 정하는 바에 의하여 학급별 대표로 구성된 학부모 대표회의에서 선출할 수 있다. 참석률 저조는 객관적 사유가 될 수 없으며, 선출시기는 임기만료일 10일 이전에 선출한다(조례 제3조 제2항).

② 교원 위원 선출: 국·공립학교

당연직 교원 위원(학교장)을 제외한 교원 위원은 교원 중에서 선출하되, 교직원 전체 회의에서 무기명 투표로 선출한다(「초·중등교육법 시행령」 제59조 제3항). 선출시기는 임기만료일 10일 이전에 선출한다(조례 제3조 제2항). 교직원은 교원, 정규공무원을 말하며, 기간제 교원은 당해 학교 운영위원회 규정으로 선거권을 부여할 수 있으나 피선거권은 없다.

③ 교원 위원 선출: 사립학교

당연직 교원 위원을 제외한 교원 위원은 정관이 정한 절차에 따라 교직원 전체 회의에서 추천한 자 중 학교장이 위촉한다(「초·중등교육법 시행령」 제63조 제2항). 기타는 국·공립과 같다.

④ 지역 위원 선출

학부모 위원 또는 교원 위원의 추천을 받아 학부모 위원 및 교원 위원이 무기명투표로 선출하며(「초·중등교육법 시행령」 제59조 제4항), 선출시기는 임기만료일 전일까지 선출(조례 제3조 제2항)해야 하며, 당해연도에 새로 선출된 학부모 위원과 교원 위원이 선출한다.

⑤ 위원장 및 부위원장 선출

교원 위원이 아닌 위원 중에서 무기명투표로 선출(「초·중등교육법 시행

령」 제59조 제5항)하는데, 재적위원 과반수의 득표로 당선(조례 제8조 제2항)
되며, 재적위원 과반수 득표자가 없을 때 2차 투표, 최고 득표자를 당선자
로 한다. 이 경우, 최고 득표자가 2인 이상인 경우에는 연장자를 당선자로
한다(조례 제8조 제3항).

6) 학교운영위원회의 기능

「초・중등교육법」 제32조 제1항에 따르면 국・공립학교에 두는 학교운
영위원회는 다음 각호의 사항을 심의한다.

---

1. 학교헌장 및 학칙의 제정 또는 개정에 관한 사항

2. 학교의 예산안 및 결산에 관한 사항

3. 학교교육과정의 운영방법에 관한 사항

4. 교과용 도서 및 교육자료의 선정에 관한 사항

5. 정규 학습기간 종료 후 또는 방학기간 중의 교육활동 및 수련활동 사항

6. 「교육공무원법」 제31조 제2항의 규정에 의한 초빙교원의 추천에 관한 사항

7. 학교운영지원비의 조성・운영 및 사용에 관한 사항

8. 학교급식에 관한 사항

9. 대학입학 특별전형 중 학교장 추천에 관한 사항

10. 학교운동부의 구성・운영에 관한 사항

11. 학교운영에 대한 제안 및 건의 사항

12. 기타 대통령령, 특별시・광역시 또는 도의 조례로 정하는 사항

사립학교의 장은 위의 각호의 사항(6호의 사항은 제외한다)에 대하여 학교
운영위원회의 자문을 거쳐야 한다. 다만, 1호의 사항에 대하여는 학교법인

의 요청이 있는 경우에 한한다.

국·공립 및 사립학교에 두는 학교운영위원회는 학교발전기금의 조성·운용 및 사용에 관한 사항에 대하여 심의·의결한다.

조례 제19조에 따르면 학교운영위원회는 「초·중등교육법」 32조에서 규정한 사항 이외에도 다음 각호의 사항을 심의한다.

1. 학교규정의 제·개정
2. 교복 및 체육복의 선정, 수학여행, 학생야영수련(학생수련활동) 등 학부모가 경비를 부담하는 사항. 다만, 특정 서클 등에서 특정 학생을 대상으로 하는 사항은 제외한다.
3. 지역사회교육에 관한 사항과 학부모 및 일반인을 대상으로 한 평생교육 프로그램의 설치·운영에 관한 사항
4. 학부모, 교직원, 학생, 지역주민으로부터 제출된 학교운영 등과 관련한 건의사항
5. 기타 학교운영에 관한 위원들의 제안사항과 학교장이 심의 요청한 사항

법 제32조 제1항 제5호의 정규학습시간 종료 후 또는 방학기간 중 학생의 교육활동·수련활동은 인격 및 창의성을 함양하는 교육활동에 중점을 두어야 한다.

제1항 제4호(4)의 건의사항은 위원 1인 이상의 소개를 얻어 건의서를 제출하여야 한다.

7) 학교발전기금에 대한 학교운영위원회의 역할

국ㆍ공립 및 사립학교에 두는 학교운영위원회는 학교발전기금의 조성ㆍ운용 및 사용에 관한 사항에 대하여 심의ㆍ의결한다(「초ㆍ중등교육법」 제32조).

제10장

장학활동

내가 만난 훌륭한 교사-내 편에서 든든한 후원자가 되신 선생님

10년 전으로 거슬러 올라가야 한다. 내가 ○○중학교에서 서○○ 선생님을 만나게 된 것은 신이 중학생인 나에게 주신 첫 번째 축복이었다. 대부분의 사회 초년생들이 고등학생 시절을 그리워할 때 나만은 유독 중학생 시절을 그리워하게 된 것은 서○○ 선생님의 존재가 가장 큰 이유라 하겠다. 나는 현재 ○○중학교 가정 선생님으로 재직 중이신 서○○ 선생님을 내 인생의 가장 훌륭한 은사님으로 여긴다.

* 교사로서의 선생님

남학생에게 가정 선생님이 뭐가 그렇게 좋았을까 싶겠지만 사실 나에게 처음으로 요리법과 바느질을 가르쳐 주시고 제대로 된 성교육을 해 주신 분이다. 나는 중학생이 되도록 요리와 바느질 한 번 못하고 자랐다. 굳이 앉아서 배울 기회도 없었거니와 배울 마음도 없었다. 가정 일에 신경 한 번 쓰지 않고 자랐던 철없는 중학생이었다. 듣기만 해 왔던 가정에서의 남녀평등을 가정 선생님의 가르침으로 인해 부모님의 가사 일을 직접 해 보고 몸소 깨닫게 되었다. 어디 그뿐인가. 나는 성을 아름답고 고결하게 배우고 가르쳐야 한다는 진리를 알게 됨에 따라 당시 한참 인기였던 구성애 씨의 강의를 들을 필요가 없을 정도였다. 선생님의 교수법은 학생들을 집중하게 하기에 충분했고 학생들은 선생님이 내주는 숙제 하기를 즐겼다. 게다가 내가 중학교 3학년생일 때는 담임선생님이셨는데 당시 외고 입시를 준비하던 나에게 공부에 대한 열정과 희망을 불어넣어 주셨고 나의 외고 합격 순간에 누구보다도 기뻐하셨던 기억이 떠오른다.

* 어머니로서의 선생님

다른 많은 선생님들은 그서 사제관계로 끝났지만 나는 서○○ 선생님의 제자로 시작하여 결국 제2의 아들이 되고야 말았다. 선생님에게는 제2의 자녀가 많다. 서○○ 선생님을 어머니로 여기는 제자들이 그만큼 많다는 뜻이다. 나는 그중에 몇십 번째 아들인 셈이다. 나의 철없음과 버릇없음, 게으름을 꾸짖기를 꺼리지 않으셨고 병원에 실려 갈 만큼 다쳤을 때 끝까지 곁에 계셨던 기억도 있다. 그 정도야 다른 교사도 다 한다 말할 수 있겠지만 사실 중학교 교사가 학생 하나하나에게 어머니 같다는 소리를 들을 만큼 챙겨 주는 게 쉬운 일이 아님을 안다. 선생님에게는 학생들 스스로 선생님을 어머니로 삼고 싶게 만드는 푸근하고 다정한 매력이 있다.

* 어른으로서의 선생님

先生, 말 그대로 나보다 먼저 나신 분, 즉 어른으로서의 서○○ 선생님은 무엇보다도 나에게 신앙의 길을 소개해 주신 분이다. 서○○ 선생님은 중학교 3학년 때의 나에게 찬양의 달란트를 십분 활용할 수 있도록 지원과 기회 제공을 아끼지 않으셨다. 교내 찬양활동을 위해 조직된 중창단 활동의 고문 선생님이 되어 주셨고 내가 음악적으로 더 많이 배울 수 있도록 지인을 소개해 주시는 등의 도움을 아낌없이 주셨다.

* 상담원으로서의 선생님

교사가 되기를 꿈꾸는 대학생인 현재의 나에게 실제로 가장 큰 조언을 해 주고 있는 사람 또한 서○○ 선생님이다. 먼저 교직에 몸담고 계시면서 보고 느껴 오신 장단점, 노하우, 준비할 것들, 자질, 마음가짐, 학생들 세대의 변화 등 어느 것 하나 선생님의 의견과 조언에 의지하지 않는 부분이 없다. 어디 그뿐이겠는가? 나의 미래에 대한 상담, 이성문제에 대한 상담, 가족문제, 대학생활 문제…… 매일 얼굴을 부딪치며 지내는 죽마고우들, 선후배 혹은 동기들, 대학교수님들, 부모님마저도 나의 고민과 걱정을 듣고 해답을 줄 수 없을 때 항상 선생님은 내 편에서 든든한 후원자가 되어 주신다.

10년 전부터 서○○ 선생님과 내가 은연중에 바라고 있는 것이 있다면 같은 학교에서 근무하는 동료교사로서 마주하는 것이다. 그때가 되면 이렇게 은사님을 회고하는 기록을 할 때 '동료로서의 서○○ 선생님'이라는 소주제가 하나 더 생기게 될 것이다. 받기만 해 온 은사님의 은혜와 사랑에 언제쯤이나 제대로 보답해 드릴 수 있을지, 후에 나 역시 서○○ 선생님과 같은 관심과 사랑을 제자들에게 베풀 수 있을지, 그녀와의 인연에 감사하면서도 약간은 부담스럽지 않을 수 없다. 장래희망이 교사인 나에게 모본이 되는 교사상이 있다면 단연 내가 평생을 본받으며 인생의 가르침을 구해야 할 선생님인 것이다.

1. 장학의 개념

장학에 대한 개념은 누가 정의하느냐, 어떻게 접근하느냐에 따라 다양하게 설명할 수 있다. 장학을 가리키는 영어 단어 supervision은 super와 vision의 합성어다. supervision은 '위에서 바라본다', 또는 '우수한 사람이 높은 곳에서 본다'라는 의미이며, 전통적으로 감시·감독의 개념으로 사용되어 왔다. 그러나 오늘날은 학생의 학습행위를 돕는 교사의 교수활동을 향상시키는 데 필요한 전문적·기술적·봉사적 활동으로 일반화되고 있는 추세라고 할 수 있다.

이러한 장학의 개념 변화에 대하여 주삼환(1988)은 다음과 같이 말하고 있다.

첫째, 교육의 양적 팽창과 학교교육의 거대화에 따른 질적 관리를 위해 장학의 중요성이 강조되고 있다. 교육인구의 증가만큼 재정이 뒷받침해 주지 못하고 있으며, 학교가 거대화되고 관료화되고, 학생들의 능력이 최소 수준에 미달하는 이때에 장학에 의한 질의 향상이 추구되어야 한다.

둘째, 학교교육에 대한 사회적 요구가 증대됨에 따라 장학의 중요성이 강조되고 있다. 학교에서 글을 가르치는 것만으로 만족하지 않고 인간을 만들어 달라고 주문하며, 직업을 가질 수 있는 기술 또한 가르치길 원하지만, 실제 학생들의 질적 수준은 떨어지고 있고, 청소년 문제는 날이 갈수록 증가하는 이때 장학이 어떠한 형태로든 해답을 주어야 할 것이다.

셋째, 교사의 위상이 날이 갈수록 저하되고 있는 이때에 장학의 필요성은 다양한 각도에서 절실히 요청되고 있다. 교직의 유인체제가 약화되고 교사의 사회경제적 지위가 상대적으로 약화되어 사기가 저하되는 실정이다. 따라서 불만이 있는 교사들, 사기가 저하된 교사들을 지도하는 수준 높은 장학이 요청된다.

　넷째, 교사교육의 질적 수준이 높아지고 교사의 전문성이 계속적으로 요구됨에 따라 장학의 전문성도 절실히 요청된다. 교사의 질적 수준이 높아지고 가치관이 변화함에 따라 과거처럼 권위적인 형태의 장학지도는 실효를 보기 어렵다고 보인다. 고도의 전문적 권위를 바탕으로 한 장학이 요구되고 있다고 볼 수 있다.

　다섯째, 교사의 핵심적인 활동인 '가르치는 일'에서 만족감을 느끼도록 장학지도가 이루어져야 한다. 교사의 불만요인 중의 하나인 '가르치는 일'에서의 성취감에 따라 동기가 유발되기 때문에 이러한 장학지도는 중요하다.

　장학에 대한 개념은 시대가 변화함에 따라 다양하게 정의되어 왔다. 해리스(Harris, 1985)는 장학의 개념을 학교경영이나 행정의 전체적 국면에서 파악함으로써 장학의 위치를 분명하게 제시하고 있다. 그에 의하면 학교경영은 교사의 수업을 통해 학생들의 학업성취를 이루기 위한 것이며, 장학이란 그와 같은 기능의 일부분이라고 하였다. 해리스는 장학을 학교의 주요 수업목표 성취에 직접 영향을 주기 위해 학교운영을 유지 또는 변화시킬 목적으로 교직원이 성인과 사물과 더불어 행하는 활동이라고 정의하였다.

　따라서 장학이란 교수-학습이나 수업의 질을 개선하기 위하여 교수기술을 향상시키고, 교육과정을 개발하며, 학습환경의 개선에 관한 지식과 기술, 그리고 정보를 제공하는 전문적인 지원, 조력 및 평가활동이라고 할 수 있다.

2. 장학의 기능

- 교원의 성장, 발달을 돕는 기능: 교원들로 하여금 교직생활과 관련한 제반 영역에서 필요한 가치관, 신념, 태도, 지식, 행동을 갖추도록 도와주는 기능
- 교육과정 운영의 효율화를 돕는 기능: 교육목표를 달성하기 위하여 학생들에게 제공되는 교육내용 및 교육활동에 대한 개발, 운영, 평가에 있어서 효과를 높이도록 도와주는 기능
- 학교경영의 합리화를 돕는 기능: 학교체제 내의 인적 · 물적 · 재정적 자원을 효과적으로 유지 · 통합 · 운영하고, 제반 교육활동 기능을 최적화하도록 도와주는 기능

3. 장학의 원리

- 학교 중심성 존중의 원리: 교육활동이 실제로 전개되는 학교 현장의 인적 · 물적 조건 및 조직적 · 심리적 특성을 존중
- 자율성 존중의 원리: 학교의 자율성과 학교 내 구성원으로서 교직원의 자율성 존중
- 협력성 존중의 원리: 장학담당자, 학교관리자, 교직원, 기타 관련되는 외부인사 모두의 협력적이고 참여적인 공동 노력을 조성, 유도
- 다양성 존중의 원리: 학교 현장의 조건과 특성 및 교직원의 필요와 요구에 기초하여 다양한 내용과 방법을 활용
- 계속성 존중의 원리: 장기적인 교육활동의 개선을 위한 기능을 수행 (일시적 · 단기적이 아닌 계속적 · 정기적 시행)

- 자기발전성 존중의 원리: 학교의 발전뿐 아니라, 학교의 구성원으로서 교직원 개인의 발전, 나아가 장학담당자의 발전을 도모

4. 장학의 종류

장학은 그 목적에 따라 전통적 장학, 자율장학, 수업장학, 동료장학, 자기장학, 발달장학 등으로 구분할 수 있다.

1) 전통적 장학

전통적 장학은 학교 행정가들이 사용해 온 장학의 방법으로, 교장이나 교감이 짧은 시간 동안 비공식적으로 교실에 들러 수업을 관찰하는 것을 말한다. 이 방법은 오랫동안 지속되어 왔으면서도 교사들에게 평가의 두려움을 안겨 주기도 하는 매우 부담스러운 것으로 여겨지고 있다. 그러나 오늘날은 굳이 전통적 장학의 형태를 빌려 교장이나 교감이 불시에 교실을 방문하는 경우는 거의 없다(김명수 외, 2010).

전통적 장학이 비공식적으로 이루어진다 하더라도 학교 행정가는 나름대로 체계를 갖고 공개적으로 방문해야 할 것이다. 더욱이 목적을 갖고 관찰함으로써 교사들에게 반드시 피드백을 주어야 부작용이 없다. 자칫 잘못하면 교사들을 감독하기 위한 절차로 여겨져 교사들의 잘못을 끄집어내는 일이 될 수 있기 때문이다. 아무 때나 교장이나 교감이 교실을 방문하게 되면 수업에 방해가 될 뿐 아니라 교사에게 부담을 줄 수 있다.

2) 자율장학

장학은 수업의 질을 향상시키는 데 초점을 두고 있으므로 수업이 이루어
지는 학교 현장이 중심이 되어야 한다. 그리고 장학은 교사의 성장을 통하
여 수업효과를 증진시키는 활동이므로 교사가 그 주된 대상이 된다. 지금
까지의 장학은 지방교육행정기관이 중심이 되어 교육법규나 정책의 구현
현황을 점검하고 지시하는 행정 주도적이며 형식적 장학으로 일관되어 왔
으며, 교사들에게 거부감과 부담감을 주어 장학활동에 형식적 · 소극적으
로 참여하게 만들기도 하였다.

교육부는 장학활동의 역점을 교육의 질 향상에 두고 교육내용과 방법의
개선을 위하여 학교 단위의 자율장학을 신장시키는 지원장학에 역점을 두
겠다고 밝혔다. 지금까지 감독, 점검, 확인하는 장학형태를 지양하고 교육
의 질 향상을 위한 수업장학 위주로 전환하며 장학방법과 내용도 지시나
현황 점검에서 벗어나 대안 제시나 지도, 조언, 지원 위주로 전환한다는 것
이다.

자율장학은 전문성을 신장시키고 교수행위를 개선하려는 교사가 자신의
능력과 자질을 향상시키는 데 필요한 장학적 활동을 스스로 혹은 동료나
장학담당자와 협력해서 계획, 실천, 평가해 나가는 과정이라고 볼 수 있다.
이러한 자율장학의 효과성을 높이기 위하여 장학담당자나 교사는 상호 밀
접한 관련을 맺어야 한다.

자율장학은 장학활동의 대상과 범위에 따라 다음과 같이 3가지로 나누
어 생각할 수 있다(김종철, 1985).

첫째, 자율장학을 학교 단위에 초점을 둔 교내장학과 같은 맥락에서 보
는 관점이다. 학교 외부의 교육행정기관에서 주어지는 장학이 장학자의 전
문성 부족, 시간과 노력 부족, 인력 부족 등으로 인하여 학교나 교사들에게

크게 도움을 주지 못할 뿐 아니라 교사들에게 상당한 부담감을 안겨 주고 있다는 한계점을 고려하여 장학의 현실성과 적합성을 제고시킬 수 있는 학교장 중심의 교내장학이 강조되어야 한다는 것이다.

둘째, 자율장학은 교사 개인의 자율성과 자기성장, 자기결정, 자기통제 능력을 존중해 주는 장학이라는 관점이다. 학교 단위의 자율과 교사의 자율이 항상 일치할 수는 없으며 교사의 자율과 행정가의 자율이 서로 상충할 때는 무엇이 더 아동의 성장을 위한 것인가를 판단하고 아동을 가르치는 데 직접적 책임을 지는 교사의 주체성을 인정해 주는 방향으로 일을 처리해 나가야 한다.

셋째, 자율장학은 학교가 장학의 주체로서 적극적 · 공식적 · 체계적으로 장학을 실시해 나가면서 동시에 교사들이 자기발전과 자율장학의 기회도 확대시켜 나가는 양면을 모두 포함한다. 학교 중심 장학과 교사의 자율장학이라는 양 차원을 포괄하고 있다는 점에서 이때는 '교내자율장학'이란 용어가 사용되기도 한다. 자율장학은 한편으로 교장, 교감이 중심이 되어 교사들의 장학적 요구를 수립하고 장학계획을 수립하고, 장학지도를 실시해 나가는 체계적 · 공식적 장학을 뜻하며 다른 한편으로 교사들이 자신의 힘으로 교수–학습 상황을 향상시키려는 의지와 노력을 적극적으로 뒷받침해 주는 지원적 · 비공식적 장학을 뜻한다.

3) 수업장학

학교에서는 교과활동, 교과 외 활동을 통하여 인간을 변화시키고 교육목표에 도달할 수 있도록 많은 활동을 전개한다. 이러한 학생들의 전인적 성장 또는 행동의 변화는 주로 학교에서 이루어지는 여러 활동 중에서 수업을 통하여 이루어진다.

수업장학의 필요성에 대하여 변영계(1984)는 학교조직에서 이루어지는 대부분의 전문적 과업은 수업활동에 관련된 것이기 때문에 장학에 관련되는 과업들은 수업에 관련되는 것이라고 할 수 있다고 하였다. 학습자들의 학습효과는 무엇보다 교수-학습과정에서 시연하는 수업자의 수업행동이나 기술과 직접적이고 밀접한 관계를 가지고 있고, 수업자의 수업행동과 기술은 타고나는 것이 아니라 배우고 익히지 않으면 안 되는 것이며, 교사들은 수업 전문가로서의 자질을 계속하여 개선시키지 않으면 안 되는 것이며, 교사들은 수업 전문가로서의 자질을 계속하여 개선시키지 않으면 안 되는 전문직에 종사하기 때문에 수업장학은 필요하다.

수업장학은 학교에서 이루어지는 교수-학습과정을 유지·개선하기 위한 장학을 말하고, 수업장학의 주요 목적은 교사의 수업행위나 수업기술을 개선시켜 학습자들의 학습효과를 향상시키는 데 있다고 할 수 있다(안병환 외, 2008). 이윤식(1994)은 수업장학이란 직접적으로 교사의 수업기술과 수업방법의 개선을 위하여 제공되는 체계적인 장학활동이자 교사들의 수업기술 향상을 위해 교장, 교감이 주도하는 체계적이고 개별적인 지도, 조언 과정으로 보고 있다.

4) 동료장학

교사들은 장학자보다 다른 교사들에게 더 자연스럽고 용이하게 도움을 요청할 수 있으며 수업개선을 위하여 교사가 다른 교사를 돕는 일은 매우 자연스러운 일로 받아들여진다. 경력교사, 교과부장, 학년부장, 교사 상호간에 이루어질 수 있는 동료지원은 매우 직접적이고 실제적 효과가 있는 장학과정이라고 볼 수 있다.

서지오바니와 스타라트(Sergiovanni & Starratt, 1993)는 동료장학을 둘 이상의 교사가 서로 수업을 관찰하고 관찰한 내용에 대해 서로가 피드백을 제공하며, 서로의 전문적 관심사에 대해서 토의함으로써 자신들의 전문적 성장을 함께 추구하는 비교적 공식화된 과정이라고 하였다. 글래손(Glatthorn, 1984)은 동료장학은 교사들이 그들의 전문성 성장 발달을 위하여 같이 일해 나가기로 동의하고, 서로 관찰하고, 조언하고, 전문적 관심사를 토의해 나가는 협동적 과정이라고 하였다.

동료장학이 가져다줄 수 있는 이점에 대하여 알폰소와 골즈베리(Alfonso & Goldsberry, 1987)는 다음과 같이 설명하고 있다.

첫째, 수업개선을 위해 교사들이 공동으로 노력함으로써 학교의 인적 자원을 최대한 활용할 수 있다.

둘째, 교사들에게 수업개선 전략의 실천에 대한 책임감을 부여함으로써 교사들로 하여금 수업개선에 크게 기여할 수 있다는 안정감과 성취감을 갖게 할 것이다. 이는 결국 학교교육의 개선에 긍정적인 효과가 있을 것이다.

셋째, 성공적인 수업개선은 적극적인 동료관계를 증진시킬 수 있다. 교사 간의 적극적인 인간관계는 학교 및 학생교육에 대한 적극적인 자세와 개인 교사의 전문적 신장을 도모하는 데 효과가 있다. 교사 상호 간의 협동적 노력은 학생들의 성취에도 긍정적인 영향을 줄 수 있다.

김영식과 주삼환(1992)이 제시한 동료장학의 형태는 다음과 같다.

- 비공식적 관찰: 피관찰 교사의 희망에 따라 수업을 관찰하고 피드백을 제공하여 관심과 문제점에 대하여 협의하는 방법이다.
- 초점관찰−자료제공: 피관찰 교사가 관심을 갖는 내용에 초점을 맞추어 수업관찰 도구에 의하여 수업관찰을 하고 여기서 수집된 관찰자료를 수업자에게 전해 주며, 분석이나 평가는 수업자에게 맡기는 방법이다.
- 소규모−현직연수위원회: 3~5명의 교사들이 집단을 이루어 집단의

요구를 분석하며, 교육과정과 수업을 관찰하여 분석하고, 관찰자료에 근거하여 피드백을 제공해 주고, 관찰기록을 나누어 갖는 가운데 현직 연수의 목표를 달성하는 방법이다.

- 팀티칭: 교사들이 팀을 이루어 약점을 보완하고 강점을 살려 자연스럽게 수업관찰을 하고 피드백을 제공해 주는 방법이다.
- 임상장학에 의한 동료장학: 임상장학의 방법을 교내 동료교사들끼리 실천하여 임상장학의 효과를 거둔다.
- 동료코치: 운동선수들이 트레이너와 코치의 지도를 받아 새로운 전략과 기술을 익히는 것과 같은 관계를 장학에 도입한 것이다.
- 동료연수회: 교내 직원연수회에 외부의 초청강사 대신 학교 내부의 동료 교사 중에서 유능한 자원인사를 찾아 강연, 강의, 실험, 실기연수를 하고 좋은 수업이나 문제의 수업장면을 담은 비디오테이프를 구해서 같이 시청한 다음 토의하는 방법이다.

5) 자기장학

자기장학은 외부의 통제나 지도에 의하지 않고 교사 스스로가 자기의 전문적 성장을 위하여 계획을 세우고 실천하고 그 결과에 대하여 반성적 평가를 해 나가는 과정을 말한다. 자기장학이 일반 자기연수나 자기발전 노력과 구별되는 점은 교사 자신이 전문성 향상을 위한 구체적 프로그램을 세우고 이를 독립적으로 실천해 나간다는 점이다.

자기장학은 교사 자신이 자기의 전문성 성장에 대한 책임을 지는 장학이다. 교사 스스로 자신의 전문성 신장을 위하여 노력할 수 있는 능력과 의지가 있을 때는 교사가 자율적으로 자기장학을 해 나가도록 유도하는 것이 좋다. 장학자는 교사들의 자기장학 노력을 효과적으로, 그리고 지속적으로 촉진할 수 있도록 지원, 격려해 주며 필요시 교사들이 원하는 지도와 조언을 제공해 주는 역할을 수행한다.

자기장학은 다음의 4가지 특성을 가진 전문적 성장과정이다(곽영우, 1994).

첫째, 교사 개인이 전문적 성장의 프로그램에 따라 독립적으로 시행한다. 팀의 지도적 구성원이 교사를 위한 지원인사로서 활동하지만 다른 사람이 교사를 위해 전통적인 의미의 장학을 하지는 않고 교사가 팀의 다른 교사와 협동적으로 일하지도 않는다.

둘째, 개인 교사는 목표 지향적인 전문성 개발 프로그램을 개발하고 추구한다. 이 프로그램의 목표는 교사 자신의 전문적 필요성에 대한 평가에서 나온다. 교사의 목표가 반드시 조직의 목표를 따라야 할 필요는 없다. 즉, 교사 개인의 전문적 성장이 학교목표 달성에 간접적으로 기여할 것이라고 가정한다.

셋째, 교사 개인은 이러한 목표를 달성하기 위하여 다양한 자원을 활용한다. 목표의 성격에 따라 장학자와 교사는 다음에 열거된 자원과 경험이 적절한지를 결정한다. 즉 ① 교사의 수업을 녹화할 비디오테이프, ② 학생으로부터 받은 피드백, ③ 전문서적과 컴퓨터에 의한 정보 서비스, ④ 대학원 과정과 워크숍, ⑤ 학교와 교육청의 장학사와 행정가로부터 받은 자격, ⑥ 학교 상호간 방문과 같은 자원과 경험이 적절한지 등을 알아보아야 한다.

넷째, 자기장학 프로그램의 결과를 교사의 직무평가에 사용하지 않는다. 자기장학과 행정적 평가는 분리된다.

교사들이 자기 수업의 실태를 평가하기 위한 7단계의 과정은 다음과 같다(Beach & Reinhartz, 2000).

- 1단계: 교사가 자신의 교수에 대하여 분석하고 성찰하는 단계다. 교사가 자기의 수행에 대하여 알아보려고 할 때는 효과적인 교수행위 목록을 참고하는 것이 좋다. 이 목록이 수업효율성에 관계된 중요한 결정을 내리고자 하는 교사에게 도움을 줄 것이다.

- 2단계: 자기평가의 단계다. 교사가 남겨 놓은 기록이 있는 정보와 자기 수업행위에 대한 목록을 점검한 뒤에는 자신의 수행이 얼마나 효과적이었는가를 판단하게 된다. 교사가 기록되어 있는 자신의 지각을 분석해 나갈 때 자신의 전문적 자아에 대한 인식을 비로소 시작하게 된다.

- 3단계: 교사가 타인으로부터 피드백을 받아 자기를 평가해 보는 단계다. 피드백은 장학자, 동료교사, 학생들에게서 얻을 수 있다. 타인의 지각은 교사가 전문적 자아상을 정립하는 데 큰 도움을 준다. 오디오와 비디오로 기록을 남기는 것은 교사의 교수 특성을 이해하는 데 크게 도움을 준다.

- 4단계: 타인으로부터 받은 정보의 정확성을 결정하는 단계다. 자기평가에서 가장 중요한 단계는 교사가 자신의 인성이나 전문적 특성에 대하여 정확한 인식을 하게 되는 단계다. 교사들은 자신의 비효과적인 교실행위에 대하여 합리화하거나 이유를 설명할 수 있다. 그러나 자기평가가 효과적으로 되려면 교사들이 자신들의 교실행위를 정직하게 있는 그대로 인정하고 필요하다면 행동을 변화시킬 수 있다는 자세를 가져야 한다. 교사는 모든 창구를 통하여 모은 자료를 객관적으로 비교할 수 있는 능력을 길러야 한다. 사람마다 다른 견해와 입장의 차이에서 나올 수 있는 정보의 격차를 발견해 낼 수 있는 지각도 필요하다.

- 5단계: 개선을 위한 전략의 수립단계다. 교사들은 자신들의 수업행위를 향상시키고 전문적 성장을 가져다줄 수 있는 전략을 모색하게 된

다. 물론 장학자에게 자문이나 제안을 받을 수 있다.

• 6단계: 자신이 결정한 수업행위의 변화를 실행에 옮기는 단계다. 교사
  들은 새로운 활동을 실천하면서 자신의 달라진 행동을 확인한다.

• 7단계: 교사는 변화의 효과성에 대하여 재평가하고 추가적인 변화가
  필요한지를 결정한다.

자기장학의 기초를 다지기 위하여 일반적으로 학교에서 할 수 있는 방법
과 기술은 다음과 같다(김정한, 2003).

• 일화기록, 반성적 일기, 시간 계획표, 녹음이나 극화 테이프 등의 기
  록을 분석 · 확인한다.

• 장학자, 동료교사, 학생과의 면담이나 의견조사 등을 통하여 수업, 생
  활지도, 학급경영에 대한 정보를 모은다.

• 교육학과 전문교과에 관련한 문헌, 연구물 등을 자료로 활용한다.

• 교육연구기관, 전문 학술단체, 전문교사들의 팀을 통하여 교수−학습
  의 문제해결을 위한 조언과 정보를 획득한다.

• 대학에서 개설하는 교사 전문성 신장을 위한 프로그램을 수강하고, 각
  종 교원 연수 프로그램에 적극 참여한다.

자기장학은 자신의 교수방법에 대하여 적극적으로 개선하려고 노력하는
교사들에게는 매우 효과적인 장학방법이라고 할 수 있다. 또 자기발전 지
향적이고 반성적인 사고에 능한 교사들에게 매우 효과적이다.

6) 발달장학

장학활동이 원활하게 이루어지면 교사의 성장과 발달이 자연히 뒤따르

게 된다. 발달장학(Developmental Supervision)은 교사의 직무만족이나 학교의 생산성 강조보다 인간발달과 교사 개인의 자율적 성취노력을 중요시한다. 인간은 안락만을 추구하는 존재가 아니며 생산성을 위한 도구적 존재도 아니고 계속 성장을 지향하며 일을 통하여 자아실현을 추구하는 존재라고 가정한다.

발달장학 모형은 교사들의 성장이나 발달단계가 매우 다양하다는 데 초점을 두고 있다. 이런 뜻에서 장학자는 교사들이 교실 수업을 분석해 나갈 수 있도록 사고능력과 기술을 길러 주어야 하며 교사들이 변화에 대한 대안을 생각해 보도록 도와야 한다. 효과적인 수업이 되려면 교사들의 자율적이고 융통성 있는 사고가 필수적임에도 불구하고 많은 학교에서는 교수를 위한 교사들의 사고를 자극해 주거나 자율적 판단을 북돋워 주는 일을 잘 하지 못하고 있다.

가르치는 작업이 복잡하고 늘 새로운 변화가 요청되는 것이라면 교사들에게는 높은 수준의 사고가 꼭 필요하게 된다. 단순하게 사고하는 교사가 역동적이고 복잡한 곳에서 일하게 되면 무거운 압력과 불만족을 경험하게 된다. 교사들은 하루에도 수없이 많은 결정을 내려야 하고, 끊임없는 심리적 압박을 받고, 특히 교사가 남의 도움 없이 혼자서 일해야 한다는 기대 때문에 상황에 대처해 나가는 능력이 다른 직종보다 더 필요하게 된다.

발달장학은 수업과 관련한 2가지 변인에 크게 영향을 받는다. 하나는 교사들의 개념적 사고 정도이며 다른 하나는 헌신성의 정도다(김정한, 2003).

(1) 추상적인 사고의 발달

정상적인 개념 발달은 구체적인 사고에서 추상적인 사고의 방향으로 이루어진다. 개인은 친숙하고 구체적이며 확인이 가능한 물리적 차원에서 점점 발달하여 대상의 현실적 면과는 관계가 없는 것을 마음속에 상상하고 추상화해 나갈 수 있게 된다. 개인은 처음에 물리적 환경에서 익숙한 경험과 구체적 정보를 접하게 되다가 점차로 새로운 정보를 얻게 되며 이러한 생소한 경험은 개인의 정신적 영상으로 보관하게 된다. 개념적 발달이 마지막 단계로 오면 개인은 추상적인 사고를 할 수 있게 되어 마음속에 새로운 정보를 상상하고 새로운 행동방식을 생각하며 익숙하지 않은 상황에 대해서도 잘 대처해 나갈 수 있게 된다.

그러므로 추상적 사고는 어떤 문제에 새롭게 직면하게 될 때 자신의 경험과 정보를 활용하여 새로운 가능성을 만들어 내는 능력이라고 할 수 있다.

추상적으로 사고하는 교사들과 같이 일하는 장학자는 그들이 새로운 아이디어나 교수방법을 실험해 볼 수 있도록 격려해 주어야 하며 새로운 수업을 성공적으로 할 수 있게 필요한 자원을 확보해 주어야 한다. 이런 발달 수준에 있는 교사에게는 덜 딱딱하고 보다 독립적인 비지시적 접근이 효과적이다. 이러한 교사들은 문제상황을 해결해 나갈 수 있는 능력이 높기 때문이다.

추상적 사고능력이 중간 정도인 교사는 문제를 파악하고는 있지만 가능한 대처방안을 만들어 내거나 계획을 세우고 일을 추진해 나가는 데 한계가 있다. 이때 장학자는 교사와 더불어 일해 가는 협동적 장학을 사용할 수 있다. 추상적 사고가 낮은 교사들은 무엇이 문제인지, 교실에서의 변화가 얼마나 필요한지를 분명하게 깨닫지 못한다. 이때 장학자는 지시적 장학을 실시하는 것이 효과적이며, 상세한 계획의 중요성을 강조한다.

(2) 교사의 헌신성

헌신성은 발달장학에 크게 영향을 끼치는 또 하나의 중요한 요소로서 교사들이 과업에 즐겨 쏟는 노력과 시간을 뜻한다. 교사의 관심은 자신에 대한 관심에서 출발하여 자기 학생들에 대한 관심을 거쳐 다른 학생들이나 다른 교사들에 대한 관심으로 그 대상이 확대된다.

교직을 처음으로 시작하는 교사들은 자신의 생존에 대한 관심이 많다.

그들은 교장이나 장학사, 또는 다른 교사들이 자기를 어떻게 생각하고 있는지를 알고 싶어 하고 자신이 교직에 적합한지, 교실상황을 잘 통제해 나갈 수 있는지에 대한 여부에 관심을 집중시킨다. 반면 경험이 많은 성숙한 교사는 자신의 유익이나 타인의 평가보다는 학생들의 유익과 자신의 전문적 봉사에 더욱 관심을 둔다. 교사들의 관심은 '나'에 대한 관심에서 '모든 학생'에 대한 관심으로 변화해 간다.

5. 장학담당자의 자질

장학담당자는 장학활동을 수행하는 모든 사람을 의미하기 때문에 장학관이라는 명칭을 가진 사람만을 지칭하는 것은 아니다. 장학담당자는 교육과학기술부의 장학관에서부터 동료교사, 심지어 교사 자신일 수도 있다. 장학담당자는 장학조직에 위치하면서 교수-학습활동의 개선을 위해 교사들의 교수행위에 영향력을 행사하는 모든 사람을 말한다.

1) 장학담당자의 자격

「교육공무원법」에 의하면, 장학직은 장학관, 장학사로 한정되어 있으나, 교육행정의 각 단계에서 계선 및 참모조직에 속해 장학활동을 수행하고 있는 사람은 모두 장학담당자로 분류할 수 있다. 그들은 우선 교육과학기술부의 장관과 차관, 관련 부서의 장학관, 교육연구관, 장학사, 교육연구사와 시·도 교육청의 교육감과 관련 부서의 국장, 과장, 계장 등을 보임하는 장학관과 장학사, 그리고 하위 교육청의 교육장과 각 장학관 및 장학사, 학교수준의 교장, 교감, 보직교사 및 동료교사 등을 포함한다. 물론 이들 중에는 행정업무가 중심인 사람들도 있고, 조정이나 지도·조언, 수업이나 편수 관계 일을 담당하는 사람들도 있다.

2) 장학담당자에게 필요한 지식과 기술

장학자가 맡은 역할을 전문가답게 수행하기 위해서는 학교교육 프로그램에 대한 폭넓은 지식이 있어야 하며, 교수-학습 분야의 새로운 흐름을 이해하고 교사에게 알려 줄 수 있어야 하며, 수업목표의 명료화 및 수업계획과 수업전략 수립에 대한 새로운 방법과 기술의 장단점을 알고 있어야 한다.

장학자는 교육학에 대한 지식이 있어야 한다. 학교발달의 역사를 설명하고, 교육과정에서 교육철학의 영향을 설명하고, 수업에 맞는 학습이론을 소개할 줄 알아야 한다. 그들은 학교재정, 교육법규, 학생봉사활동, 지역사회 관계에 대한 기초지식도 있어야 한다.

장학자는 교사에게 필요한 자료가 무엇인지를 알아내야 하므로 끊임없이 새로운 문헌을 보아야 하며 교사가 새로운 교육자료나 매체와 익숙해지도록 지도해 나가야 한다. 장학자는 측정과 평가의 원리에 익숙해 있어야 하고, 교사가 성적을 매기고 보고서를 작성하는 절차를 수행하도록 도와야 하며, 표준화검사의 선택과 활용을 돕고, 훌륭한 검사를 실시하도록 도와야 한다. 또한 교육연구의 원리를 적용하여 문제를 분석하고 해석할 수 있어야 하며 교사들이 새로운 교수법을 개발하도록 자극해야 한다(김정한, 2003).

장학자는 교사의 현직교육을 조직하고, 교사의 요구를 파악하고, 이러한 요구를 충족시킬 수 있는 장치를 마련해야 한다. 이러한 자질은 훈련이나 경험에서 얻어질 수도 있고 때로는 인성적 특성에서도 연유될 수 있다. 성공적인 장학자는 끊임없이 사람을 만나고 인간관계 속에서 그 역할이 주로 이루어지므로 온화하고, 친근하고, 참을성 있고, 유머 감각이 있어야 한다.

봉사 지향적 활동으로서의 장학을 위해서는 타인을 도와주고자 노력하는 상담자의 정신이 필요하다. 또한 설득력을 가져야 하고 교사들이 변화를 추구하도록 만드는 열성도 있어야 한다. 교사들이 일을 새롭게 변화시킬 수 있도록 아이디어를 계속 지원해 주어야 하며, 동시에 교사의 가치관을 수용하고 아이디어를 발전시켜 나가는 태도를 지녀야 한다.

장학자는 무엇보다도 교육자로서의 변화와 개선에 끊임없이 열중하는 성격을 지녀야 한다. 만일 장학자가 변화를 추구하지 못하고 현상유지 차원에 만족한다면 교사의 교육활동은 무기력해질 수밖에 없다. 그는 변화의 활력소가 되어야 하며 교사들이 청소년과 사회의 변화에 적응하도록 도와주어야 한다.

3) 장학담당자의 실무적 자질

장학자는 교육 기초에 대한 지식, 인간관계에 대한 능력, 학교조직 운영과 경영에 대한 이해가 통합적으로 필요하다. 파작(Pajak, 1989)은 효과적 장학을 하기 위한 12가지 차원의 실무적 자질을 제시하고, 각 차원마다 필요한 지식 3가지씩을 중요성의 순서대로 열거하였다.

- 의사소통
  - 갈등 해소전략에 대한 지식
  - 집단 내 관계에 대한 지식
  - 집단 간 관계에 대한 지식
- 직원개발
  - 진행되고 있는 전문성 성장에 대한 헌신
  - 지원하고 도와주는 일에 대한 열성

– 교직원 성장에 관계된 결정에 교사가 참여해야 한다는 신념
- 수업 프로그램
  – 수업자료나 자원에 대한 지식
  – 효과적 수업에 관련한 연구에 대한 지식
  – 수업방법과 전략에 대한 지식
- 계획과 변화
  – 새로운 생각, 정보, 비판에 대한 개방성
  – 계속적 향상에 대한 헌신
  – 변화에 대한 긍정적 태도
- 동기화와 조직화
  – 모두가 공유하는 비전 형성에 대한 신념
  – 타인의 지도성 개발에 대한 헌신
  – 민주적 원칙에 대한 헌신
- 관찰과 협의
  – 다양한 장학 접근법에 대한 필요 인식
  – 교사와의 동료 관계 수립에 대한 필요 인식
  – 개인교사의 교수형태 개발에 대한 헌신
- 교육과정
  – 철학적 · 사회적 · 역사적 기초에 대한 지식
  – 아동의 성장, 발달에 관한 지식
  – 교육과정 개발절차에 관한 지식
- 문제해결과 의사결정
  – 인위적으로 조작하지 않음
  – 프로그램을 만들어 시행하는 것을 개선을 위한 좋은 기회로 삼음
  – 학생들에게 무엇이 가장 좋은가에 기초한 의사결정

- 교사에 대한 봉사
  - 교사의 동료가 되어 함께 일한다는 생각
  - 수업시간을 철저하게 보호해 줌
  - 교사들을 대신하여 영향력을 기꺼이 행사함
- 개인적 성장
  - 자기 자신을 알며 자신의 영향력에 대한 이해
  - 학교교육에 대한 자신의 철학에 관한 지식
  - 광범위한 경험의 소유
- 지역사회 관계
  - 학부모를 알고 그들과 대화하려는 욕구
  - 교육목표에 대하여 지역사회와 기꺼이 대화를 나눔
  - 학교의 문화적, 사회ㆍ경제적 환경에 대한 예민성
- 연구와 프로그램 평가
  - 다양한 평가전략에 대한 지식
  - 가설을 증명할 수 있는 지식
  - 정보수집 기술에 대한 지식

초기의 장학자들은 학교운영에 관련한 현상유지적 역할에 치중해 왔다. 그러나 21세기에 요청되는 장학자는 전문적 지식과 기술을 가지고 과거와 는 다른 역할을 수행해야 한다.

4) 역할수행사로서의 사질

와일스와 본디(Wiles & Bondi, 2000)는 장학담당자의 자질에 기본이 되 는 8가지 분야를 설명하였다.

(1) 인간개발자로서의 장학자

모든 교육자의 주된 과제는 학생들을 위하여 가장 좋은 학습경험을 설계하는 것이다. 성장해 가는 아이들이 무엇을 필요로 하는지를 알려면 그들의 발달과정에 대한 깊은 지식이 있어야 한다. 학교에 다니는 아동들의 학습준비도는 각기 다르며 각자의 재능과 흥미도 다르게 마련이다. 모든 학생은 적절한 시기에 발달과업을 성공적으로 이행해야 한다.

학생들은 배경이나 사회적 경험이 다르므로 학교에서 학습하는 능력도 각기 다르며 각자가 지닌 신체적 특징도 다르다. 장학자는 이렇게 다른 아이들이 혜택을 받을 수 있는 교육과정과 교육 프로그램을 계획하는 데 힘을 써야 한다.

(2) 교육과정 개발자로서의 장학자

교육과정은 학생들이 학급 수준에서 경험하는 모든 활동이다. 교육과정을 수업 속에서 실현시키는 사람은 교사이고 장학자는 수업의 개선을 위하여 교사와 함께 일하기 때문에 장학자는 교육과정 개발에 직접적 관련이 있다.

교육과정 개발은 순환적 작업이다. 장학자는 학교교육 목적을 분석하고, 나아가야 할 철학과 목표를 분명히 하고, 우선순위를 정하고, 개발에 필요한 개념을 분명히 해야 한다. 장학자는 교육과정 개발 노력에 대한 평가와 새로운 요구에 대한 인식을 가져야 한다. 장학자는 교육의 질을 통제하는 집행자로서 교육과정 개발에 높은 식견을 지녀야 한다.

(3) 수업 전문가로서의 장학자

장학자의 주요 과업은 학생들의 학습 기회를 높여 주는 것이다. 이를 위하여 장학자는 연구, 의사소통, 교수 등에 대한 전문성을 나타내 보여야 한다. 최근 연구에서 제시된 교수이론, 학교 효과성, 학습형태, 학습자의 생리 등에 대한 지식이 있어야 한다. 장학자는 수업의 분석가이며 수업에 관련한 적절한 지식을 제공해 주는 자원인사가 되어야 한다. 장학자는 교과목 담당교사들과 교수-학습을 풍요롭게 할 수 있는 길에 대하여 의논하고, 학년 간, 학교 간의 교육활동을 조정하며, 같은 교과목을 가르치는 교사들이 서로 만나서 교과에 대한 이야기를 나눌 수 있도록 기회를 주선해 준다. 장학자는 수업 전문가로서 그들의 경험과 지식을 전해 주고, 교사들과 새로운 아이디어를 나누고, 교수모형을 보여 주거나 교수의 실재를 시연해 보임으로써 교사를 도와줄 수 있다.

(4) 인간관계 전문가로서의 장학자

장학은 대체로 사람과 사람과의 인간관계를 다루는 업무가 많다. 장학자는 교사들과 함께 일하고 행정가들과도 같이 일한다. 장학자는 같이 일하는 집단이나 개인의 요구에 민감해야 하며 상대의 이야기를 잘 들어 주고 그 뜻을 정확하게 이해할 수 있어야 한다. 장학자가 교육계에 종사하는 전문인의 동기를 이해하는 것은 매우 중요하며 이들의 동기를 조직목표와 연결시키는 기술이 매우 필요하다. 장학자는 교육의 질 향상을 목표로 하는 소집단이나 협의회 등의 문제를 분석하고, 해결방안을 모색하고, 성공적으로 회의하고 협의해 나가도록 이끌어 가는 인간관계 기술이 필요하다.

(5) 직원 개발자로서의 장학자

수업개선을 위하여 가장 중요한 것은 직원 개발계획을 세우는 일이다. 장학자는 교사들의 현직교육에 대한 훈련모형을 가지고 있어야 한다. 교사 발달을 위한 개발계획은 교사 개인의 요구에 맞는 종합적이고 장기적인 고려를 가지고 세워야 한다. 교사 개인의 결함이나 결핍을 교정시켜 주기 위한 것이 현직교육의 주목적이 되어서는 안 되며, 개인의 성장과 발달을 위한 계속적인 노력의 일환으로 직원 개발 프로그램이 진행되어야 한다.

(6) 행정가로서의 장학자

장학자는 많은 시간을 다른 행정가들과의 상호관계 속에서 보낸다. 학교체제는 상호 연결된 팀 의사결정을 하는 경우가 많으므로 장학자에게도 행정가로서의 업무처리 기술이 필요하다.

그들은 정보를 관리해야 하며 기록을 보관하고 관리하는 서기적인 일을 해야 한다. 장학자가 행정가와 함께 일하기 위해서는 행정가로서 통합적으로 사고할 수 있는 능력도 필요하다.

(7) 변화 주도자로서의 장학자

전통적으로 장학자는 수업개선을 위하여 교사들과 직접 일해 나가는 경우가 많았으나 교육조직 규모가 커지고 책무성에 대한 압력이 높아지면서 사람을 만나고 직접 도와주는 역할보다 의미 있는 변화를 일어나게 하고, 이 변화를 효과적으로 관리하는 역할에 더 중점을 두게 되었다.

교육의 질 관리에 대한 요구가 증대되면서 교육 프로그램 진행에 대한 공적 관심이 높아지고 이 일을 맡은 장학자들에 대한 법규적 책무성도 높아지고 있는 것이 현실이다. 컴퓨터 프로그램의 확산, 공학매체 활용, 예산의 과학적 사용, 교육과정 개발 등은 바로 장학자들의 근무수행 및 책무성과 연관되기 때문에 이러한 과업을 지역사회의 기대에 맞게 변화시켜 나가는 것이 장학의 경영적 기능이라 볼 수 있다. 장학자는 작은 부분을 꼼꼼히 살펴보아야 하는 동시에 이들을 묶어서 전체를 통합적으로 볼 수 있는 시각도 있어야 한다.

(8) 평가자로서의 장학자

장학자는 교사의 수행을 평가하고 교육 프로그램의 결과를 평가하고 수업의 과정과 질을 평가한다. 장학자는 필요 조사를 수행해야 하며 지역에 대한 교사와 졸업생에 대한 추후 조사도 실시해야 한다. 장학자는 평가 결과에서 얻은 정보를 정리하여 교육과정 운영계획에 필요한 자료로 활용하거나, 교사들의 성장을 위한 기초자료로 이용하거나, 학교발전계획 수립을 위한 정보로 사용할 수 있다.

교육의 질적 변화를 가져오기 위하여 장학자는 교사들의 능력을 개발하여 수업의 질을 높이는 방법에 대한 지식이 있어야 하고, 교사들과 변화 지향적이고 긍정적인 관계를 맺어 나갈 수 있는 인간관계 기술이 필요하며 계획하고, 관찰하고, 협의하고, 교육의 변화를 평가할 수 있는 집행자로서의 자질이 있어야 한다.

학부모 이해 및
학부모 상담

내가 만난 훌륭한 교사-병원에서 느낀 선생님의 따뜻한 온기

제가 처음으로 교사가 되고 싶다고 생각한 것은 초등학교 4학년 때의 일입니다. 정확히 말하면 당시 꿈은 초등학교 선생님이 되는 것이었습니다. 그때에도 여러 사람들이 제게 물었습니다.

"왜 초등학교 선생님이 되고 싶니? 남자라면 좀 더 큰 꿈을 꾸어 보는 게 어떠니?"

그리고 당시의 제 대답은 항상 "4학년 때 담임선생님이셨던 조○○ 선생님이 재미있게 잘 가르쳐 주셔서요, 저도 조○○ 선생님 같은 선생님이 되고 싶어요."

10년 이상이 지난 지금 당시 조○○ 선생님의 어떤 점이 그리 재미있었고, 마음에 들었는지 정확하게 기억나질 않습니다. 다만 그 이후부터 앞으로 어떠한 교사가 되어야 할까, 어떠한 교사가 되고 싶은 것일까 하는 궁금증을 가지고 고민하게 되었습니다.

초등학교 4학년 때 장염으로 병원에 입원하게 된 후 어느 날 저녁의 일입니다. 쓰라림으로 앓다가 지쳐 잠이 들었는데 손에 따스한 온기가 느껴졌습니다. 어머니의 손이라고 하기엔 살짝 거친 느낌이었을까, 어렴풋하게 잠에서 깨어 살짝 눈을 떠보니 담임선생님이셨던 조○○ 선생님께서 제 손을 잡고 기도를 하고 계셨던 것입니다.

그뿐이 아니라 또 다른 일화도 있습니다. 같은 해 상암동에 큰 불이 났었고 그로 인해 그 동네에 살고 있던 친구의 집이 불로 인해 큰 피해를 입었습니다. 당시 반장이었는데 조○○ 선생님께서는 저를 데리고 불탄 친구 집을 방문하여 가족들을 위로해 주셨습니다.

그때는 어렸고 꿈이 교사가 아니었기에 그저 친구에 대한 안타까움뿐이었지만, 교사란 꿈을 가지고 고민을 시작하며 조○○ 선생님의 행동이 얼마나 아름다운 것인지 알게 되었습니다.

저는 조○○ 선생님을 통해 학생의 아픈 곳 하나하나까지 찾아가며 같이 아파하시고 위로해 주셨던 그 선생님의 마음을 배울 수 있었습니다. 그리고 교사가 된다면 나 역시 그런 마음을 가지고 학생을 대하고 가르쳐야겠다고 다짐하며 더욱 교사가 되고자 하는 마음이 강하게 들게 되었습니다.

단순히 즐거운 수업시간을 통해 가지게 되었던 교사라는 막연한 꿈이 시간이 지나며 명확해지기 시작하였고, 이제는 그 꿈을 이루고자 노력하게 되었습니다. 수업을 통하여 얻는 즐거움과 선생님의 따뜻한 마음, 그것이 바로 학생에게 줄 수 있는 선생님의 가장 큰 선물이자 역할이 아닐까 생각합니다.

학교 및 교사는 학생들의 바람직한 성장을 돕기 위해 가정과의 연락을 긴밀하게 하여 학교와 가정 쌍방의 교육 및 양육방침을 서로 이해하며 기능분담을 명확히 하는 것이 무엇보다도 중요하다. 학부모는 자녀를 학교에 보낼 때 자신이 기대하는 인간상으로 성장하기를 바라며, 이를 위해 가정에서 이루기 어려운 면을 학교 교사에게 요구하며 기대하게 된다.

그런데 학부모–교사 양자의 교육방침이나 목표와 그 방법이 다르면 학생은 혼란을 겪게 되고 교육효과를 기대하기 어렵다. 그리하여 학교와 가정과의 밀접한 연결은 교사와 학부모와의 효율적인 상호작용을 이끌어 낼 것이며 교사는 가정에서의 교육이 성공적으로 이루어지도록 도울 수 있을 것이다.

학부모가 자녀에 대하여 고민이 있어 스스로 내교하였든지 아니면 교사의 요청에 의하여 학교를 방문하였든지 교사는 학부모 상담의 진행과정 및 상담요령을 알고 학부모 유형에 따른 올바른 상담법을 구사하여, 학생이 학교에 잘 적응하며 학부모가 문제해결을 잘 하도록 적극적으로 도와야 한다.

1. 학부모 상담의 진행과정 및 사후관리

1) 상담의 시작

- 처음에는 무조건 학부모의 마음을 편하게 해 주는 것이 현명하다. 상담을 시작하는 교사가 먼저 긴장을 풀면 이것은 어렵지 않게 성취될 수 있다.
- 환영의 말이나 학생에 대한 진실한 관심이 있는 발언, 또는 학부모를 편안하게 할 수 있는 발언 등으로 시작하면 분위기는 부드러워진다.
- 이어 상담의 취지를 설명한다.

2) 상담의 진행

- 학생의 장점이나 가장 최근에 관찰된 중요한 성장기록을 이야기하는 것으로 시작한다. 긍정적으로 시작하면 학부모가 마음을 열고 응하게 된다.
- 만일 특별하게 알려 줄 만한 장점이 없거나 학기 초에 비해 큰 진전이 없는 학생이라면 아주 작은 사례부터 시작하여 학부모의 참여를 유도한다. 출석상황이라든지 최근 학생이 좋아하는 활동, 혹은 최근에 한 말 등 긍정적인 분위기가 형성되면 상담양식에 따라 진행하는데, 교사는 미리 준비한 관찰기록이나 학생이 만든 작품 등을 보여 주며 학생의 전반적인 발달 상태를 이야기한다.
- 상담을 통하여 교사는 학생이 집에서 보이는 행동을 알 수 있으며, 학교에서 보이는 행동과의 차이점을 감지할 수 있다. 많은 학부모가 자녀가 집에서와 같은 행동을 학교에서도 보일 것이라고 생각하고 있는

데 가끔 집에서와는 다른 행동을 전해 들을 때는 놀라기도 한다.

3) 상담의 마무리

상담을 통해 도달한 결론을 가지고 앞으로 어떻게 대처해 나갈 것인지 학부모와 의논한 후 상담을 끝낸다.

4) 상담 후의 활동

- 면담 후 필요한 경우 전화를 한다든지 학생 편에 편지를 보낸다든가 아니면 등교 및 귀가시간에 일상적인 대화를 통해 상담 때 했던 이야기들을 자연스럽게 확장시켜 나간다.
- 상담을 통해 얻어진 자료들은 다음 단계의 활동을 계획하는 데 사용한다.

5) 상담 후 관리 프로그램

- 상담이 행사로 끝나서는 성공적일 수 없다.
- 상담 시 대두되었던 이야기는 수시로 교사가 체크하고 전화 상담 등이 이루어져야 한다.
- 반별로 잘 보이는 곳에 학생 특성표(상담 시 대두되었던 이야기를 정리한 표)를 비치해 두면 수시로 교사가 체크할 수 있다.

2. 학부모 상담요령

1) 진심에서 우러난 관심 보이기(밝은 미소)

집에서 키우는 애완동물도 주인의 관심을 끌기 위해 애교를 피우고 재롱 떠는 것을 볼 수 있다. 형제 중에 큰아이가, 갑자기 태어난 동생으로 인해 부모의 관심에서 벗어났다고 느꼈을 때 질투심을 느껴 어린 동생에게 해코 지를 하는 경우도 볼 수 있다.

이렇듯 다른 누군가의 관심을 끌고 싶어 하는 마음은 원초적인 본능이라 고 할 수 있으므로 학교에 처음 방문하는 학부모뿐 아니라 수차례 방문했 던 학부모에게도 진심에서 우러나오는 깍듯한 미소와 정성을 보여 주어야 한다.

사례

아이가 4세 때 11월 중순경이었습니다. 다른 지역으로 이사를 갔는데 바 로 아파트 단지 내에 너무 예쁘고 아담한 ○○원이 있었습니다. 그래서 5세 가 되면 ○○원을 보내리라 생각하고 아이와 방문을 하였는데 그 ○○원을 지키고 있던 한 교사가 얼굴을 제대로 마주치지 않고 이렇게 말했습니다.

"모두 마감됐는데요. 저희 ○○원은 11월 초에 모두 마감돼요"라고 잘라 말하는 것이었습니다. 그때 받은 무관심과 불친절함의 나쁜 기억으로 인해 나는 ○○원 앞에서 3년 이상을 살면서 한 번도 그 ○○원에 아이를 보낼 생 각을 하지 않았습니다.

만일 그때 교사가 상냥하게 반기며 "네, 지금은 5세는 마감되었지만 대기 자 명단에 넣어 놓겠습니다. 연락처와 이름을 작성해 주세요." 혹은 "어머님 저희는 11월 초에 마감되니 내년에는 꼭 미리 상담 부탁드립니다. 아니면 주변에 다른 ○○원으로 소개해 드릴까요?"라고 했다면 아마 다음 해에는 집에서 가깝고 느낌이 좋았던 ○○원에 보냈을 것이라는 생각이 듭니다.

그 교사가 한 1~2분만 투자하여 정성을 보였으면 아마 내년, 후년에는 ○○원을 찾았을 학부모를 허망하게 놓치는 일은 없었겠지요.

단지 내 유리한 위치에 있다는 이유로 인기가 많았던 그 ○○원은 후에 교사 관리가 제대로 되지 않아 차량 사고가 났고 많은 원아들이 떠나서 한동안 경영에 어려움을 겪었다는 소문을 듣게 되었습니다.

*유성희(2011)에서 재인용.

2) 학부모의 말 잘 경청하기

많은 사람들이 자신의 이야기를 들어 줄 사람이 없어 병원에서 의사에게 많은 비용을 지불하고 이야기를 털어놓는다. 학부모를 만나면 선생님들은 대부분 아이나 학교에 대해 많은 설명을 하길 원하지만 말이 많아지게 되면 실수도 할 수 있고 학부모의 요구를 제대로 파악할 수도 없게 된다. 학부모의 상담 포인트를 잘 파악하려면 조용히 경청하면서 질문을 통해 학부모가 원하는 상담내용을 확인해야 한다.

"아, 어머님께서는 우리 ○○이가 학교에서 친구와 어떻게 지내는지 궁금하시다는 말씀이시죠?"

상담 중의 대화 비중을 제시한다면 학부모는 70%, 상담자는 30% 정도만 이야기하는 것이 적절하다고 볼 수 있다. 학부모의 말 속에 문제해결의 실마리가 들어 있음을 알아야 한다.

차분히 듣고 있으면 학부모는 문제점도 알고 있지만 해결방안에 대해서도 알고 있다는 사실을 알 수 있다.

그들이 상담을 하는 것은 자신이 내린 결론에 대한 확인 작업이라고 보면 된다. 이렇게 학부모들이 의도하는 내용의 포인트를 잘 짚어 주는 것이 올바른 상담자의 역할이다.

3) 학부모의 관심사에 대해 이야기하기

골프를 좋아하는 사람을 만나서 대화를 하다가 골프 이야기를 하게 되면 공통적으로 눈이 반짝하고 떠지면서 표정이 밝아지는 것을 볼 수 있다. 자신이 좋아하는 운동이나 취미생활에 관해 이야기할 때는 대부분의 사람들이 적극적인 반응을 보이게 된다.

학부모와 상담할 때에도 학부모가 이야기하도록 하여 학부모의 관심사를 먼저 읽어 낸 후 함께 이야기를 나누면 마음의 문이 자연스럽게 열리게 되고 그날의 상담은 성공적인 결과를 가져올 것이다.

만일 학부모의 관심사가 상담자의 관심과는 거리가 먼 내용이라면 메모를 해 두었다가 다음 상담 시까지 혹은, 전화 상담 시에 활용하면 좋다.

예를 들어, "지난번 어머님 말씀하신 ○○○와 관련된 홈페이지가 있더라고요. 주소는 △△△입니다. 한번 참고하세요." "지난번 초등학교 영어 수업에 관해 말씀하신 부분이요. 제가 자료를 좀 모아 보았습니다. □□편에 자료를 보내드리도록 하겠습니다. 도움이 되셨으면 좋겠습니다."

이때 학부모는 생각할 것이다. '우리 선생님은 참 섬세하시구나. 아직도 그걸 기억하고 계시네.' 혹은 '홈페이지까지 검색해서 알아봐 주시다니 대단한 정성을 내게 보이시는구나.' 이처럼 학부모 상담은 일회성이 아니기 때문에 지속적인 관계 속에 점점 발전하고 친밀하게 유지되는 것이 중요하다.

4) '예'라는 대답 이끌어 내기

사람들은 누군가가 질문을 했을 때 '아니요'라는 대답보다 '예'라는 대답을, 고개를 좌우로 흔드는 것보다 위아래로 끄덕거리는 동작을 더 쉬워한다.

때문에 학부모와 상담할 때는 처음부터 '예'라는 대답을 유도하고, 나중에는 학교장이 원하는 질문까지 도달하여 결국 '예'라는 최종 대답을 받아 내도록 해야 한다.

예를 들어 학교에서 다음 달부터 시작하는 영어 수업과 관련하여 설명회를 갖고 신청서를 받아야 하는 행사가 있음을 설명한다.

"○○ 어머님, 안녕하세요? 요즘 날씨가 무척 더워졌지요?" – "예."
"어머님~ 오늘은 계절에 맞게 시원하게 입으셨네요. 보기 좋습니다. 시원하시겠어요!" – "예."
"어머님, 영어 설명회는 잘 들으셨나요?" – "예."
"저희 학교 일정에 이렇게 적극적으로 참여해 주셔서 정말 감사드립니다." – "예."

이런 식으로 대답을 이끌어 내어 긍정적인 대화로 만드는 것이 중요하다.

5) 관심을 끌기 위해 극적으로 표현하기

남성과 여성의 차이 중의 하나는 남성은 하나의 사건이 발생했을 때 결론에 집중하고, 여성은 결론보다는 결론으로 가기까지의 과정에서 발생되는 사건에 관심을 가진다는 것이다. 예를 들어 축구 경기가 끝났다면 남자들은 "그래서 몇 대 몇이야?" "월드컵 본선에 들어갔나?"라고 이야기하고 여자들은 드라마 내용을 물어보면서 결론보다는 "그래서 어떻게 됐나요?" "그 남자가 그 여자와 헤어졌나요?" "다음은요?"라고 질문한다.

때문에 상담하는 대부분의 학부모는 여자임을 이해하고 상담 시 좀 더 드라마틱하게 표현하면 상담자가 원하는 결론에 도달하기 쉬울 것이다.

예를 들면 원어민 교사를 새로 채용한 2가지 상황을 살펴보자.

첫 번째 표현

"어머님~ 저희 학교에 새로운 원어민 강사를 모시게 됐습니다. 실력 있는 강사라 저희가 몇 개월을 기다렸습니다. 반갑게 맞아 주시기 바랍니다."

두 번째 극적인 표현

"어머님~ 기뻐해 주세요!! 드디어 저희가 그토록 원하던 실력 있는 원어민 교사를 저희 학교에 모시게 되었습니다. 수개월 전부터 이 교사를 모시기 위해 저희가 상당한 노력을 했습니다. 원어민 교사들의 신상 조사서를 100개 이상 수집하여 일일이 검토한 결과 지금의 교사를 선정했으나 교사의 개인적인 사정으로 6개월을 기다렸고 기다린 결과 실력 있고 저희 학교에 적합한 교사를 드디어 모시게 되었습니다. 박수 부탁드립니다!!"

이처럼 극적인 상황으로 표현하여 이야기한다면 학부모들은 박수를 열렬히 치며 반갑게 교사를 맞이하게 될 것이다.

〈Tip〉 학부모와의 상담 시 참고할 수 있는 사항

• 따뜻하고 우호적인 환경을 조성하여 학부모들이 편안하게 느끼도록 돕는다. 학부모가 교사와 동등하다는 느낌을 유지하도록 돕는다.

• 대화하는 동안 학부모들에 대한 긍정적인 태도를 전달한다. 교사 자신의 감정과 다를지라도 학부모의 감정을 수용한다.

• 학부모가 느끼는 바를 솔직하게 말할 수 있도록 하여 학부모의 어떤 생각이

라도 환영받는다는 것을 분명히 하면서 능동적인 대화기법을 개발한다.

- 교사가 부모와 협력관계에 있음을 알리되, 아이를 다루는 방법을 가르치려 한다는 느낌을 주지 않도록 한다.
- 면담 중 교육 전문용어를 쓰지 않는다. 교육 전문용어는 교사와 학부모 사이에 장벽을 만들기 쉬우므로 학부모들이 이해하기 쉬운 말로 질문하고 답한다.
- 면담 중에는 가능한 한 구체적이면서도 직접적으로 말한다. 최대한 분명하게 말을 하고 교사가 주는 정보와 제안을 뒷받침할 글이나 그림을 제시하는 것이 좋다. 다른 아이와 비교하여서는 안 된다.
- 면담 중에 학부모들이 가장 잘 던지는 질문에 대답할 준비를 한다. (예를 들면 '학교에서 어떻게 지내나요?' '다른 아이와 사이좋게 지내나요?')
- 아이의 성장과 발달에서 긍정적인 측면을 숙고한다.

*유성희(2011)에서 재인용.

우리가 부정적인 이야기의 영향을 받듯이 학부모들은 자기 아이가 잘하지 못하고 있다는 말을 들으면 충격을 받는다. 그렇다고 해서 학생의 단점에 대해서 이야기하지 말라는 것은 아니다. 그러나 교사는 학생의 긍정적인 측면을 존중하고 문제가 있다면 도와주고 싶다는 의사를 학부모에게 알려야 한다.

6) 상담 즉시 결론 내리기

학부모는 자신의 자녀를 맡긴 학교에 관심도 있고 애착도 가는 것이 사실이다. 때문에 상담자와 상담 시 학부모가 긍정적으로 느끼고 있다고 생각되면 그 자리에서 바로 사인을 받아 내야 한다.

예를 들어 영어 보충수업 신청서를 받아야 할 때에도 '예'라는 대답을 이끌어 내면서 긍정적인 상담을 유도한 뒤 바로 신청서를 제시해야 한다.

이때 조금 불편해하는 학부모도 있을 수 있다. 그럴 때는 "어머님, 지금 신청서를 작성하시고 댁으로 돌아가신 뒤에 혹 마음이 바뀌시면 전화만 주세요. 바로 취소처리해 드리겠습니다. 걱정 마세요."

사람의 속성상 본인이 내린 결정에 대해 정당화하고 합리화하려는 마음이 있기 때문에 70~90%의 학부모들은 번복하지 않는다. 그러나 집으로 돌아간 뒤에 1~2일 이상의 시간적 여유를 학부모에게 주어 결정하도록 한다면 50% 이상 학부모의 마음이 돌아서서 신청을 하지 않을 수 있다는 것이다. 때문에 기억해야 할 것이다. 상담의 약효는 12시간 이상 지속되지 않는다.

7) 화가 난 학부모 잠재우기

학부모뿐 아니라 모든 사람은 화가 난 그 순간만큼은 어떤 말도 귀에 들어오지 않게 되어 있다. 때문에 우선 화가 나서 학교를 찾아온 학부모가 마음껏 이야기하도록 해야 한다.

물론 정중하게 손을 모으고 불만사항을 다 쏟아놓을 수 있도록 도와주어도 좋다. 학부모가 다 쏟아낼 때까지 절대로 끼어들지 않아야 하며, 비록 틀린 부분이 있더라도 중간에 조정하려 한다면 상황만 악화시킬 수 있음을 명심해야 한다. 학부모의 얼굴을 가끔 마주 대하면서 시선은 약간 낮게 내리고 중간 중간에 고개를 끄덕인다.

그리고 이런 대답을 반복한다. "많이 놀라 셨지요?" "매우 화가 나셨겠습니다." "물론 저라도 그랬을 겁니다." "그랬군요." "네." "뭐라 드릴 말씀이 없습니다." "죄송합니다."

학부모는 자신이 쏟아놓은 언어의 배설물을 떠올리며 슬쩍 미안함을 가질 수도 있다. 혹은 불만을 다 쏟아낸 뒤 카타르시스(자기정화)를 느끼며 편안해할 수도 있다. 그런 다음 상담자는 차분하고 담담한 표정과 말투로 상황을 정리하여 말한다.

학부모가 오해하고 있었던 부분을 이야기할 때도 강조하지 말고 평범한 톤으로 이야기하는 것이 상대방으로 하여금 미안한 마음을 갖게 하는 데 도움이 된다. 대신 왜곡된 부분을 정정하여 설명할 때의 말투는 평범하나 절도 있게 학부모의 눈을 맞춰 가며 설명하는 것이 좋다.

8) 학부모의 경쟁의식 자극하기

사람은 사회적 동물이다. 학부모들은 자신의 아이가 학교에서 어느 정도의 위치에 있는지 나름 줄을 세우고 순위를 매기고 선두그룹에 있는 아이들의 행동과 학습습관을 예의 주시하고 있을 것이다. 어떤 공부를 시키는지, 또 어떤 운동이나 특기적성을 배우는지에 대해…….

학부모에게 어떤 동의나 참여를 이끌어 내기 위해서는 학부모의 아이와 경쟁상대가 될 만한 아이의 예를 들어 설명하고 학부모의 경쟁심을 유발시키는 것이 효과적이다.

"어머님, 우리 수진이 친구 유리라고 아시죠? 미국에서 살다가 온, 영어를 꽤 잘하는 친구요. 유리 어머님도 금번 저희 영어 프로그램에 첫 번째로 신청하셨습니다"라고 이야기하면 수진이 어머님은 생각할 것이다. '우리 수진이도 그 영어 프로그램에 등록하면 미국에서 살다온 유리처럼 영어를 잘하게 되리라'고.

9) 자발적으로 협력하도록 유도하기

언젠가 TV에서 남자 연예인들이 각자 과거의 연애담이나 현재의 연애관에 관한 토크쇼를 진행하는 것을 보았다. 한 연예인 왈 "정성을 많이 들인 여자 친구일수록 헤어지기 어렵습니다. 공을 많이 들였기 때문에 아까운 거지요. 헤어진 뒤에 제일 아까운 것은 여자 친구에게 선물했던 옷값 중에 아직도 결제할 잔액이 남아 있다는 겁니다.”

학부모의 지원이 필요한 행사가 있을 때 학부모 회의를 소집하여 행사의 취지와 목적, 그리고 지원이 필요한 항목을 제시해야 한다. 다음 진행사항은 자율적으로 학부모에게 맡기도록 한다. 학부모끼리 자발적으로 계획하고 수행하도록 하고 결과에 대해 충분히 감사의 표시를 하면 된다. 공을 많이 들인 여자 친구처럼 학교에 협조와 지원을 아끼지 않았던 학부모일수록 학교에 애착을 갖고 더욱더 협조적이 된다.

〈Tip〉 학부모 상담 시 알아야 할 4가지 상식

• 학부모와 원활한 의사소통이 가능한 커뮤니케이션 기술 필요

 −학부모의 말을 주의 깊게 듣는다.

 −학부모가 이야기하는 도중에 끊고 말하지 않는다.

 −학부모의 말을 통해 학생의 환경과 성향에 대해 이해하도록 한다.

 −상담 후에는 반드시 중요한 내용을 메모해 두었다가 상담 후 피드백을 한다.

• 학부모가 무엇을 요구하는지 이해

 −학부모가 자녀에 대해 많은 것을 물어보고 싶어 하는 마음을 이해한다.

 −학부모가 질문할 때 어떤 것을 요구하는지 정확하게 파악한 후 답변한다.

 −표정이나 행동 등 언어 이외의 표현은 정말 원하는 것이 무엇인지 전달하는 제2의 언어임을 이해한다.

 −학부모가 집중하지 못하고 말하기를 주저한다면 주의를 환기시킨 후 다시 한다.

- 친근감 있는 태도로 접근
  - 학부모가 편안하게 이해할 수 있도록 진솔하게 대화한다.
  - 상담이라고 해서 너무 무거운 분위기로 이끌지 말고 진지하면서도 유쾌한 분위기를 조성한다.
- 알아듣기 쉬운 말 사용
  - 일반적인 어휘를 사용해서 이야기한다.
  - 학부모가 모르는 교육 전문용어를 쉽게 풀어서 사용한다.
  - 학부모의 눈높이에 맞춰 대화한다.

3. 학부모 유형에 따른 올바른 상담법

어떤 학부모를 만나든 교사는 교사로서의 권위를 유지하면서 편안하고 수용적인 분위기를 만드는 것이 기본적인 자세다. 또한 학부모의 의견과 생각을 경청하고 존중하지만 지켜야 할 한계를 분명히 그을 수 있어야 한다.

1) 비협조적인 학부모

- 기관의 행사나 학생교육에 비협조적인 학부모의 경우 껄끄럽게 느껴지더라도 만나는 횟수를 늘리고 기관의 교육방침과 프로그램의 내용과 목표, 근거에 대해 자세히 설명하여 이해를 구하는 것이 좋다.
- 비협조적이라고 거리를 두면 문제는 더 악화된다.

> **올바른 상담법**
>
> • 자주 만난다.
> • 교육목표와 방침, 프로그램의 내용, 목표, 근거 등에 대해 자세히 설명하여 이해를 구한다.
> • 빠른 시간 안에 공감대를 느낄 수 있을 만한 부분을 찾아 대화한다(예, 교육목표, 방향, 방침, 방법 등).
> • 일단 학부모의 생각을 높이 평가하고 공감하여 동질감을 느끼게 한 후 협조를 구한다.

2) 빠른 변화를 원하는 학부모

• 학부모가 바란다고 해서 아이가 빠르게 변하고 발달하는 것은 아니다. 변화와 성장은 생물학적 · 인지적 · 환경적 조건이 갖춰졌을 때 일어나는 것이다.

• 교사는 학부모의 조급함에 동조해서는 안 된다. 교사는 학부모의 성급

> **올바른 상담법**
>
> • 아이의 성장과 발달, 그리고 변하는 때가 있다는 것을 설명한다.
> • 아이의 변화를 위해서는 기관뿐 아니라 학부모의 협조와 노력이 중요하다는 것을 알려 준다.
> • 아이가 준비되었을 때 자극을 주고 끌어 주는 것이 아이에게 최상의 결과를 안겨 준다는 것을 설명한다.
> • 학부모의 조급함이 오히려 아이에게 해를 끼칠 수 있다는 점을 설명하고 이해시키는 것이 좋다.

함 속에 깔려 있는 기대와 소망을 수용하면서 변화의 때가 있고 그 시기를 준비하면서 기다려야 한다는 것을 차분히 설명해 주어야 한다.

3) 자기 자식에게만 신경 써 줄 것을 요구하는 학부모

- 자기 자식만 신경 써 달라고 하는 학부모만큼 얄미운 학부모는 없을 것이다. 하지만 교사가 그런 학부모에게 화를 내서는 안 된다.
- 각자의 학부모에게 자기 자식이 가장 사랑스럽고 소중한 만큼 교사는 사랑스럽고 소중한 모든 아이에게 골고루 관심을 가진다는 것을 확고한 자세로 밝힐 수 있어야 한다.

올바른 상담법

- 개별적인 상담이라면 "최선을 다할 것이다"라고 수용한 후, "하지만, 모든 아이들이 학부모들에게는 가장 소중하기 때문에 모든 아이들에게 고루 관심을 둘 수밖에 없다"고 부드럽게 이야기한다.
- 다른 사람의 관심을 나누어 갖고, 서로 부딪치는 과정에서 아이의 사회성과 정서가 발달한다는 것을 알려 준다.

---

4) 교육적 · 비교육적 소문에 대해 민감한 학부모

- 교육적 · 비교육적 소문에 대해 민감하게 반응하는 학부모의 요구에 즉각적인 반응을 보일 필요는 없다.
- 학교 고유의 교육철학을 유지하고 그 안에서 흔들리지 않는 교육을 고수해야 할 것이다.

올바른 상담법

• 교육내용과 목표, 그 근거 등은 가능한 한 공개하고 자세한 설명을 하여 신뢰감을 주도록 한다.
• 소문이 사실일 경우는 학부모의 의견을 경청하도록 한다.
• 소문에 우왕좌왕하는 학부모의 태도가 아이들에게 불안감을 느끼게 한다는 것을 알려 준다.

---

5) 무리한 것을 요구하는 학부모

• 운영과 예산에 대해 주도권을 행사하려는 학부모, 공론을 만들어 교사에게 요구하는 학부모, 학습에 대해서 무리한 요구를 하는 학부모 등이 있다.
• 학부모의 무리한 요구에 대해서는 기본적으로 단호한 태도를 가지고 대해야 한다.
• 기관의 운영과 예산은 교장 등 운영 주체의 권한이며, 교육방침과 내용의 결정은 교장과 교사들의 권한이다. 이 권한을 무시하려는 태도에

올바른 상담법

• 학부모들의 의견을 경청하기는 하지만 결정권이 학부모 측에 있는 것은 아님을 분명히 알려 준다.
• 교육과 양육의 일관성과 계획성이 중요함을 알려 주고 이 일은 전문지식을 가진 교장과 교사들이 한다는 것을 알려 준다.
• 현실적으로 무리하거나 불가능한 요구에 대해 그것이 가능하지 않은 이유를 알려 주고 단호하게 거절한다.

대해서는 단호하게 대해야 한다.

6) 자녀를 객관적으로 파악하지 못하는 학부모

- 어떤 학부모들은 정상적인 아동임에도 불구하고 문제가 있다고 생각하거나, 반대로 지나치게 과대평가를 하기도 한다. 또 실제로 발달지체를 보이거나 문제행동을 보이는데도 불구하고 자기 자식에게는 아무런 문제가 없다고 생각하는 경우도 많다.

- 어떤 경우든 학부모가 자녀를 객관적으로 보지 못할 때, 교사의 관찰만 가지고 이야기하게 되면 교사–학부모 관계가 깨질 위험성이 있다. 이럴 때는 반드시 검사와 같은 객관적인 자료를 활용해 이야기하는 것이 좋다.

- 특히 학부모들은 자기 자녀에게 문제가 있다는 것을 받아들이기 어려워한다. 그것을 인정하는 것은 마치 자신의 잘못을 인정하는 것으로 느껴지기 때문이다. 때문에 교사 나름대로 도움을 주려고 이야기를 꺼냈다가 얼굴을 붉히게 되는 경우가 많이 발생한다. 이럴 때 우선 아이의 장점에 대해 충분히 인정해 주고 난 후 검사 결과와 같은 객관적인 자료를 제시하면서 조심스럽게 몇 가지 부족한 점에 대해 조금 더 노력한다면 더 좋을 것 같다고 이야기하는 것이 좋다.

- 상담의 효과는 친밀감의 정도와 밀접한 관련이 있다. 교사와 학부모가 친밀하고 서로 믿을 수 있을 때 가정에서 학부모의 협조를 구할 수 있다.

올바른 상담법

• 갑작스럽게 한꺼번에 아이의 문제행동을 알리기보다는 자주 전화통화를 한다든지, 메모를 자주 주고받는 등 학부모와 어느 정도 친밀감을 쌓은 후 (학부모가 교사의 이야기를 긍정적으로 받아들이고 수용할 수 있는 기반을 만드는 것이 매우 중요하다) 차근차근 하루 일과를 평이하게 이야기하듯 조금씩 아이의 상황을 인식시켜 주는 것이 좋다.

• 아이의 문제점이나 단점을 이야기할 때는 반드시 장점을 함께 이야기한다.

• 교사 자신의 경험과 인상에 의지하기보다는 심리검사나 전문가의 평가와 같은 권위에 의지해서 아이의 문제를 학부모에게 알려 준다.

• 아이의 문제와 관련된 소책자나 책을 읽어 보라고 알려 주거나 직접 건네 준다.

• 전문가를 초빙해서 유아와 아동기 발달장애 등에 관한 강좌를 여는 것도 좋은 방법이다.

---

7) 책임을 전가하는 학부모

• 아이의 어떤 행동에 대해 잘못되었다고 판단되었을 때 학교로 책임을 전가하는 경우가 있다.

올바른 상담법

• 학부모와 싸우려 하지 않는다.

• 학부모와 교사 각자가 아이에게 미치는 영향과 도움이 될 수 있는 부분을 충분히 설명한다.

• 교사와 학부모의 협조가 아이의 변화에 반드시 필요하다는 것을 알려 준다.

8) 지적 프로그램을 과도하게 요구하는 학부모

• 연구 결과 한글 공부를 흥미 위주로 시작해 천천히 아이의 속도로 익힌 아이와 학부모의 계획된 일정대로 익힌 아이를 비교했을 때 일시적으로는 후자가 매우 뛰어난 듯 보이지만 초등학교를 시작으로 서서히 반전된다는 것을 알 수 있다.

올바른 상담법

• 유아기에 단순 지식만을 과도하게 받아들이는 것은 사고방식과 문제해결 방식에서의 발달 왜곡을 가져와 학령기에 이르러서는 수동적이고 피상적인 사고를 하게 되고 문제해결능력이 부족해지기 쉽다는 사실을 알려 준다.

• 지적 프로그램은 흥미와 재미가 덜하기 때문에 아이들이 동기를 쉽게 상실하고, 이 문제는 학령기에 학습부진의 원인이 될 수 있다는 것을 설명한다.

• 학교가 단지 공부를 가르치는 기관이 아니라는 점을 지적하고 이해시킨다.

• 사회에서의 성공은 단지 지식뿐 아니라 사회성, EQ, 지구력, 노력, 성취동기 등 지적인 요인 이외의 많은 요인이 작용하며, 또한 지적인 성취를 위해서도 단지 글을 읽고 단편적인 정보를 많이 아는 것보다 지적인 호기심과 탐구활동, 논리적 사고력, 학습동기 등이 더 중요하며, 인지적 발달에도 단계가 있고 그런 발달을 촉진시킬 수 있는 적당한 시기가 있다는 것을 알려 주어야 한다.

9) 무관심한 학부모

- 오히려 무관심한 것 같은 학부모가 나중에 한꺼번에 불만을 토로할 수 있다. 그러므로 학부모가 무관심하다고 교사나 기관도 무심해서는 절대 안 된다.
- 아이를 매개로 자주 대화를 시도하고 학부모의 의사를 때때로 살펴야 한다.

올바른 상담법

성격 자체가 무던하고 말이 없는 것이 바람직한 성향은 아니므로 자주 전화통화를 하고 일주일에 두세 번 메모를 보내어 학부모로 하여금 응답 메모를 하도록 한다.

---

4. 학부모 상담 Flow Chart

① 인사는 보통 목례로 한다. 인사만큼은 아무리 바쁘더라도 절도 있게 격식을 갖추어야 한다.
② 환한 미소로 반갑다는 느낌을 온몸으로 표현한다. 평상시 거울을 보며 본인의 미소와 표정을 개발하고 연구한다.
③ 날씨에 관한 인사를 한다. 학부모와 공감할 수 있는 첫 번째 대화이므로 긍정적인 대화로 표현해야 한다. 비가 많이 오더라도 "한동안 가물었는데 오늘 시원하게 비가 왔네요. 어머님 오시느라고 수고 많이 하셨습니다"라며 긍정적 대화를 유도한다.
④ 학부모의 외모 혹은 기타 칭찬을 한다.
⑤ 방문하여 주신 것에 대한 감사 인사를 한다.

(계속)

⑥ 마주 앉아서 대화할 때 눈과 눈 사이의 미간에서부터 코와 입술 사이의 인중에 시선을 두고 대화한다.

⑦ 대화 사이에 고개를 끄덕이며 적당히 맞장구를 한다.
"정말요?" "아~ 네." "그렇습니다." "감사합니다."
"걱정 많이 되시겠지요." "저라도 그렇게 했을 겁니다."

⑧ 대화를 끊지 말고 학부모의 이야기가 끝날 때까지 다 들어 준다.

⑨ 학부모가 상담하게 된 목적을 질문을 통해 학부모에게 확인시킨다.

⑩ 손동작은 얼굴 아래에서 가슴 정도까지의 범위로 산만하지 않게 움직인다.
적당한 손동작은 대화를 좀 더 이해하기 쉽게 도움을 준다.

⑪ 최대한 부드럽고 친절하게 설명하며 전달내용은 확실하게 한다.
확실히 전달해야 할 내용은 한 번 더 강조하거나 질문을 통해서 주지시킨다.

⑫ 거절해야 할 경우
• 주저하지 말고 당당하고 친절하게 거절할 것.
• 침착하게 'NO'라고 말할 것.
• 적절한 시기에 상대의 기분을 상하지 않게 하는 거절은 오해, 분노, 부당한 요구, 기분 상하는 일을 피하게 하고 명확한 이해, 신뢰감, 더 많은 인정을 받게 한다.
• "네, 어머님 말씀은 모두 옳고 충분히 이해가 갑니다. 하지만 저희 학교에 있는 다른 친구들도 모두 하나하나 소중하기 때문에 특별히 우리 ○○에게만 적용시키기는 힘들 것 같습니다. 하지만 앞으로 다른 방법을 한번 찾아보도록 하겠습니다. 어머님 정말 죄송합니다."

5. 상담 시 문제상황에 따른 대처방법

1) 잘 모르는 전문적인 답변을 요구하는 질문을 받았을 때의 대처방법

• 모를 때는 '모른다'고 밝히는 것이 최상의 방법이다.
• 확실한 내용을 찾아서 후에 전화나 서면으로 혹은 직접 만날 때 알려 주겠다고 말한다.

• 관련된 정보를 찾아볼 수 있는 서적, 인터넷 사이트, 전문기관, 전문가 등을 소개해 준다.

2) 장애아 학부모 상담 시 주의해야 할 점

• 장애아 학부모들은 심리적·신체적으로 매우 힘든 상태다. 그러므로 이들에게는 좀 더 관심을 주고 정서적 공감을 충분히 하여야 한다.
• 장애의 원인을 학부모 탓으로 돌리지 않도록 주의해야 한다. 누구에게 나 일어날 수 있는 일이며, 많은 사람이 여러 가지 유형의 장애를 겪고 있다. 그것은 단지 운이 없어서 일어난 일일 뿐이다.
• 장애의 원인을 찾기보다 장애에 어떻게 대처하여야 하는가가 중요한 과제라는 것을 잊지 않는다.

3) 장애아나 외국인 아이에 대해 거부감을 나타내는 학부모 상담 시 대화기법

• 너무 성급하게 이런 학부모를 설득하려고 시도하지 않는다.
• 학부모가 느끼는 불안, 불만 등을 충분히 듣고 수용한다.
• 아이에게는 다양한 경험을 할 수 있고, 다른 사람을 도와주는 이타적 인 행동을 배울 수 있는 좋은 기회가 됨을 알려 준다.
• 관련 서적(예, 다르게 보는 아이들)을 읽어 보도록 권한다.

4) 힘든 부분에 대해 울면서 상담하는 학부모에 대한 대처방법

• "참 힘드시죠?"라는 정도의 말로 공감을 표현한다.
• 다독거릴 필요도 없고 울음을 말릴 필요도 없다. 충분히 울게 내버려

둔다.

- 충분히 울고 난 뒤, 상황의 어려움에 주의를 기울이는 것보다 상황을 어떻게 해결할지를 생각해 보는 것이 중요하다는 것을 알려 주고, 가능하다면 해결책을 같이 생각해 본다.
- 학부모의 힘든 상황이 아이에게 영향을 주는 부분이 어떤 것이 있는지 확인하고 부정적인 영향을 가능한 한 줄일 수 있는 방안을 강구한다.

5) 학부모와 상담할 때 반드시 지켜야 할 내용(비밀 누설 등)

- 다른 학부모나 다른 아이에 대한 정보나 사생활을 드러내거나, 다른 교사에 대한 바람직하지 못한 이야기를 해서는 안 된다. 다른 교사에 대해 언급할 때는 항상 존경을 표하고 능력을 추켜세우는 방향으로 해야 한다.
- 기관이나 운영에 관련된 비밀, 교사 자신의 사생활 등을 노출하지 않는다.

6) 학부모가 자녀교육의 어려움을 이야기할 때 교사도 공감하는 차원에서 학교교육의 어려움을 이야기하는 것은 학부모에게 도움이 되는가

- "아이를 키우는 것만큼 세상에서 힘든 일은 없어요"라는 정도로 공감을 표현한다.
- 교사 자신이 학교교육의 어려움을 표현하는 것은 그다지 바람직하지 않다. 학부모가 자녀교육의 어려움을 이야기할 때 어느 정도는 의지하고 싶은 마음이 있다. 이를 알고 교사 자신은 꿋꿋한 모습을 견지하는 것이 바람직하다.

7) 경험이 적은 교사를 아랫사람 대하듯 하는 학부모

- 아무리 경험이 적고 나이가 어리다고 해도 교사는 교사다. 학부모는 자식을 위해서라도 교사의 권위를 인정해야 한다. 만일 그러지 않는다면 그 아이는 분명히 커서 부모를 무시하게 될 것이다.
- 교사와 학부모는 서로 협조해야 하는 관계이며, 서로 존중하여야 한다. 위아래가 있을 수 없다. 만일 학부모가 교사를 무시하거나 아랫사람 대하듯 한다면, 분명한 어조로 "저는 ○○를 책임진 선생님입니다. 저를 아랫사람 대하듯 행동하시니 불쾌합니다"라고 이야기한다.
- 학교장(원장)의 행동이 매우 중요하다. 교사가 경험이 적다고는 하지만 교육을 전공했고 경험 많은 선생님들의 도움을 받을 수 있으므로, 아이에 관해서는 학부모보다 더 잘 알 수 있고 도움을 줄 수 있는 스승임을 상기시켜 주어야 한다.
- 아이에 대한 정확한 이해와 평가내용을 학부모에게 자세히 설명해 준다면 교사에 대한 신뢰가 생길 수 있다.

6. 학부모 상담의 기법과 절차

다음 내용에서는 학부모 상담의 기법과 절차에 대해 소개한다.

1) 바람직하지 못한 상담자세

- 학생보다 앞서서 예견하는 듯한(마치 점을 보는 듯한) 상담
- 학생의 핵심을 이해하지 못하고 이야기를 전개하는 것
- 학생에 대해 단정짓는 것(예: 철수는 ○○○가 분명합니다.)

- 학부모의 의견을 존중하지 않고 전개해 나가는 상담

2) 성공적인 그룹상담의 비결

- 학생과의 대화를 통해 학부모의 핵심을 파악한다.
- 일단 수용해 주는(들어 주는) 역할을 한다(진지하게).
- 학부모의 핵심 내용에 긍정적인 자세를 표현한다.
- 학부모의 핵심 내용에 교사의 견해를 덧붙인다(교사가 먼저 아픈 곳을 지적할 필요가 없다).
- 핵심에 대해 교사는 세부적인 지도지침서를 제시한다.
- 주위 학부모의 핵심 내용에 대한 발언을 유도한다(저의 경우 철수는…….).

3) 상담 후의 관리가 중요하다

- 상담이 행사로 끝나서는 성공적일 수 없다.
- 상담 시 대두되었던 이야기는 수시로 교사가 체크해야 하고 전화 상담 등이 이루어져야 한다.
- 반별로 잘 보이는 곳에 학생 특성표(상담 시 대두되었던 이야기)를 비치해 두면 수시로 교사가 체크할 수 있다.

4) 학부모 상담 기술

- 교사는 학부모와 이야기를 나눌 수 있는 의사소통 기술을 가지고 있어야 한다. 의사소통은 잘 듣기, 얼굴표정에서 나타나는 것과 같은 비언어적 의사소통을 잘 이해하기, 그리고 학생이 처해 있는 환경에 대해

이해심을 가지는 것 등의 여러 가지 변인이 내포되어 있다.

　학부모와의 의미 있는 의사소통을 위해서는 말솜씨뿐 아니라 경청 기술, 상대방의 비언어적 표현을 감지하는 법과 서로 마음을 나누는 기술을 배워야 한다. 이러한 의사소통 기술을 얻기 위해서는 그냥 기억하고 적어 두는 것으로는 부족하고 그것을 직접 실천해야 한다. 실천을 위한 연습 또한 필요하다.

- 대화는 일방통행이 아니다. 그것은 둘 또는 그 이상의 사람들이 상호 반응하는 것이다.

- 학부모의 다양한 욕구를 읽어라. 교사가 학부모와 면담하는 목적이 유아의 발달 문제에 대한 것일지라도 학부모는 교사에 대해 물어보고 싶은 다른 질문도 많고 또 자기 자녀에 대한 다른 걱정도 있다는 것을 잊어서는 안 된다. 교사는 학부모의 이러한 걱정을 자유롭게 표현하도록 하여 적절한 교육적 프로그램을 계획할 수 있어야 한다.

- 좋은 경청자세란 자기 말을 최소화하는 것을 요구한다. 특히 학부모의 생각을 알고 싶다는 것이 목적일 때는 자기 말을 많이 하지 않아야 한다.

- 비언어적 표현을 주시하라. 학부모가 무슨 말을 하는지 잘 들어야 하는 것 외에 의사소통의 비언어적 표현방법을 잘 인식하고 있어야 한다. 이 같은 비언어적 신호는 상대방이 정작 하고자 하는 이야기가 무엇인지 해석하게 해 준다. 학부모들이 자녀의 어떤 행동 문제에 대해 심각하게 걱정하고 있을 때는 눈 동작과 더불어 앞이마의 근육이 수축된다. 학부모들이 가만히 앉아 있지 못하거나 말하기를 주저하면, 이러한 현상은 적어도 상담자의 태도나 면담실 환경을 재조정해야 한다는 것을 의미한다. 때로 학부모들이 마음을 편안히 가질 수 있도록 여러 가지 실험을 해 봐야 한다.

- 친근감 있는 태도로 대하라. 진지하면서도 유쾌하고 긴장을 푼 자세로

임해야 한다. 무관심한 교사의 태도는 학부모의 반응에 악영향을 끼친다. 교사는 형식적이고 전문적인 태도 내지는 허식을 버리고 진솔하고 정직하게 학부모를 대해야 한다.

- 알아듣기 쉬운 말을 사용하라. 어휘 선택을 조심해야 한다. 일반적인 어휘를 사용해야 한다. 잘 알아듣지 못하는 말을 삼가야 한다. 교사와 학부모가 같은 수준에서 대화하는 것이 의사소통을 돕는다.

제3부
교직실무의 실제

제12장

학사실무

내가 만난 훌륭한 교사-
더 높은 표준과 성취를 향하고 달성할 수 있도록 끊임없이
조력해 주신 분

나에게 학교생활의 활력과 학습의 재미를 느끼게 해 주고, 공부와 생활에 있어 동기부여를 해 주는 선생님이 한 분 계셨다. 선생님은 나의 담임도 아니셨고 그저 한 과목을 담당하여 가르쳐 주시던 분이셨다. 그 선생님과는 나이 차이도 그리 나지 않았다. 내가 처음으로 선생님을 만나게 된 것은 중학교 2학년 때였으니, 그 선생님에게 있어서도 처음으로 교사가 되어 학생들과 갓 대면했을 상황이었다. 담당과목은 수학이었고, 여선생님이셨다.

내가 중학교를 다닐 때 1학년 때에는 수학을 어려워하였지만 줄곧 공부한 결과 2학년에 올라갈 무렵 꽤나 수학에 자신감을 갖게 되었던 것 같다. 선생님은 수학에 대한 나의 흥미와 적성을 보시고 가장 가까이서 나를 불러 격려해 주시고 가르쳐 주시고 도와주시고 이끌어 주셨다. 선생님이 처음 나를 교무실로 부르셨을 때는 내가 뜻밖에 과학의 날 교내 수학경시대회에서 최우수상을 받게 되었음을 알려 주신 때였다. 나는 그 소식에 너무나 심장이 두근거렸는데 그것은 전체 조회시간에 앞에 나가 상장을 받게 될 것이기 때문이었다.

나와 또 다른 친구 한 명은 그때부터 그 선생님의 특별한 지도를 받게 되었다. 학교 대표로 시에서 주최하는 교외 수학경시대회를 준비해야 했기 때문이다. 며칠, 혹은 몇 주간의 선생님의 개인지도로 인해 우리 둘은 교외 수학경시대회에서도 훌륭한 성적으로 입상할 수 있었다. 이제 더는 경시대회는 없었지만 선생님은 나와 우리들을 내버려 두지 않으셨다. 우리 학년 약 10명 이상의 친구들을 모아서 '방과 후 수학반'을 만드셨는데 대구에서 열리는 각기 교외 경진대회를 준비시켜 주셨다. 전국학력평가 시험과 수학인증시험 등 우리에게 학교 시험뿐이 아닌 새로운 도전과 과제를 주심으로써 학생들이 공부에 흥미와 자신감을 갖고 더 높은 표준과 성취를 향하고 달성할 수 있도록 끊임없이 조력해 주셨던 것이다.

선생님은 매 수업시간마다 준비된 우리에게 하나라도 더 설명해 주시고자 여러 방법을 동원하여 수업을 하셨다. 한 선생님이 한 교실 내에서 수준별 분단 수업을 실행하신 것도 이례적인 일이었다. 평소 수학을 잘하던 학생이든지 어렵고 힘들어 하던 학생이든지 선생님은 모두에게 가장 적합하고 친절한 교사이셨다. 선생님과 함께 밥을 먹으면서, 선생님 댁에 초대받아 놀러 가기도 하면서, 또 매년 여러 번 준비하는 시·도 주최 수학자격인증시험을 함께 준비하고 기도하면서 더없이 하나 되는 선생님과 제자의 끈끈한 우정을 느낄 수 있었다.

선생님의 가장 훌륭하신 점은 바로 이것이다. 학생들에게 사랑을 '표현'할 줄 아시는 분이라는 점이다. 물론 그것은 진심이었기에 가능한 일이었을지도 모른다.

1. 학교생활기록부의 이해

학적업무 가운데 학교생활기록부는 학생들의 인지적·정의적 발달을 나타내기 때문에 이에 대한 기재는 매우 중요하고 아울러 매우 신중해야 한다. 이에 학교생활기록부 기재요령을 구체적으로 살펴보고자 한다.

1) 목적

이 지침은 「학교생활기록부의 작성 및 관리에 관한 규칙」(교육과학기술부령 제82호)에 의한 초등학교, 중학교, 고등학교에 적용하는 학교생활기록부의 작성 및 관리방법에 대하여 필요한 사항을 규정함을 목적으로 한다.

학교생활기록부는 인적사항, 학적사항, 출결상황, 수상경력, 자격증 및 인증취득상황, 진로지도상황, 재량활동, 특별활동상황('창의적 체험활동'으로), 교외체험 학습상황, 교과학습 발달상황, 독서활동상황, 행동특성 및 종합의견으로 구성되어 있다.

2. 학교생활기록부의 기재 지침 및 예시

1) 인적사항

'학생' 란에는 성명, 성별, 주민등록번호와 입학 당시의 주소를 입력하되, 재학 중 주소가 변경된 경우에는 변경된 주소를 누가하여 입력한다.

'가족상황' 란에는 부모의 성명, 생년월일을 입력하고, '특기사항' 란에는 학생이해에 도움이 될 수 있는 내용이 있는 경우 본인 또는 보호자의 동의를 받아 입력한다.

(1) 기재 예시

학생	성명: 한○○ 성별: 남 주민등록번호: 941212-○○○○○○○ 주소: ○○도 ○○시 ○○구 ○○동 40 한길나라아파트 ○○○-○○○
가족 상황	부 모	성명: (사망) (←입학 전 사망한 경우) 생년월일 : 성명: 강○○ 생년월일: 19○○년 04월 05일
특기사항	2008. 05. 02. 부 사망 (←재학 중 사망한 경우) 아버지가 미국에서 유학 중

(2) 입력 시 유의사항

- 성명은 주민등록등본의 성명을 그대로 입력한다. 특히 학생의 성이 '유' 씨와 '류' 씨이거나, 이름에 '님'과 '임' 또는 '년'과 '연' 등이 있는 경우에 입력 작업에 유의한다.

- 이혼 후 재혼하지 않은 경우: 부모가 이혼하여 부와 함께 사는 경우 '모' 란에는 호적에 있는 모(생모)를 입력하고, 모와 함께 사는 경우 '부' 란에는 호적에 있는 부(생부)를 입력한다.

- 재혼이나 입양으로 재학 중 부모의 내용이나 특기사항이 변동된 경우 학교 실정에 따라 정정절차를 거쳐 삭제하거나 정정한다(학교 실정에 따라 호적등본 등 증빙서류 첨부).

- 부모의 인적사항은 기본적으로 기록해야 할 사항이므로 입력할 사항은 가급적 공백으로 두지 않는다〔학생이 본교에 입학하기 전에 부모가 사망한 경우는 부모의 성명란에 '(사망)'으로 입력한다〕.

- 새로운 부모에게 법적으로 입양된 경우는 입양한 부모의 성명을 입력한다. 특기사항의 기록은 본인 또는 보호자의 동의를 받는다.

- '가족상황' 란에는 부모의 성명, 생년월일을 입력하고, '특기사항' 란에는 학생이해에 도움이 될 사항이 있는 경우 본인 또는 보호자의 동의를 받아 입력한다.

2) 학적사항

중·고등학교에서는 입학 전 전적학교의 졸업 연월일과 학교명을 입력하며, 검정고시 합격자는 합격 연월일과 '검정고시 합격'이라고 입력한다. '특기사항' 란에는 학적변동의 사유를 입력한다.

(1) 기재 예시

2005. 02. 16. ○○중학교 제3학년 졸업 2005. 03. 02. □□고등학교 제1학년 입학(2006. 09. 20. 전출) 2006. 09. 21. △△고등학교 제2학년 전입학(2007. 04. 09. 자퇴) 2008. 03. 02. △△고등학교 제3학년 재입학(2008. 05. 01. 퇴학) 2009. 03. 02. ○○고등학교 제3학년 편입학	
특기사항	2007. 04. 09. 가정 사정으로 자퇴 2008. 05. 01. 학교규칙 위반으로 퇴학

(2) 입력 시 유의사항

- 학적변동 사유를 '특기사항'란에 입력한다(예, 2001. 04. 08. 가정 사정 으로 자퇴).
- 학적처리에 사용하는 용어를 숙지하여 정확하게 사용한다. 학생 사망 시 중학교는 면제, 고등학교는 제적으로 처리한다.
- 학년말 종업식 이후 2월 말일까지의 전출 · 입은 학교 간의 현실적인 여건(교무업무 시스템의 진급처리 여부)을 감안하여 가급적 다음 학년도 시작일을 기준으로 처리하도록 한다(전입교에서 개별 진급처리 가능).
- 중 · 고등학교에서는 입학 전 전적학교의 졸업연월일과 학교명을 입력하며, 검정고시 합격자는 합격연월일과 '검정고시 합격'이라고 입력한다.

3) 출결상황

'수업일수'는 「초 · 중등교육법 시행령」 제45조의 규정에 의하여 학교장이 정한 학년별 학생이 연간 총 출석해야 할 일수를 입력한다.

'결석일수' '지각' '조퇴' '결과'는 별지 제8호의 '출결상황 관리'에 따라 질병·무단·기타로 구분하여 연간 총일수 또는 횟수를 각각 입력한다.

재취학 등 학적이 변동된 학생의 동 학년의 수업일수 및 출결상황은 학적변동 전(원적교)의 것과 변동 이후의 것을 합산하여 입력한다.

'특기사항' 란에는 특기사항 및 학급 담임교사의 의견을 입력한다.

(1) 기재 예시

학년	수업일수	결석일수			지각			조퇴			결과			특기사항
		질병	무단	기타	질병	무단	기타	질병	무단	기타	질병	무단	기타	
1		2						1			1			
2		15			1									다리수술(10일) 감기(5일)
3				8							1			부모간병(3일) 가사조력(5일)

(2) 입력 시 유의사항

- 기타 결석은 1일 이상인 경우 사유를 입력한다.
- 개근, 정근인 경우 특기사항에 '개근' 또는 '정근'으로 입력한다. 3년 개근인 경우도 3학년 출결 특기사항란에 '개근'이라고 입력한다(특기사항은 당해 학년에 해당되는 것이므로).
- 전출일과 전입일이 동일한 경우 전입일만 수업일수로 산정한다(재입학, 재취학, 편입학, 복학도 동일).
- 지각: 학교장이 정한 등교시각까지 출석하지 않은 경우란, 학교장이 정한 등교시각부터 하교시각 사이에 등교를 하면 지각으로 인정한다는 것이다(학교장이 하교시각을 정해 놓을 필요가 있다).
- 무단 결석: 합당하지 않은 사유나 고의로 결석한 경우(태만, 가출, 고

의적 출석 거부, 범법행위로 관련 기관 연행·도피 등)「초·중등교육법
시행령」제31조(학생의 징계 등) 제5항의 가정학습 기간
- 기타 결석
  - 부모·가족 봉양, 가사 조력, 간병 등 부득이한 개인사정에 의한
    결석임을 학교장이 인정하는 경우
  - 공납금 미납을 사유로 결석한 경우
  - 기타 합당한 사유에 의한 결석임을 학교장이 인정하는 경우
    * 학교장은 초·중·고 여학생 중 생리통이 극심해 수업출석이 어
      려운 경우(월 1회)에는 '(6) 기타 부득이한 사유로 학교장의 허
      가를 받아 결석하는 경우'로 보아 출석으로 인정한다.
    * 같은 날짜에 지각, 조퇴, 결과가 발생된 경우에는 학교장이 판단
      하여 어느 한 가지 경우로만 처리한다.
    * 변경(질병): 결석한 날부터 3일 이내에 의사의 진단서 또는 의견
      서를 첨부하여 결석계를 제출한 경우, 학부모 의견서, 투약봉지,
      담임교사확인서 등을 첨부한 결석계를 3일 이내에 제출하여 학
      교장 승인을 받은 경우(예, 상습적이지 않은 1일 또는 2일의 단기결
      석인 경우).

4) 수상경력

재학 중 학생이 교내·외에서 수상한 상의 명칭, 등급(위), 수상연월일,
수여기관명, 참가대상을 입력한다.

교외에서 수상한 상의 입력범위는 교육과학기술부와 시·도(지역) 교육
청이 주최 및 주관한 대회에서 수상한 실적과 학교 내 선발 등을 거쳐 학교
장의 추천으로 참가한 대회에서 수상한 실적에 한하며, 교육과학기술부와
시·도(지역) 교육청이 후원한 대회인 경우에는 교육장, 교육감, 또는 교육

과학기술부 장관을 포함한 정부부처 기관장 이상의 수상 실적에 한한다. 다만, 교과와 관련한 교외 수상경력은 입력하지 않는다. 표창(선행, 효행, 모범 등)의 경우도 위의 범위와 같다(2011학년도부터 삭제).

　동일한 작품이나 내용으로 수준이 다른 상을 여러 번 수상하였을 경우, 최고 수준의 수상 경력만을 입력한다.

(1) 기재 예시

구분	수상명	등급(위)	수상 연월일	수여기관	참가대상
교내상	3년개근상		2012. 02. 15	○○학교장	3학년
	교과우수상(국어, 사회, 기술·가정)	장원(1위)	2012. 07. 15	○○학교장	2학년
	표창장(효행 부문)		2012. 05. 15	○○학교장	전교생
	자연탐구대회(공동 수상, 3인)	은상(3위)	2012. 05. 04	○○학교장	전교생
	고무동력기날리기대회	금상(1위)	2012. 05. 20	○○학교장	1학년
	독서기록장쓰기대회	장려상(3위)	2012. 12. 05	○○학교장	1학년
교외상	표창장(모범학생 부문)		2012. 05. 15	○○도 교육감	도내 고등학생
	전국학생발명품대회	국무총리상 (2위)	2012. 04. 20	국무총리 (교육과학기술부)	전국 고등학생
	○○시장기수영대회(남고부 평영 50m)	교육장상(2위)	2012. 07. 18	○○도 ○○교 육장 (○○시)	○○시 남자고등학생
	○○도학생육상대회(400m계주부문, 공동 수상, 4인)	1위	2012. 10. 30	○○도 교육감	도내고등학교 3학년

(2) 입력 시 유의사항

• 동일 대회로 예선과 결선이 이어지는 대회의 경우는 최상위 기관의 수상 실적 하나만 인정한다(교내·외 대회 포함).

• 교과우수상의 과목명은 약칭으로 입력하지 않는다〔예, 기술·가정(○),

기가(×), 수학II(○), 수학2(×)).

- 수여기관에는 기관명이 아닌 기관장을 입력한다〔예, 서울교육청(×), 서울교육청 교육감(○)〕.
- 개근상은 1년개근상과 3년개근상을 구분하여 입력한다.
- 표창장인 경우 괄호 속에 내용을 나타낸다〔수상명에 '표창장(모범학 생)'으로 입력하고 등급(위)은 입력하지 않아도 된다〕.
- 동일 실적물로 수상한 인원이 2인 이상인 경우에는 '수상명'란에 수상 명을 입력하고, 괄호 안에 '공동 수상'과 '수상 인원'을 기재한다.

〈표 12-1〉 수상경력 기재 대회의 예	
기재 가능	효행상, 선행상, 모범상, 봉사상
기재 금지(교과 관련 모든 교외상)	
인성	효행글짓기, 봉사UCC대회
국어 관련	논술경진대회, 문예백일장, 토론대회, 의견말하기, 주장발표대회, 글짓기대회, 편지쓰기대회, 일 기쓰기대회, 웅변대회, 연극대회, 한자대회, 독서관련대회, 독후감대 회, NIE대회
영어	영어작문대회, 영어일기대회, 영어말하기대회, 영어듣기대회, 영어연 극대회, 영어토론대회 등
수학 · 과학	수학올림피아드, 수학경진대회, 과학관련올림피아드, 과학탐구대회, 과학상상대회, 각종논문대회, 원자력탐구올림피아드, 원자력공모전, 로봇조립대회
사회 관련	사회관련올림피아드, 향토사례탐구대회, 역사신문만들기대회, 모의 증권대회, 모의 법정대회, 모의 유엔총회대회
체육	체육 관련 대회(전국체전, 전국소년체전, 올림픽, 각종운동대회, 바둑 대회, 장기대회, 체스대회 등)
미술	사생, 국전, 서예, 조각 등
정보 · 컴퓨터	정보올림피아드, 정보검색대회, 게임대회, 정보통신윤리대회, 컴퓨터 꿈나무

(계속)

창의력 관련	창의력올림피아드, 창의력올림픽
환경 관련	환경올림피아드, 환경올림픽 등
기타	각종UCC, 표어대회, 포스터대회, 퀴즈대회, 각종 기능경기대회, 기능경진대회, 기능올림픽, 국제기능올림픽, 창업아이템대회, 마술대회

5) 자격증 및 인증취득상황

학생이 취득한 자격증과 인증의 명칭 또는 종류, 번호 또는 내용, 취득 연월일, 발급기관을 입력한다.

자격증은 「국가기술자격법」에 의한 국가기술자격증, 개별 법령에 의한 국가자격증, 「자격기본법」에 의한 국가공인을 받은 민간자격증에 한하며, 자격증과 인증은 원본을 대조한 후 취득한 순서대로 입력한다.

(1) 기재 예시

구분	명칭 또는 종류	번호 또는 내용	취득 연월일	발급기관
자격증	워드프로세서 2급	07-I9-O22182	2009. 12. 17	대한상공회의소
	정보처리기능사	06404101715C	2009. 10. 15	한국산업인력공단
	한식조리기능사	06801130210J	2009. 02. 01	한국산업인력공단
인증	한국사능력검정시험인증	4급(05-100364)	2009. 06. 19	국사편찬위원회
	정보소양인증	정보사회와컴퓨터 과목4단위 이수	2010. 02. 15	○○고등학교
	정보소양인증	방과후학교 엑셀반 40시간 이수	2009. 07. 20	○○고등학교

(2) 입력 시 유의사항

• 자격증의 합격일자와 합격증 발급일자가 상이한 경우 합격일자를 취득 연월일로 한다.

• 자격증 입력 시 '제' '호'는 입력하지 않는다.

• 발급기관에는 기관장이 아닌 기관명을 입력한다. 정보소양인증을 입

력할 때 유의한다〔예, 한양공업고등학교장(X), 한양공업고등학교(O)〕.

- 정보소양인증의 이수단위(시간)는 정규 교과목인 경우는 개설 교과목의 단위(시간)를 기재하고, 특별활동 및 특기적성교육의 경우에는 실제 이수한 시간을 합산 기재한다.
- 각 학생의 정보소양인증 요건이 충족되는 시점에 기록하는 것이 원칙이나, 학교생활기록부 기재의 편의를 위하여 요건이 발생한 학기말 또는 학년말에 일괄 기재할 수 있다.
- 국가기술자격증, 국가공인 민간자격, 정보소양인증을 제외한 자격, 인증 등은 교과학습발달상황의 세부능력 및 특기사항에 입력할 수 있다.
- 교과학습발달상황의 세부능력 및 특기사항에 자격증을 입력하는 경우 가능한 한 취득한 학년도에 입력한다.
- 교과학습발달상황의 세부능력 및 특기사항에 자격증을 입력하는 경우 다음과 같은 형식으로 입력한다.

〈형식〉 자격증명(자격증 번호) 자격증 취득 연월일, 발급기관
예) 무선인터넷관리사 2급(MIS-09-00231) 2006. 04. 17. 한국정보통신
　　인력개발센터

---

6) 진로지도상황

학기 중에 진로지도를 실시하여 파악한 학생의 특기 또는 흥미, 학생과 학부모의 진로 희망을 입력한다.

'특기사항'란에는 흥미·적성·심리검사 결과, 담임교사, 상담교사, 교과담당교사가 상담·권고한 내용 등 기타 진로지도와 관련한 사항을 종합하여 학년말에 담임교사가 입력한다. 이 누가기록은 각 학교의 실정에 알

맞게 계획을 수립하여 작성 · 활용하되, 전산 입력하여 관리함을 원칙으로
한다.

(1) 기재 예시

학년	특기 또는 흥미	진로희망		특기사항
		학생	학부모	
1	만화 그리기	만화가	의상디자이너	사물에 대한 세심한 관찰력과 뛰어난 색채감각이 있어 적성과 희망이 일치함.
3	고미술 감상	학예연구사	역사학자	고미술 및 유적, 유물에 대하여 해박한 지식을 갖고 있으며 관련 세미나 및 강연회에 자주 참석함. 창의적 기획력과 혁신적 사고가 뛰어나 학예연구사로 적합함.
2	과학도서 읽기	나노공학자	연구원	창의성이 풍부하고 집중력이 뛰어나며 계획성 있게 일처리를 함. 기술 · 과학 과목에 흥미가 있으며 특히 첨단과학에 대한 호기심이 있어 해외 서적을 읽고 관련 분야 지식을 쌓음.
1	모르는 문제 알려 주기, 자료정리, 실험하기	수학교사	수학, 과학 계열 연구원 혹은 교수	1학기 기말고사 때 전교에서 유일하게 수학 만점을 받은 수학에 뛰어난 자질을 가진 학생이며 남들에게 설명하기를 좋아하고 보람을 느끼는 학생임. 과학 분야에도 흥미와 열정을 갖고 있으며 과학 실험체험학습 및 설명회, 전시회에 수시로 다니며 지적 호기심을 충족시키고 자신의 진로를 성실하게 대비하는 모습이 매우 훌륭함.

〈표 12-2〉 각종 진로검사 및 제공 사이트

종류	검사명	사이트 주소
적성검사	직업적성검사	www.career.re.kr
	홀랜드직업탐색검사 고3용 적성탐색검사	www.guidance.co.kr
	대학전공선택검사	www.edutopia.com
	진로탐색검사	

(계속)

흥미검사	직업흥미검사	www.career.re.kr
	청소년직업흥미검사	www.work.go.kr
가치관검사	직업가치관검사	www.career.re.kr
	가치관검사	www.edutopia.com
성숙도검사	진로성숙도검사	www.career.re.kr
	진로발달검사	www.guidance.co.kr
	진로의식발달검사	www.edutopia.com

(2) 입력 시 유의사항

- 직업을 구체적으로 선택하도록 하여 입력하며, '특기사항'란에는 지도내용 및 소감 등을 간략하게 입력한다.
- 특기사항은 학년말에 입력함을 권장하며, '특기사항'란에 '학생의 희망대로 권고함' 등의 표현은 지양한다.
- 특기 또는 흥미는 특정 사물의 명칭을 그대로 입력하지 않는다〔예, 컴퓨터(×), 컴퓨터게임(○), 피아노(×), 피아노연주(○)〕.
- 진로희망은 구체적인 직업의 명칭을 입력한다〔예, 컴퓨터(×), 컴퓨터프로그래머(○), 의상디자이너(○)〕.
- '특기사항'란 기록을 위한 흥미 · 적성 · 심리검사 결과, 담임교사, 상담교사, 교과담당 교사가 상담 · 권고한 내용 등의 누가기록은 교육정보화위원회에서 정한 교육정보 시스템 비적용 항목에 해당되므로 학생상담 보조부를 수기로 작성하여 별도 관리한다.

7) 재량활동

중 · 고등학교 국민공통기본교육과정의 심화 · 보충학습의 이수 여부는 학기말에 '세부능력 및 특기사항'란에 이수단위(시간) 및 이수과목 등을 입력한다.

창의적 재량활동은 '창의적 재량활동상황' 란에 활동 영역 또는 주제, 연간 이수시간을 입력하고 평가는 활동 영역 또는 주제에 대한 특기사항을 해당사항이 있는 학생에 한하여 간략한 문장으로 입력한다.

(1) 기재 예시

학년	활동 영역 또는 주제	이수시간	특기사항
1	진로교육	17시간	진로탐색 포트폴리오를 짜임새 있게 구성하고 적극 활용함.
		17시간	미래의 직업세계에 대하여 수집한 조사자료가 풍부하고 다양하며, 긍정적 자아정체감 형성을 위해 노력함.
2	주제탐구학습	17시간	장인정신 체험활동보고서 작성 및 발표(2009. 11. 20)를 잘함.

(2) 입력 시 유의사항

• 심화 · 보충으로 한 과목을 이수한 경우 예와 같이 기록한다〔예, 심화 · 보충: 2단위(국어 34시간)를 이수함〕.

• 심화와 보충 사이의 가운뎃점(·)은 반드시 입력한다. 심화 · 보충의 교과목은 단계형이나 다른 명칭으로 입력하지 않는다〔예, 수학(O), 재량수학(X), 창의수학(X)〕.

• 전입생의 경우 심화 · 보충과목이 다른 경우는 원적교의 기록을 그대로 인정하고, 같을 때는 합산한다. 심화 · 보충 이수내용은 전출 시 반드시 입력하여 송부한다.

• 창의적 재량활동은 전출 · 입 시 전출교는 활동 영역 또는 주제별 이수한 시간을 입력하여 송부하고, 전입교는 전출교의 시간과 전입교의 시간을 합산하여 입력한다(활동 영역 또는 주제가 다른 경우 전출교의 기록을 그대로 인정함).

• 창의적 재량활동의 이수시간이 '0' 인 경우
  – 재학 중 실시하였으나 참여를 하지 못하여 '0' 인 경우는 '0' 시간으

로 기록함.

    – 전입생인 경우 전입 전 실시로 '0'인 경우는 삭제함.

• 창의적 재량활동의 특기사항은 해당사항이 있는 학생에 한하여 입력
하도록 되어 있으나 교육적 차원에서 가능한 한 많은 학생에 대하여
기록을 하도록 한다.

8) 특별활동상황

특별활동의 5개 영역별 활동내용, 평가방법 및 기준은 교육과정을 근거
로 학교별로 정하며, 활동상황은 영역별 이수시간을 입력하고 자치·적
응·행사활동과 계발활동, 봉사활동의 3개 부분으로 구분하여 특기사항을
입력하되, 특기사항(참여도, 활동의욕, 태도의 변화 등)은 해당사항이 있는
학생에 한하여 구체적인 문장으로 입력한다(제3조).

봉사활동 영역의 실적은 학교계획에 의한 봉사활동과 학생 개인계획에
의한 봉사활동의 구체적인 내용을 별도의 '봉사활동실적'란에 연간 실시
한 봉사활동의 일자 또는 기간, 장소 또는 주관기관명, 활동내용, 시간을
실시일자 순으로 모두 입력하며, 체계적이고 지속적인 봉사활동 등 특기할
만한 사항이 있는 경우 '봉사활동 특기사항'란에 자세히 입력한다.

(1) 기재 예시

학년	특별활동상황		
	영역	시간	특기사항
2	자치활동 적응활동 행사활동	18 7 42	1학기 전교학생회 부회장(2009. 03. 01~2009. 08. 31)으로 간부수련회(2009. 05. 10~2009. 05. 12), 대토론회(2009. 04. 15) 등 모든 학생회 행사에 적극 참여하고, 교내 인성계발 프로그램(2009. 09. 12~2009. 09. 15, 유스센터 전문상담 부름교실)에 참

2			여하여 기본생활 습관의 변화를 보임. 또래상담학생들의 학교지킴이 집단상담교육에 참여(6회)하고, 신체검사(2009. 09. 10), 건강검진 시(2009. 10. 07) 의사선생님을 도와 원활한 운영에 기여함.
	계발활동	34	(영어회화반) 영어에 관심이 많고 소질이 있어 영어 표현에 자신이 있고, 특히 말하기 부분에 탁월한 능력을 보임. ○○시 교육청 주최 영어말하기대회에 3회 참가함.
	봉사활동		월 1회 정기적으로 부모님과 아동양육시설인 ○○원에 방문하여 청소 등 봉사활동을 수행함. 한국스카우트연맹이 주관하는 제24회 아시아 태평양 잼버리 및 제11회 한국 잼버리에 참가하여 행사보조 및 통역활동을 수행함(2009. 08. 05~2009. 08. 11/31시간). 헌혈 2회(2009. 04. 01, 2009. 06. 20)

〈표 12-3〉 특별활동의 활동과제

영역	활동과제
자치활동	협의활동, 역할분담활동, 민주시민활동, 학급회의, 학생회활동
적응활동	기본 생활습관 형성활동, 친교활동, 상담활동, 진로활동, 정체성활동, 신입생 OT
계발활동	학술문예활동, 보건체육활동, 실습노작활동, 여가문화활동, 정보통신활동, 청소년단체활동
봉사활동	일손돕기활동, 위문활동, 캠페인활동, 자선구호활동, 환경시설 보전활동, 지도활동, 지역사회 개발활동, 기타
행사활동	의식행사활동(경축일, 기념식, 졸업식), 학예행사활동(실기대회), 보건·체육행사활동(신체검사, 체육대회), 안전구호활동, 교류활동(자매결연, 국제교류활동)

(2) 입력 시 유의사항

• 특기사항은 해당사항이 있는 학생에 한하여 입력하도록 되어 있으나 교육적 차원에서 가능한 한 많은 학생에 대하여 기록한다. 학교생활기록부 비교과 영역의 신뢰도 제고를 위하여 사실에 근거하여 충실히 입

력한다.

- 봉사활동 실적 입력 시 시작일과 종료일이 같을 경우는 시작일만 입력한다. 진급처리된 후 이전 학년도의 봉사활동 기록방법은 다음과 같다. 학년도는 3월 1일부터 다음 해 2월 말일까지이므로 해당 학년의 '봉사활동실적'란에 입력하여야 한다(교무업무 시스템에서 진급 처리된 후에도 학교생활기록부 정정을 통해서 전학년도 실적을 추가 입력함).

- 특기사항에 정량적인 기록이 가능한 부분은 정량적으로 기록한다(예, 월 1회, 6회, 헌혈 2회 등).

- 자치활동 관련 내용을 특기사항에 입력 시 구체적인 임원의 종류를 알 수 있도록 '전교' '학년' '학급' 등을 기재하고, 재임기간을 병기한다〔예, 1학기 전교학생회 부회장(2005. 03. 01~2005. 08. 31)〕.

- 봉사활동 중 체계적이고 지속적인 봉사활동 등 특기할 만한 사항이 있는 학생에 한하여 활동내용 등 구체적인 사항을 '특별활동상황'의 '봉사활동 특기사항'란에 입력한다.

- 봉사활동실적의 '장소 또는 주관기관명'란에는 괄호 안에 '교내' '교외'를 기재한다〔예, (교내) ○○학교, (교외) 한국스카우트연맹, (교외) ○○원〕.

(3) 평가 관점

영역	활동과제
자치활동	학생의 개인 또는 집단활동 과정이나 결과를 평가함과 아울러, 자치활동 프로그램의 질도 평가한다. 그뿐 아니라 자치활동에서 학생평가는 활동 결과 못지않게 활동 과정에 높은 비중을 둔다. 또한 자치활동을 통해 얻은 성과는 지위를 통해서 평가되는 것이 아니라 집단 구성원으로서 학생 개인의 발달과 아울러 집단활동 자체의 질과 변화를 평가에 포함하게 된다. 따라서 이에 대한 평가는 보다 구체적인 활동평가로 이뤄져야 한다.

(계속)

적응활동	학생의 개인적 또는 집단활동 과정이나 결과를 평가함과 아울러, 적응활동 프로그램의 질도 평가한다. 특히 이 활동은 학생이 환경에 얼마나 잘 적응하고 대처하며, 자신의 문제를 능동적으로 해결하는 능력을 평가 대상으로 한다는 점에 주목할 필요가 있다.
계발활동	계발활동 지도계획의 수준이나 다양성, 프로그램의 내용이 평가된다. 이 활동 또한 학생 평가와 집단의 발전에 대한 평가가 동시에 이뤄진다. 따라서 학생 개개인의 변화와 발달이 평가의 최종 목표가 되어야 한다.
봉사활동	봉사활동의 평가는 전인교육의 원리에 바탕을 두고 이뤄지며 사회성, 이타심, 일관성을 통한 봉사활동의 정신을 구체적으로 평가한다. 그런 의미에서 산술적 결과도 중요하지만 활동의 결과로 얻어진 지식이나 기능보다 활동의 과정에서의 참여, 의욕, 관계 등에 초점을 두고 있다는 사실을 염두에 두어야 한다.
행사활동	행사 활동지도 계획의 수준이나 프로그램의 내용이 평가된다. 또한 행사활동의 참여도, 능동성, 집단과의 관계성 등이 서술될 수 있어야 하며 이런 의미에서 학생 개인의 평가와 집단의 발전에 대한 평가가 동시에 이뤄질 필요가 있다.

9) 교외체험학습상황

각급 학교에서는 시 · 도 교육청의 교외체험학습(체험활동) 관련 지침을 참고하여 교외체험학습의 활동유형, 인정절차, 인정범위, 인정기간 등을 학칙으로 정하여 시행한다(제14조).

학교 이외의 기관(단체)에서 주최 · 주관한 체험학습에 참여한 실적은 '교외체험학습상황' 란에 실시일자 또는 기간, 장소 또는 주관기관명, 내용(수준) 및 평가, 시간 또는 일수를 실시일자 순으로 입력하며, 개별학교 교육과정 운영계획에 의한 행사활동, 수련활동 및 학년 · 학급단위로 이루어지는 체험활동은 '특별활동상황' 란에 입력한다. 다만, 개인 교외체험학습의 경우 교육적으로 유의미하고 바람직한 것으로 판단되는 경우에 입력할 수 있다.

(1) 기재 예시

학년	일자 또는 기간	장소 또는 주관기관명	활동내용	시간 또는 일수
1	2006. 08. 10~ 2006. 08. 12	대한적십사 ○○지사	노인건강교육일반 강습과정 수료	12시간
	2006. 11. 10~ 2006. 11. 12	○○○연수원	영어체험활동 및 글로벌 시대에 적합한 리더십 배양 과정 이수	3일
	2007. 01. 25	우리민족돕기 운동본부	기아체험	1일
2	2007. 07. 23~ 2007. 07. 26	유엔한국협회	○○대학교 주관, 유엔한국협회 주관 전국대학생 모의 유엔회의 고등학생 인터십 프로그램 참가	3박4일
	2007. 08. 16~ 2007. 08. 18	선거연수원	2007 미래지도자 정치캠프연수 과정수료	2박3일
	2008. 01. 11~ 2008. 01. 13	사단법인 한국농아인협회 ○○지부	수화교육기초과정 수료	12시간
	2008. 01. 15~ 2008. 01. 17	○○○연수원	글로벌 리더십 심화과정	2박3일

10) 교과학습발달상황

교과학습발달상황의 평가는 별지 제9호 '교과학습발달상황 평가 및 관리'에 의거 시행한다.

중학교는 제1항의 규정에 의하여 시행한 평가에 따라 '교과' '과목' '성취도' '석차(동석차수)/재적수'를 산출하여 각 학기말에 입력한다. 다만,

체육·음악·미술교과의 과목은 '교과' '과목' '등급'을 입력하고 '특기사항'란에는 실기능력, 교과적성, 학습활동 참여도 및 태도 등을 특기할 만한 사항이 있는 과목 및 학생에 한하여 간략하게 문장으로 입력한다.

고등학교는 제1항의 규정에 의하여 시행한 평가에 따라 '교과' '과목' '단위 수' '원점수/과목 평균(표준편차)' '석차등급(이수자 수)'를 산출하여 각 학기말에 입력한다. 다만, 전문교과 중 체육·예술에 관한 교과의 과목을 제외한 체육·음악·미술교과의 과목은 '교과' '과목' '등급'을 입력하고 '특기사항'란에는 실기능력, 교과적성, 학습활동 참여도 및 태도 등을 특기할 만한 사항이 있는 과목 및 학생에 한하여 간략하게 문장으로 입력한다.

고등학교의 일반선택 교양과목군(한문, 교련, 교양) 중 교양교과는 과목명, 이수단위 및 이수 여부를 입력하고 평가는 '세부능력 및 특기사항'란에 특기할 만한 사항이 있는 과목 및 학생에 한하여 간략하게 문장으로 입력한다.

중·고등학교의 '세부능력 및 특기사항'란에는 과목과 관련된 세부능력 및 수행평가, 학습활동 참여도 및 태도 등을 특기할 만한 사항이 있는 과목 및 학생에 한하여 간략하게 문장으로 입력한다.

(1) 기재 예시

과목	세부능력 및 특기사항
국어	일반적인 논거보다는 다소 독특한 논거를 찾아 자신의 주장을 글로 표현하는 참신성이 돋보이는 학생임. 언어의 변화로 큰 재앙이 일어났다는 바벨탑 이야기, 언어 변화로 인한 홋카이도 민족성의 말살, 1차 대전 이후의 헝가리-오스트리아 제국의 분할의 기준이 언어였다는 점 등 특이한 사례를 논거로 하여 인간이 언어의 부분집합이라는 독특한 명제를 만들어 냄. 앞으로 창의적인 학문의 개척자로 발전할 것이 기대됨.

(계속)

미술	여러 가지 소묘의 재료를 활용하여 주변의 모티브들을 다양하고 새로운 기법으로 표현할 줄 알며, 톤과 질감 표현만을 통한 실재감 표현의식에 창의적인 면모가 돋보여 ○○대학교 고등학생 실기대회에서 금상을 수상함 (2009. 05. 09).
화학 I	수업시간마다 진지한 자세로 임하며, 학습내용에 대하여 다른 각도에서는 이론적으로 어떻게 적용되는지 등에 대한 질문을 자주 하는 지적 호기심이 많은 뛰어난 학생이다. 항상 계획을 실천하는 실천력이 뛰어나며 화학 I 교과의 성적 또한 내신 1등급으로서 두각을 나타내고 있고, 화학실험 수업에 임하여서는 다른 비슷한 내용의 주제에 관해서도 같은 방법으로 실험을 해도 되는지, 같은 내용의 실험이라도 다른 방법이 있다면 어떤 방법이 있는지 등에 대해 의문을 가지고 질문과 토론을 통해 문제를 해결해 가는 자세로 실험수업에 적극적으로 임하는 학생이다. 무엇보다도 성실함과 노력하는 모습이 아름다운 학생으로 보다 넓고 깊은 수준의 화학 관련 학문을 공부하고 뛰어난 탐구력을 바탕으로 지속적인 연구를 한다면 훌륭한 성취를 이루어 장래 화학 분야뿐 아니라 어떤 분야에서도 뛰어난 인물이 될 것으로 생각됨.
미분·적분	수학적 분석력과 증명, 추론능력이 뛰어난 학생으로, 교육청 주관 토요일 수학교과의 심화내용에 대해 열정을 가지고 수강하면서도, 완전히 이해가 되지 않은 부분(명제에서 합성명제, 조건명제에서 참, 거짓에 대한 내용 등)에서는 학교에서 개별적으로 질문을 하는 등 학습의욕과 성취감에 대한 의지가 매우 높은 학생이다. 예를 들어, 누구나 'a×0=0'이 되는 것을 알고 있지만, "실수의 성질과 항등원, 역원의 정의를 이용하여 증명하여야 하는 데 잘 되지 않는다"며 고민하는 모습이나, 수업시간에 문제를 해결할 때 주어진 모범답안 외에 다른 방법에 대해서도 생각해 보고 질문하는 모습을 볼 때 수학을 하는 자세가 잘 갖추어진 학생임을 알 수 있다.
영어 II	영어 실력이 꾸준히 향상되는 학생이다. 외국어 학습의 기본인 반복학습을 꾸준히 실천함으로써 자신의 영어 실력을 향상시키려고 많은 노력을 하는 학생이다. 영어학습의 절대적인 필요성을 느낀 친구들을 모아 3학년 영어 스터디 그룹을 만들어 주도적으로 운영하고 있다. 영어교사의 도움을 받아 그 과정에서 구성원들 간의 강점과 약점을 파악하여 서로에게 도움을 줄 수 있는 상생의 학습방법을 실천하고 있는 학생이다. 미국의 저명한 인터넷과학저널인 Science Daily를 방문하여 자신의 주관심 분야인 건강 의학 관련 기사를 읽고 주제와 관련된 내용을 영작하여 원어민 교사의 꾸준한 첨삭지도를 받았으며, 이를 계기로 원어민 교사와 밀접한 관계를 유지하면서 자신의 영어실력을 국제화 시대 수준에 맞게 향상시키는 데 부단한 노력을 기울임.

(2) 입력 시 유의사항

- '세부능력 및 특기사항'란에 자격증, 인증, 수상실적 등을 입력하는 경우 가능한 한 취득한 학년도의 관련 교과목 해당란에 입력한다.
- 대학과목 선이수, 방과후 학교교육활동, 자격증 및 인증취득상황에 기록할 수 없는 기타 자격 및 인증, 수상경력에 기록할 수 없는 수상 등은 교과학습발달상황의 '세부능력 및 특기사항'란에 입력할 수 있다 (입력 여부는 교육적 유의미성 등을 고려하여 학교에서 판단하되 원칙적으로 교과담당교사가 입력하고 관련 교과가 없는 경우 학급담임교사가 입력함).
- '세부능력 및 특기사항'란은 교육적 차원에서 가능한 한 많은 학생을 대상으로 기록한다.

11) 독서활동상황

　중·고등학교의 개인별·교과별 독서활동상황은 독서활동에 특기할 만한 사항이 있는 학생을 대상으로 학기말에 입력한다.

　독서 분야, 독서에 대한 흥미, 이해 수준 등을 종합 서술형으로 정리하여 교과지도 교사가 입력하는 것을 원칙으로 하되, 담임교사도 입력할 수 있다.

(1) 기재 예시

학년	과목/영역	독서활동상황
1	국어	(1학기) 문학·인문과학 분야 서적에 관심이 많고, 독서활동 시간을 활용하여 한 달에 두 권 정도 책을 꾸준히 읽고 있으며, 저자가 전달하고자 하는 주제의 핵심을 파악하여 독서활동 시간에 발표함. 『내 영혼이 따뜻했던 날들』(포리스트 카트), 『10년 후 나』(타테미야 츠토무), 『성공한 사람들의 독서습관』(시미즈 가쓰요시) 등의 책을 감명 깊게 읽음.

(계속)

	체육·예술	(2학기) 여행을 좋아하고 세계와 우리나라의 풍물에 관심이 많아 기행문을 꾸준히 읽고 있음. 『중국견문록』(한비야), 『지도 밖으로 행군하라』(한비야), 『나무야 나무야』(신영복), 『다영이의 이슬람 기행』(정다영), 『나의 북한문화유산답사기』(유홍준) 등을 읽고 전국 일주 및 세계일주의 꿈을 키워 나가고 있음.
	과학	(1학기) 우리 역사와 더불어 과학에도 관심이 많아 『우리 과학의 수수께끼』(신동원 엮음), 『우리역사 과학기행』(문중양), 『역사가 새겨진 나무이야기』(박상진), 『현산어보를 찾아서』(이태원) 등을 통해 그동안 잘 알려지지 않았던 우리 선조들의 과학적 우수성에 대해 보고서를 제출하고, 과학사동호회를 만들어 활동함(2,500자까지).
	인문	(2학기) 독서를 통해 타인의 삶에 관심을 갖고 자신의 삶을 반성하는 기회를 가짐. 독서를 통해 사회현상을 관찰하는 과정에서 자신의 고민을 해결하려는 태도가 진지함. 『당신들의 대한민국』(박노자), 『전태일 평전』(조영래), 『호밀밭의 파수꾼』(샐린저) 등의 작품에 대한 감상문을 작성함.
	사회	(2학기) 『21세기를 바꾸는 교양』(홍세화 외), 『21세기를 바꾸는 상상력』(한비야, 이윤기 외), 『21세기에는 바꿔야 할 거짓말』(정혜신 외) 등을 읽고서 우리 사회에서 발생하고 있지만 그동안 우리가 알지 못하거나 문제 삼지 않았던 사회현상에 대하여 고민하고 바라보는 시각을 가짐.
	인문	(2학기) 『바보처럼 공부하고 천재처럼 꿈꿔라』(신웅진), 『연탄길』(이철환), 『내 생에 마지막 하루라면』(한창욱) 등을 읽으며 자신의 삶에 대한 진지하게 고민하려는 자세가 엿보였고, 인문 소양을 넓힘.
2	사회	(2학기) 『나무』(베르나르 베르베르), 『1리터의 눈물』(키토 아야), 『폰더씨의 위대한 하루』(앤디 앤드루스) 등을 읽고 사회 문제에 관심을 가짐. 특히 『1리터의 눈물』이란 책에 매우 많은 공감을 하며 일본 영화를 직접 찾아보는 등 매우 적극적인 모습을 보임.
	과학	(2학기) '과학 동아' '뉴튼' 등 다수의 과학잡지를 탐독하면서 자연현상이나 실제 과학의 응용 분야에 대한 관심을 보였으며 논술이나 면접에 대한 체계적인 대비를 위해 중요한 내용은 논술 노트에 메모를 하는 등 세심한 면을 엿볼 수 있었음.

12) 행동특성 및 종합의견

행동특성 및 종합의견은 수시로 관찰하여 누가기록된 행동특성을 바탕으로 총체적으로 학생을 이해할 수 있는 종합의견을 문장으로 입력한다.

- '행동특성 및 종합의견'란에는 행동발달상황을 포함한 각 항목에 기록된 자료를 종합하여 학생을 총체적으로 이해할 수 있도록 문장으로 입력하여 학생에 대한 일종의 추천서 또는 지도자료가 되도록 작성한다.
- 장점 위주로 입력하는 것을 권장하나, 단점이나 개선이 요망되는 점도 변화 가능성과 함께 입력한다.

(1) 기재 예시

학년	행동특성 및 종합의견
1	사람과 어울리기 좋아하고, 친절하며 이해심이 많아 남을 도와주려고 합니다. 또한 논리적, 분석적, 합리적이며, 지적 탐구심이 많습니다. 사랑과 헌신으로 남을 이해하고 돕고 봉사하며 가르쳐 주는 활동을 좋아하며, 사람들을 체계적이고 학문적으로 관찰하고 탐구하기를 좋아합니다. 사회적, 교육적 헌신과 대인관계 기술과 능력이 있으며 학구적, 지적 자부심이 있습니다.
2	학급 반장으로 여러 면에서 봉사와 맡은 일에 최선을 다한 학생이었다고 확신한다. 한 예로서, 반장으로 학급 동료에게 지시하거나 명령하기보다는 쓰레기통을 치우거나 힘든 일을 직접 처리하는 모범을 보이는 학생이다. 학급의 일은 가능한 한 여러 의견을 수렴하고 조율하여 처리하려고 담임에게 건의도 하고 토론도 하며 매사에 적극성을 보인다. 성격 면에서는 남자답게 매사에 시원시원하게 대처하는 면이 있다. 그러나 가끔씩 사소한 것에 신경을 곤두세우는 측면도 있는데 자신의 부정적 요소를 잘 알고 있으며 그것을 보완하고 자신을 성숙시키기 위해 부단히 애쓰는 학생이다. 운동을 좋아하여 방과 후 급우들과 축구하기를 좋아했다. 성적은 고루 우수하나 특히 수학과 과학 분야에 깊은 관심을 보이며 문제풀

(계속)

2	이를 통해 쾌감과 즐거움을 느끼며 해결이 어려운 것에는 집요하게 매달리며 끝까지 해내는 끈기 있는 학생이다. 장래에 공학 분야에 몸담아 연구하며 몰두하기를 바란다. 자신이 목표로 정한 학업성취에 도달하기 위해 철저한 계획적 학습을 한다. 따라서 계획에 따라 보람 있는 일과를 보이며 희망하는 분야에 장래가 촉망되는 학생이다.
3	기본적인 인성의 소양을 갖춘 학생이다. 교내생활을 하면서 선생님에 대한 예의가 몸에 배어 있는 학생으로 수업시간에 질문을 하는 자세에서도 예의 바른 학생임을 짐작하게 하는 학생이다. 특별히 2학년 때의 반장 경험이 있고 3학년에서는 다른 학생에 대한 양보로 학급이나 학교의 임원을 맡고 있지는 않지만 학급의 환경미화나 학급 일에 솔선수범하여 도와주는 참여도가 매우 높은 학생이다. 올바른 수업자세를 통해 공부를 하면서 학업성취도가 매우 높고 특별히 수학·과학 영역에 우수한 성적을 보이는 학생이다. 매월 실시하고 있는 학력평가에서도 1등급을 유지하여 상위 1%에 드는 학생으로 장차 미래 생명공학과 관련한 분야에 기여할 수 있는 기본 학업능력을 갖춘 학생이다. 과학교과 선생님의 말에 의하면 수업시간에 남다른 탐구력으로 어떤 실험과 방법에 대한 끊임없는 고민과 질문, 토론을 통해 궁금증을 해결하려는 학문적 기본소양을 갖춘 학생이다. 무엇보다도 어떤 일을 하더라도 즐겁게 일하는 모습이 장점인 학생으로 어려운 과업이나 포기할 수 있는 일을 맡겨도 성심을 다해 해결하려는 끈기를 갖춘 학생이다. 맞벌이를 하고 있는 부모님의 어려움을 잘 아는 학생으로 자신이 현재 해야 할 일이 무엇이며 어떠한 삶을 살아야 하는지 그 목표가 뚜렷하여 매일 그 목표를 실현시키기 위해 계획을 세워 차분히 매진하는 성실한 학생이다.

3. 창의적 체험활동

1) 에듀팟이란 무엇인가

에듀팟은 학생이 자기주도적으로 학교 내·외의 다양한 창의적 체험활동을 기록·관리하는 온라인 시스템이다. '창의적 체험활동 교육과정'의 4가지 영역인 자율활동, 동아리활동, 봉사활동, 진로활동 중심의 활동내용과 자기소개서, 방과후학교활동, 독서활동 등을 포함하는 교과 외 활동에 학생이 성실히 참여한 과정과 결과를 담는 그릇이다.

2) 에듀팟의 목적

- 학생의 자기주도적인 진로설계 및 학교생활을 계획하고 실천하는 능력을 신장하고, 교과 영역뿐 아니라 교과 외 영역에 대한 활동 강화로 학생들의 인성과 창의성을 신장시키기 위함이다.
- 교사는 학생들 스스로 기록·관리한 창의적 체험활동 내용을 기초로 하여 구체적으로 학생들의 진로, 인성, 상담에 관한 전문적 컨설턴트의 역할을 할 수 있다.
- 학교는 학생들이 다양한 창의적 체험활동을 경험할 수 있도록, 학교 특색에 맞는 창의적 특색활동을 계획하여 추진하고 학교교육과정 중심의 활동과 학교의 특성화된 프로그램 운영으로 공교육 내실화와 교육만족도를 높일 수 있다.
- 창의적 체험활동 교육과정의 내실 있는 운영을 위한 교육과정평가의 방법으로 활용할 수 있다(학생의 자기평가, 상호평가, 관찰, 포트폴리오 등 다양한 방법으로 수시로 평가).
- 학생들이 학교의 교과교육과정과 창의적 체험활동 교육과정 등 정규교육과정을 성실히 수행한 결과를 상급학교 진학자료로 활용할 수 있다.

3) 에듀팟 운영 기본방향

- 에듀팟은 중학생과 고등학생들을 대상으로 운영한다.
- 학생이 스스로 작성하고, 교사가 학생기록 내용을 확인하고 승인·보

완하는 과정으로 이루어진다.

- 에듀팟은 2009 개정교육과정의 창의적 체험활동 4개 영역(자율활동, 동아리활동, 봉사활동, 진로활동)과 특기적성교육 중심의 방과후학교활동과 독서활동 내용을 포함한 교과 외 활동 등 정상적인 학교교육과정에 성실하게 참여한 활동 내용을 체계적으로 관리한다. 단, 2009 개정교육과정의 적용을 받지 않는 학생들은 창의적 재량활동과 특별활동 영역을 중심으로 기록한다. 각 영역의 활동내용과 소감 등을 과대하게 많이 기록하기보다는 활동의 지속성과 일관성을 중심으로 학생들의 진로와 연계하여 활동을 통해 보고 느끼고 배운 점을 솔직담백하게 기록한다.

- 학생 개인 체험활동의 경우 학교장이 허가한 체험활동 내용을 기록할 수 있다. '학교장이 허가한 체험활동'이란 사전계획서와 보고서 등의 교내에서 규정한 절차에 의해 학교장이 승인한 활동을 의미한다. 단, 공인어학시험(토플, 토익, 텝스 등), 해외봉사활동, 사교육 의존 가능성이 높은 체험활동, 각종 인증 및 자격증(고등학교 학생의 기술자격증 제외), 교외수상경력 등은 에듀팟에 기록할 수 없다(입학사정관제 운영 기준, 학교생활기록부 작성 및 관리 지침 적용). 중·고등학교 봉사활동의 경우, 봉사활동 계획서와 확인서 제출절차로 학교장이 인정한 사항이 학교생활기록부에 기록되는 사례와 같이 진로활동에서도 개인계획의 경우 학교장이 허가한 절차를 통해 활동 결과를 기록할 수 있다.

- 2011년에 중학교 1학년, 고등학교 1학년 학생들은, 2009 개정교육과정을 적용받으므로, 단위 학교에서 적극적으로 활용한다. 학교생활기록부 '교외체험학습상황' 삭제로 에듀팟에 관련 내용을 기록하도록 변경하였다.

- 단위 학교에서 학교장이 추천하여 참여한 체험활동, 학교장이 허가한 개인계획에 의한 활동, 담당교사가 학교장의 결재 후 활동한 학급, 동

아리 단위의 창의적 체험활동은 에듀팟에 기록할 수 있다. 단, 학교장
의 허가 없이 개인적으로 참여한 체험활동은 기록하지 않는다.
• 고등학교의 경우 최종 포트폴리오는 대입 전형 자료로 활용할 수 있다.

4) 에듀팟 주요 메뉴

영역		기록내용
자기 소개서	중학교	좌우명, 가족소개, 장점, 좋아하는 과목과 이유, 존경하는 사람과 이유, 장래 희망 등
	고등 학교	(진학용, 취업용) 기본정보, 성장과정, 가족환경, 지원동기, 역경 극복 사례, 자기주도적 학습경험, 학업 및 진로 계획, 장래희망, 장단점
자율활동		적응활동, 자치활동, 행사활동, 창의적 특색활동(범교과학습 등)
동아리활동		학술활동, 문화예술활동, 스포츠 활동, 실습노작활동, 청소년 단체활동 등
봉사활동		교내봉사활동, 지역사회봉사활동, 자연환경보호활동, 캠페인 활동 등
진로활동		진로상담, 진로탐색 및 체험활동, 자격증 및 인증(고등학생 대상 기술 자격증)
방과후학교활동		지속적으로 참가한 특기적성 중심의 방과후학교활동 내용
독서활동		관심, 흥미, 진로, 교과 등과 관련한 다양한 독서활동 내용기록
진로심리검사		커리어넷, 워크넷의 진로, 적성, 심리검사 활용

4. 행동특성 및 종합의견의 작성원리와 예시문(1,500자 기록 가능함)

• 구체적 관점:
  – 장학금의 사용처, 봉사활동의 리더십 주도성, 환경미화의 솔선
  – 학급 게시의 봉사성, 토론의 절제력, 많은 친구와의 유대감

- 동아리 축제 및 각종 모임의 사회를 맡는 사교성
    - 스스로 세운 목표와 약속을 지키는 준법성, 품행이 바르고 설득력
    을 지닌 언행
    - 발표의 논리성과 치밀한 준비 등
- 출처 및 준비: 교과학습발달상황, 특별활동, 봉사활동, 자율활동, 체
육대회, 특활발표회, 독서내용의 양과 질 등의 다양한 기록과 메모
- 기술방식: 영역별 내용의 해당 내용을 고려하여 학생의 특성에 맞게
    - 1~5항의 내용을 조합하여 진술한다.
    - 개별 학생의 특징에 맞게 재진술한다.
    - 기타 항목을 추가하여 진술한다.
    - 구체적인 일화와 사례를 중심으로 작성한다.

1) 인성과 태도: 기재 예시문

- 리더십과 봉사성 및 자주성: 학급 반장으로서 급우들과 조화하며 리드
하는 탁월한 통솔력을 발휘하며 각종 특활 발표회, 종합전시행사에서
학생회 임원으로서 적극적으로 활동하였으며 또한 자신의 생각을 말
할 때에는 분명한 논거와 예시를 들어 표현하고, 학급 또는 학교 일에
적극적으로 참여하여 일을 리드하는 학생임. 자신의 장점과 단점을 스
스로 발견하여 자기발전을 위해 노력하며 무엇보다 항상 긍정적인 태
도로 일을 진행하고 있음. 또한 규칙을 잘 지키고 성실하여 3개년 개
근은 물론, 야간 자율잔류 시간에도 늦은 적이 없으며 타인과 정정당
당히 경쟁하는 건전한 정신을 지니고 있음. 일시적이고 임의적인 봉사
활동을 하기보다는, 방학기간을 적극 활용해 독거노인 봉사활동을 일
관성 있고 꾸준하게 진행하며 봉사의 참된 의미를 찾고 그것을 실천하
려고 노력함.

- 회장의 리더십: 6개월 학급회장을 4번이나 역임하는 등 원만하고 솔선하는 성품이며, 학급을 이끌 때 친구들과의 조화를 항상 우선시하고 남을 배려하는 정신이 돋보여 학급의 화합과 단결에서 구심점 역할을 담당하고, 창의적 제안으로 학급의 질서와 분위기를 늘 새롭게 만들어 가며…….

- 봉사의 연속성: 늘 웃는 얼굴에 성격이 차분하고 온화하며 따뜻한 품성을 가져, 남다른 봉사정신으로 격주로 '구세군 브릿지 센터'를 방문하여 빨래 개기, 아이들 돌보기, 청소, 환경미화 등의 활동을 2년간 하고 있으며…….

- 봉사의 구체성: 특히 노인에 대한 봉사정신이 뛰어나 한 달에 한 번 꾸준히 충현동 독거노인을 방문해서 어르신 식사 도와주기, 말벗해 주기, 청소 등 어르신들의 뒷바라지를 3년간 하고 있음. 수험 준비에도 부족한 시간이지만 3학년인 지금도 지속적 봉사활동을 하는 것을 볼 때 자신보다 남을 위한 삶의 철학을 실천하는 마음이 따뜻한 학생이라고 여겨지며…….

- 학급봉사 및 지도력: EBS 1:1 입시 상담의 내용을 영역별로 정리하는 등 학급 정보게시판에 대학진학과 진로학습자료를 잘 게시하여 반 전체의 진학정보 향상에 많은 도움을 주었을 뿐 아니라, 도움이 필요한 학생들에게 자상하게 알려 주어 신망이 두터운 학생임. 담임교사와의 상담을 통하여 스스로의 인성에 대한 장단점을 발견하였으며, 다른 사람과의 조화로운 관계를 유지할 수 있는 기본 태도를 형성하려고 노력하고…….

- 급우의 신망성: 매년 급우들이 '이달의 좋은 친구'로 선정하는 등 선하고 긍정적인 사고를 가져 급우로부터 신망받는 학생으로, 학교 3년 동안 교내 '인성우수상'을 연속으로 수상하였음.

- 예절과 솔선력: 웃어른을 공경할 줄 알며 인사성이 바르기 때문에 항

상 남에게 호감을 주고, 학교생활을 즐겁게 할 뿐 아니라, 봉사활동, 체육대회, 환경미화를 솔선하는 열정으로 학급친구 사이에서 사교성과 리더십을 인정받고 있으며…….

- 자기주도적 활동력: 어려운 환경에 굴하지 않고 항상 명랑한 얼굴로 모든 사람에게 친절하고 학습태도가 바르고 언어와 행동이 반듯하며 이해심이 많은 학생임. 예의가 바르고 친구들과 어울리기를 좋아하며 사람들을 잘 설득하여 이끌어 가는 지도력이 있는 학생으로 매점 도우미로 일하면서 학비를 조달하는 등 학교생활을 자기주도적으로 계획성 있게 운영하며…….

- 외유내강의 자기주도성: 드러내면서 자신을 표현하지는 않는 차분한 성격으로 교우관계에서는 적극적인 활동력을 유지하며 친구들 사이에서 원만하게 처신하고 활동함. 예의바른 태도가 돋보이고, 맡은 바 자신의 임무를 적극적으로 수행하여 주번활동 시 학급이 가장 깨끗하였으며 마무리를 언제나 깔끔하게 하려고 애씀. 자기 나름의 목표를 세우고 도달하려는 꾸준한 노력이 돋보이는 외유내강형의 강한 주도성이 보이고…….

- 미래 지향의 구체성: 조용하고 내성적인 성격의 학생이지만 차분하게 자신에게 주어진 주번활동, 성금 모금, 학급운영계획 등을 효과적으로 처리하는 학생이며 매사에 긍정적인 마음으로 임해 다른 학생의 모범이 됨. 자신의 목표를 향해 계획을 세우고 실천하려는 의지가 남달라 '아이러브버스' 카페 시숍으로 활동하는 등 앞으로 장래가 촉망되는 학생으로 보이며…….

- 신뢰의 언행력: 언행이 바르고 책임감이 강해 급우들의 신뢰를 받고 있으며 끈기를 바탕으로 맡은 바 일에 최선을 다함. 낙천적인 성격이 큰 장점으로 이를 활용하여 소통의 리더십을 발휘하고 있으며 협동하는 학급 분위기 형성에 특별한 재주가 있어…….

- 봉사의 지속성: 장애우반 학생을 도와 체육대회를 열고, 스스럼없이 친구로 지내는 것은 물론 등교하지 않는 토요일을 이용한 학습 도우미를 맡는 등의 활동으로 선행상을 받았으며 자기 스스로 주도하여 모든 일을 실행하고 학급 행사 시 적극적으로 참여하여 학급의 화합과 단결에 절대적으로 기여하고 있으며……

- 계발활동의 책임성, 리더십: 신문반 반장으로 '안 되면 되게 하라'는 신문반 반훈을 지켜 축제 중 부정기 신문 '청람'지를 발행하는 등 지도력과 추진력을 보였고, 급우들과 어울리기를 좋아하며 남을 돕는 일에 적극적이어서……

- 학습능력을 이용한 학습 도우미: 특히 영어회화 능력이 매우 뛰어난 학생으로 원어민 교사를 도와 영어회화 수업에서 우수한 지도성을 발휘하였으며, 매사에 적극적일 뿐 아니라 장애우 친구의 벗이 되어 놀토 주말에 놀아 주기, 학습하기, 체육활동 등을 격주로 실시하는 등 어려움을 보살펴 주는 인간미가 있어 친구들로부터 신망이 두터우며……

- 지적 특성 및 장학금: 수학적 계산이 빠르고 꼼꼼하고 세심하며 지적 탐구심이 강해 전교과 성적이 매우 우수하여 4% 이내에 들며, 자신이 받은 수석 장학금을 학급의 형편이 어려운 학우 3명에게 기부하는 등 타인을 배려하는 봉사정신이 훌륭하며……

2) 진로와 잠재력: 기재 예시문

- 교사로서의 전망: 인성이 선하고 올곧을 뿐 아니라, 교육대학이나 사범대학에 진학하고자 하는 진로인식이 뚜렷하며 남을 돕고 가르쳐 주는 일을 즐겨 하며, 바른 일에 솔선수범하는 등 좋은 교사로서의 자질이 충분하고……

- 진취적 친화력: 매사에 근면 성실하여 3개년 개근을 하였고, 주관이 뚜렷한 모범생으로 전교의 학생회장으로서의 솔선수범과 리더십, 그리고 통솔력을 겸비하고 있으며, 급우들과의 친화는 물론 선생님들과의 관계가 돈독하여 학생과 교사들로부터 신망이 아주 두터워 소통과 조화의 리더십을 잘 보여 주고 있음. 특히 학업에 대한 열정과 자신감이 남달라 학업 면에서도 전교 최상위권의 성적을 유지하고 있어 장차 자신이 원하는 정치·외교 분야에서 큰 성공을 거둘 것으로 기대하며…….

- 관찰력과 침착성: 관찰능력이 우수하고 침착성이 뛰어나 과학 선생님의 실험 조교 역할을 하고 있으며 언제나 꾸준히 노력하는 자세와 학구열이 강하여 어떤 일을 하든지 그 분야에서 최고의 전문가로 성장할 수 있을 것이라 사료되며…….

- 간호사로서의 전망: 침착하고 밝은 품성을 지니고 있으며, 환자들에게 희망을 선물하는 간호사가 되고 싶다는 포부를 가지고 있어 간호사가 되기 위한 의학적 지식과 윤리의식, 그리고 실력을 기르기 위해 간호학과에 진학하려는 적극적이고 확고한 의지를 지녔으며…….

- 도전정신: 현실에 안주하고 주어진 조건에 만족하기보다는 늘 끊임없이 도전하고 자신의 잠재적 가능성의 실현을 위해 최선을 다하는 모습이 다른 학생들과 후배들에게 모범이 됨. 수학·과학 등 이공계 기초 분야에서 뛰어난 재능과 흥미를 보이며 수학·과학경시대회 최우수상을 받는 등 꾸준히 자신의 꿈을 위해 노력하는 장래가 촉망되는 학생임.

- 언어적 흥미: 영어와 통역에 흥미가 있을 뿐 아니라 영어와 관련한 여러 활동에 적극적으로 참여하였고, 고교생 통역사로도 선발되었음. 전국 영어 말하기 대회에서 본선에 진출하는 등 국제적 인재로 성장할 장래가 촉망되는 학생임.

- 활동력: 정규교과 외 다양한 동아리활동을 통해 사고의 폭을 넓히고 풍부한 경험을 쌓기 위해 노력하는 자세가 돋보임.

- 창의성: 학교 홍보물을 제작하기 위한 교내 UCC 대회에서 학생회의 리더십을 주제로 창의성을 발휘하여 제작한 영상으로 입상하였고, 영어로 연극 대본을 직접 구상하고 스스로 연출하는 등 급우들과 영어연극대회에 참가하는 등 창작 능력이 뛰어나며……

- 조정자로의 힘: 성격은 밝고 명랑하여 교우관계도 원만하며, 학급 반장으로서 학급 일에 적극적으로 나서며 급우들의 의견을 잘 수렴해 효과적으로 실현될 수 있도록 학급과 담임 사이에서 본연의 임무를 잘 수행하는 편임. 식당 환경 개선을 위해 설문을 만들어 결과를 홈페이지에 올리는 등 적극적 현실 개선 의지가 강하며, 또한 아침 자습시간 면학 분위기를 잘 조성하여 학급의 지속적인 성적 향상에도 기여하고 있으며……

- 국제외교와 정치: 외교나 사회 분야, 특히 정치에 관심이 많고 다양한 과목에 학업성취도도 높을 뿐 아니라, 대학 모의 유엔총회에 참석하고 목민심서, 케네디 전기 등을 읽고 자신의 진로를 개척하기 위해 관련 독서를 하는 등 열심히 노력하고 있음. 외교 관련 신문기사를 항상 스크랩하고, 외국문화를 이해하기 위해 관련 서적을 찾아 스스로의 진로를 개척하려는 의지가 강하며……

- 수학과 철학: 최고가 되려는 목표가 분명하고 꾸준하고 왕성한 독서력을 바탕으로 수학과 인문 영역 전반에 걸쳐 관심을 보이고 노력하고 있음. 수학 올림피아드, KCM에도 꾸준히 참가하여 성장한 실력을 검증 받아 왔으며, 경쟁 그 자체를 즐기며 낙천적이고 진취적으로 모든 문제에 적극적으로 접근하는 태도를 보이고 있으며……

- 승부욕과 참여도: 공부 및 운동, 예능 방면 등에 두루 소질을 갖추고 있으며 승부욕이 강하여 발전이 무궁무진한 모범적인 학생임. 교내체

육대회, 동아리 발표회 등 각종 행사에 선수로 또는 기획과 진행 등으로 눈에 띄는 활동을 펼치고 있으며…….
- 과학적 소질: 평소 자연 현상에 관한 분석력이 뛰어나고 논리적인 글쓰기와 말하기의 특징을 보이는 학생임. 화학실험반 학생으로 침착한 성품으로 실험 중 발생한 화재 때 교복을 벗어 불을 끄는 침착성과 냉정함을 보였으며 왕성한 독서력과 독창적 해석력을 가진 과학자로서의 자질이 엿보이는 학생이며…….

3) 인지적 · 정의적 특성: 기재 예시문

- 영어회화에서 폭넓은 어휘력을 통한 다양한 상황 표현에 능숙하며, 실험정신이 뛰어나 표현하고자 하는 것들은 적극적으로 시도해 보려고 노력함.
- 학급 반장으로 긍정적이고 우호적이며, 현명한 판단으로 학급 내에서 큰 영향력을 주었으며 급우들에게 인정을 받음. 학업 외에도 고운 심성과 두터운 신뢰를 바탕으로 지덕체가 두루 갖추어진 전인적 품성을 갖추었으며 남들이 꺼려하는 교실의 구석진 곳을 활기차게 청소하고 본인이 실장으로서 어떤 상황에도 급우들을 통솔하고 봉사해야 한다는 자세가 갖추어져 있어 급우들에게 인정받음.
- 급우들의 적극적인 추천으로 3년간 학급회장을 맡았으며, 현재는 전교회장으로서 학생회 의견을 잘 수렴하여 학교 발전에 기여하는 등 리더십이 돋보임.
- 같은 학급에 있는 특수학생 2명을 가까이서 겪고 복지관 봉사활동을 통해 장애우들의 어려움을 확인하면서, 사회적 약자에 대한 대중의 관심을 끌어내고 개선할 수 있도록 사회공익 프로그램을 만드는 PD의 꿈을 키우고 있음.

- 미래의 물리학자를 희망하는 학생으로서 이과생이면 대체로 부족한 부분인 글쓰기 능력까지 탁월함. 실제로 교내 논술대회에서 꾸준히 입상하였으며 전국 단위의 논술대회에 학교 대표로 참여하는 등 다방면에 걸쳐 잠재력이 풍부한 학생임.

- 인내력이 있고 감정을 절제할 줄 알며 책임감이 강하여 선도부 활동 및 기타 활동에 성실한 자세로 적극 참여함.

- 자기절제력이 뛰어나고 책임감이 투철하며, 궂은일을 마다 않고 매사에 솔선수범하며 유머까지 갖춘 모범생임.

- 누구에게 보여 주기 위한 것이 아닌 자신의 기준을 가진 도덕성을 지닌 성실한 학생으로서 언어 예절이나 정직한 성품을 학교에서 인정받아 학생회 선도부장으로 임명되었고 타인에 대한 배려와 봉사정신이 투철한 학생임.

- 생명, 자연과 인간과의 공존, 환경문제, 시민단체활동 등에 관심이 많은 편이며 도덕적 판단력과 합리적인 가치선택능력이 뛰어남.

- 사고가 논리적이고 성실해 여러 과목의 학업성취도가 높으며, 따뜻하고 이해심이 많아 교우 간에 신망이 두터움. 선뜻 나서기 힘든 환경지킴이 활동 등을 자원하여 성실하게 해내고 있으며 자신의 진로에 대한 진지한 성찰과 노력이 있어 더욱 긍정적인 성장이 기대됨.

- 늘 예의가 바르고 밝은 모습을 보여 교사 및 친구들과 관계가 좋아 즐거운 학교생활을 하고 있음. 자신의 맡은 바 책임을 다하고 주변의 상황을 판단하여 솔선수범하여 행동하는 모습이 타의 모범이 되는 훌륭한 학생임. 주변의 도움 없이 본인의 힘으로 지속적으로 학업성취도를 높여 가는 모습에서 앞으로의 장래가 촉망되는 학생임.

- 학급반장으로서 자기관리에 능하여 진지한 학업태도와 우수한 학업성적을 꾸준히 거두며 책임감과 리더십이 뛰어남. 자존심이 강하여 가끔씩 남에게 뒤지지 않으려는 의욕이 앞서 주위 사람과 부딪히는 경향이

있으나 더불어 사는 사회의 덕목을 체득한다면 큰 발전을 거둘 수 있을 것으로 생각됨.

• 평소 책을 손에서 놓지 않아 다른 친구들보다 독서량이 월등히 많아서 다방면으로 상식이 풍부하고 특기 과학 분야에 지적 호기심이 많음.

• 책임감이 강하고 빈틈이 없으며 지적 탐구심이 강해 전교과 성적이 우수하고 스스로 계획을 세우고 실천하는 자기관리 능력이 탁월함.

• 공부를 잘하고 영리하며 맡은 과제를 열심히 하고 노력하길 좋아함. 항상 침착하고 생각이 깊으며 화를 잘 내지 않고 친구들에게 친절하고 상냥하며 배려심이 좋음. 정직하고 예의바르며 바른 언어를 사용하고 성실하여 반 친구들에게 모범이 됨.

4) 학습 · 진로 · 자율활동의 자기주도 적성: 기재 예시문

• 근면과 열의: 자연 · 이공계 교과 1등급의 목표를 세우고 열심히 노력하는 학생으로 일찍 등교해서 조용히 공부하는 모습, 쉬는 시간과 점심시간은 물론이고 짬짬이 나는 시간에도 집중력 있게 공부하는 모습이 한결같으며 1년간 수업 중 조는 경우가 전혀 없음. 학급 친구들에게 모범이 됨은 물론이며, 시험 기간이 다가오면 그의 노트는 학급생 모두에게 복사되는 등 우리 학급에 공부하는 분위기가 조성되는 데 구심점 역할을 하고 있는 학생이고…….

• 적극적 변화: 기초교과와 탐구교과의 학업성적은 고루 우수한 편이나 예술, 체육 관련 교과 영역에 대한 관심과 흥미가 상대적으로 낮아 이에 대해 스스로 고민하던 중 학교 축제에서 연극 조연출을 맡으며 활동하는 등 적극적으로 자신의 취약점을 개선하는 학생임. 주변에 대한 폭넓은 이해를 위해 다양한 자율활동에 참여하여 부단히 자기연마를 하고 있는 적극적인 학생이며…….

- 환경생태 연구: 과학고등학교 학생이 아니면서 유일하게 ○○대학교 주최 R&E(연구 및 교육)팀에 선발되어 1년간 '그람 양성 세균의 유전자 및 효소의 특성 분석'을 주제로 연구하여 생물 부문 금상을 수상했으며, 또한 교내 과학경시대회(생물 부문)에서도 금상을 수상함. 일찍부터 환경생태 분야에 관심을 갖고 해당 분야의 심화학습과 연구활동을 위해 '녹색 리서치' 동아리를 만드는 등 적극적인 활동을 시도하고 있으며…….

- 습관과 자기주도성: 면학실의 책상과 주변을 정리 · 정돈하는 습관과 노트를 체계적으로 잘 정리하는 등 자기관리능력이 뛰어나 자신이 정한 생활목표에 따라 계획성 있고 효율적으로 생활하는 등 방학과 휴일의 자율학습능력이 뛰어나 학년이 올라갈수록 교과 내신성적이 꾸준히 향상되었으며 틈틈이 책읽기와 신문읽기를 즐기는 등 자기주도 학습력이 우수하며…….

- 순수 학교 공부: 일률적인 수업보다는 포트폴리오 발표, 팀별 공동연구 발표하기, 수행평가 등 자기주도적인 학습에 뚜렷한 의지를 보이며, 사설 학원에서 학습한 경험이 전혀 없이도 전 교과성적이 매우 우수하고 독서가 생활화되어 있어 또래에 비해 생각이 깊고 논리적이며 글쓰기에도 소질이 있어 교내의 각종 논술 우수상, 백일장 대회에서도 장원에 입상하는 등 우수한 성적을 거두었으며…….

- 교과, 교과 외 활동의 주도성: 호기심이 왕성하며, 여러 사람 앞에서 논리적으로 말하는 것을 좋아함. 교우관계도 원만하며 리더로서의 자질이 풍부함. RCY 단원으로서 봉사활동과 체험활동 등의 경험이 풍부하며 모든 일에 적극성과 긍정적인 마인드로 임하는 장점이 있는 학생임. 또한 영어와 수학에 특별한 관심을 보이며 꾸준히 학습하는 성실성을 보이며, 자신의 환경이나 하는 일에 대해서 늘 만족할 줄 알고 행복하다고 느끼는 밝은 성격임.

- 꼼꼼하고 계획성이 있으며, 책임감이 강하여 정해진 원칙과 계획에 따라 자료를 체계적으로 정리하고 조직하는 일을 잘함. 전 과목에 걸쳐 아주 우수한 학업성취를 보이고 있으며 수학·과학 분야에 특히 뛰어남. 자기주도적으로 좀 더 넓고 깊게 공부해 나간다면 더 큰 성장이 기대되는 미래가 촉망되는 학생임.

- 사려가 깊고 과묵하고 성실한 성품을 지녀 자기의 맡은 일에 최선을 다하는 착한 학생으로 교우 간에 신임이 두터운 학생임. 또 책임감이 강하고 빈틈이 없으며 지적 탐구심이 강해 전 교과에 걸쳐 성적이 우수하며, 학교에서 정한 규칙을 잘 준수하고 넓은 포용력으로 친구를 대하는 모범적인 학생으로 앞으로 더 발전성이 기대되는 학생임.

- 밝고 명랑한 성격의 학생으로 자신이 하고자 하는 일에 대해 비교적 뚜렷한 생각을 가지고 있으며 적극적으로 자신의 학습 환경을 통제하고 수립한 학습계획을 지속적으로 실천하는 자세를 키우고 있어 더 큰 발전이 기대되는 학생임.

- 꾸준히 탐구하고 스스로 문제를 해결하려는 학습태도를 지녀 전 교과 성적이 우수하고 맡은 일을 책임감 있게 잘하며 시간을 유익하게 활용하고 학교생활이 전반에 걸쳐 우수함. ○○영재교육원 중 1학년 과정 정보 영역 120시간, 겨울방학 영재교육 프로그램 12시간을 이수함.

- 밝고 명랑한 성격의 학생으로 자신이 하고자 하는 일에 대해 비교적 뚜렷한 생각을 가지고 있으며 적극적으로 자신의 학습환경을 통제하고 수립한 학습계획을 지속적으로 실천하는 자세를 키우고 있어 더 큰 발전이 기대되는 학생임.

- 탐구능력이 뛰어나 과학에 소질이 엿보이며 학습이나 생활에 있어서도 자기주도적인 면이 강하여 스스로 생활과 학습과정을 통제하는 능력이 돋보여 발전이 기대됨.

- 꼼꼼하고 계획성이 있으며 책임감이 강하여 정해진 원칙과 계획에 따

라 자료를 체계적으로 정리하고 조직하는 일을 잘하는 학생임. 학습면에서도 자신의 학업계획을 잘 수립하고 이를 실천해 가는 태도가 모범적이고 성적 또한 매우 우수한 학생임.

5) 다양한 창의성: 기재 예시문

- 수학연구반 반장으로 수학에 대한 관심이 많으며 문제풀이를 다양한 방법으로 제시하여 수학을 재미있게 공부할 수 있는 방법을 제공함.
- 가을 연극제 때는 반에서 발표하는 연극의 음향을 직접 담당하여 연극에 필요한 음악과 음향을 직접 찾아서 연극의 수준을 올리는 데 크게 기여함.
- 교육과정에 개설되지 않은 분야인 '심리학'에 각별한 관심을 미리 갖고 바쁜 학교생활 중에도 관련 서적을 찾아 독서하고 의문이 생기는 것은 사회과목 교사들에게 줄기차게 질문하며 자신의 뜻을 세워 가는 열정이 돋보임.
- 태안 기름 오염 제거 봉사활동 중에서도 미래의 물리학도로서 창의적인 제거방안을 강구하고 청정에너지의 필요성을 성찰함.
- 언어학과 지원자로서 본교 언어학과에 대한 정보와 장래 진로(언어와 인지에 관한 연구성과는 많지만 언어와 정서를 연계한 연구는 부족해 이 부분을 공부하고 싶다고 포부를 밝힘)에 대해 타 지원자보다 우수한 탐색 노력을 보임.
- 일을 추진함에 있어 신중하게 계획하고 주도면밀하게 추진하며 실패하더라도 그 속에서 참신한 아이디어를 얻어 새롭게 추진하는 발상의 전환이 뛰어난 학생임. 자기관리가 뛰어나 전 과목 성적이 우수하고 상위권을 항상 유지함. 봉사정신과 리더십이 강하여 따르는 친구들이 많고, 독서의 폭이 깊음.

- 감수성이 발달한 학생으로 이해심이 많고 친절해서 교실 분위기를 밝게 만들어 주는 학생으로, 학업 면에서 전 과목이 우수하나, 특히 수리 영역의 성취도가 뛰어남. ○○영재교육원 중 2학년 과정 정보 영역, 산출물 발표, 영재캠프, 총괄평가, 카이스트 견학 등 총 145시간의 과정을 수료함.

- 지적 탐구심이 강해 전 교과 성적이 우수하며 상상력이 풍부함. 특히, 수학·과학 분야에서 탁월한 능력을 가지고 있으며 생각이 창의적이고 열린 사고가 돋보임.

- 창의적으로 사고하고 문제 분석력과 집중력이 뛰어나며 흔들림 없이 안정적인 태도로 학업에 충실하여 꾸준히 우수한 성적을 유지함. 친구들에게 친절하고 자신이 아는 것을 잘 가르쳐 주어 교우들 사이에서 인기가 있음.

- 전 교과 성적이 우수하고 목표의식이 뚜렷하여 앞으로 학업 등에서의 발전이 기대됨. 침착하고 꼼꼼한 성격으로 분석능력이 뛰어나 비판적 독서를 잘하고 자신의 의견을 논리적으로 말하는 데 재주가 있음. 글짓기에도 소질이 있어 학교 신문에 글을 자주 기고하고 각종 글짓기대회에 참가하여 수상함. 매사에 의욕적인 생활태도로 미루어 보아 장래가 기대되는 학생임.

6) 기타

학업태도, 급우관계, 봉사정신, 리더십, 열정, 역경 극복의 노력과 과정, 예절과 근면성, 자기효능감 등 평소 학생에 대한 관찰을 바탕으로 한 담임 교사만의 메모를 활용하여 예시 위주로 작성한다.

제13장
사무관리

내가 만난 훌륭한 교사-눈높이 교육

내가 생각하는 훌륭한 교사, 어쩌면 내가 학창시절 바라던 그리고 내가 되고픈 교사의 모습일지도 모른다. 얼마 전에 TV를 보다가 학생들을 두 부류로 나누어 교육방법에 따른 학습능력을 비교하는 실험이 있었다. 같은 나이, 같은 수준의 학생들을 두 집단으로 나누어 한쪽은 칭찬을 하고 다른 한쪽은 꾸중을 하며 일정 기간 동안 아이들을 교육한 뒤 시험을 치러 학생들의 성적을 비교하는 실험이었다. 결과는 칭찬을 들으면서 학습한 학생들의 평균점수가 높게 나왔고 그 학생들 중 유난히 성적이 많이 오른 학생의 두뇌를 검사해 본 결과 인지능력, 학습능력 등 두뇌활동이 활발히 일어나 성적 향상에 도움이 되었다는 것을 알았다. 나는 무조건 매를 들고 학생들에게 지식을 주입하려 하고 수업시간에 집중력이 떨어진 학생들에게 강압적인 방식으로 '졸면 맞는다, 틀리면 맞는다' 라고 하면서 가르치기보다는 학생들에게 자신도 '뭔가 이룰 수 있다, 자신이 뭔가 해냈다' 는 성취감을 느낄 수 있게 작은 것에도 칭찬해 주고 좀 더 높은 목표를 제시해 주는 교사가 훌륭하다고 본다. 학생시절에 부모님들은 2등만 하는 아이에게 너는 왜 2등밖에 못하냐고 꾸짖기만 했지 2등이나 했다고 잘했다고 칭찬하진 않았다. 그러다 보니 아이는 스트레스와 부담감으로 인해 극단적인 방법을 택하게 된다.

부모도 가정에서는 교사이기에 오히려 2등밖에 못해 눈치보고 있는 자녀에게 잘했다고 칭찬해 주면 아이는 다음에 더 좋은 성적표를 가지고 올 수 있는 것이다.

그리고 명문대 졸업, 대학원 졸업, 학위 수여 등 그럴듯한 학벌은 훌륭한 교사를 따지는 기준이 아니라고 생각한다. 비록 학벌은 좋지 않더라도 학생들을 이해시키는 효율적인 수업을 한다면 오히려 학생들의 성적이 더욱 향상될 수 있다. 다시 말해서 가르치는 일, 학생들에게 설명을 잘하는 교사가 훌륭한 교사라고 본다. 가까운 예로 나의 고등학교 시절 수학 선생님은 ○○대학교를 졸업하셨다. 하지만 선생님께서는 자신이 알고 있는 지식을 자신보다 수준이 낮은 학생들에게 전달하고 이해시키는 능력이 부족했다. 그래서 학생들은 실력 없는 교사라 생각했고, 그 선생님의 수업을 거부하기도 했다. 선생님께서는 수학을 몰라서 학생들에게 못 가르치는 것이 아니라 가르치는 법을 몰랐던 것이다. 학생들이 받아들이기에는 부담스럽고 수준 높은 수업방식으로 인해 학생들로부터 거부당하였던 것이다. 선생님이라는 지위에서 가르친다는 태도보다는 나도 배우는 학생이라는 입장에서 학생들과 함께 공부한다는 태도로 수업을 진행하는 교사가 훌륭한 교사라고 생각된다.

마지막으로 학생들을 고르게, 그리고 지속적인 관심을 가져 주는 것이다. 어느 한 학생만을 유난히 예뻐한다거나 미워하지 않고 고루 아껴 주는 것이다. 나는 학창시절에 담임선생님께서 우리를 딸, 아들이라 부르는 것이 마음에 들었다. 선생님과 더 가까워지는 기분이 들어 서로가 피해를 주는 행동은 하지 않게 되었고 더욱 아껴 줄 수 있었던 것 같다. 교사의 차별이 학생들 간 불화를 일으킬 수도 있다. 관심을 받지 못한 다수의 학생들은 관심받는 한 학생을 미워하게 되고, 그것이 집단 따돌림으로 이어질 수 있다. 자신의 수업을 듣는 학생은 누구나 다 사랑스럽고 내 자식처럼 여기는 교사가 훌륭한 교사라고 생각된다.

1. 문서관리

1) 사무관리 개요

사무는 조직체의 운영에 필요한 정보를 생산·유통·활용·보존하기 위한 활동을 말하므로 사무관리는 정보처리활동을 효율적이고 합리적으로 수행하기 위한 제반 관리활동 또는 사무실의 작업을 능률화·경제화하기 위한 각종 관리활동이라고 할 수 있다.

(1) 사무관리의 원칙

행정기관 사무관리의 목적은 용이성, 정확성, 신속성 및 경제성을 확보·관리하는 데 있다.

(2) 사무관리의 대상

① **사무환경**
- 사무공간: 사무실 배치, 면적 기준 등
- 물리적 환경: 조명, 온도, 습도 등
- 사무집기: 인체공학적 설계와 안전성이 고려된 디자인

② **사무장비**
- 행정정보시스템 등 네트워크
- OA 기구
- 차량 및 사무용품

(3) 사무의 분장

- 각 처리과장은 사무의 능률적 처리와 책임 소재를 명확히 하기 위하여 소관사무를 단위 업무별로 분장한다.
- 소속 공무원 간의 업무량 균형을 고려하여 사무분장을 실시한다.

(4) 사무의 인계·인수

- 사무인계·인수서는 문서로 작성한다.
- 사무인계·인수서 1부를 작성하여 처리과에 보존한다.
- 후임자가 없는 경우 직무 대리자에게 사무인계한다.

2) 문서관리 일반

(1) 공문서의 의의

행정기관 내부 또는 상호간이나 대외적으로 공무상 작성 또는 시행되는 문서(도면, 사전, 디스크, 테이프, 필름, 슬라이드, 전자문서 등의 특수매체기록을 포함) 및 행정기관이 접수한 모든 문서를 말한다.

공문서 설립 요건은 당해 기관의 의사표시가 명확하게 표현되고, 위법·부당하거나 시행 불가능한 사항이 없으며, 법령에 규정된 절차에 따라 형식이 정리되어야 한다.

(2) 공문서의 기능

공문서는 의사전달, 의사보존, 자료 제공의 기능을 수행한다.

① 의사전달의 기능

학교나 교육행정기관의 의사를 내부나 외부로 전달하는 것을 의미한다. 내용이 복잡하여 문서 없이는 당해 업무처리가 곤란할 때, 사무처리의 형식 또는 체제상 문서가 필요할 때, 사무처리 내용을 명확하게 하여야 할 때 유용하다.

② 의사보존의 기능

업무처리 결과의 증빙자료로서 문서가 필요할 때나 사무처리의 결과를 일정 기간 동안 보존할 필요가 있을 때 활용된다.

③ 자료 제공의 기능

보존된 문서가 다시 활용되어 행정활동을 촉진하는 자료로 제공된다.

(3) 공문서 처리의 기본 원칙

① 즉일처리의 원칙

문서는 그 내용 또는 성질에 따라 처리기간이나 방법이 다를 수 있으니 효율적인 업무수행을 위하여 그날로 처리하는 것이 바람직하다.

② 책임처리의 원칙

문서는 여러 단계를 거쳐 처리되므로 정해진 사무분장에 따라 담당자가 직무의 범위 내에서 책임을 가지고 관계 규정에 따라 신속하고 정확하게 처리하여야 한다.

③ 법령 적합의 원칙

문서는 법령의 규정에 따라 일정한 형식적·절차적 요건을 갖추어야 함은 물론 권한이 있는 자에 의해 작성·처리되어야 하므로 중요한 요건을 빠뜨려서 문서의 신뢰성을 저해하거나 법령위반 등의 문제로 문서의 효력에 영향을 끼치는 일이 생기지 않도록 해야 한다.

④ 전자처리의 원칙

모든 문서는 전자문서시스템으로 처리되어야 한다.

(4) 공문서의 종류

공문서는 유통 대상, 문서의 성질, 문서 사무의 처리절차에 따라 다음과 같이 구분할 수 있다.

① 유통 대상에 의한 구분

- 대내문서: 당해 기관 내부에서 유통되는 문서로 지시·명령 또는 협조

를 하거나 보고 또는 통지를 위해 수발하는 문서다.

- 대외문서: 국민이나 단체 또는 다른 행정기관(소속기관 포함) 간에 수발하는 문서다.
- 전자문서: 컴퓨터 등 정보처리능력을 가진 장치에 의하여 전자적인 형태로 송·수신 또는 저장된 문서를 말한다.

② 문서의 성질에 의한 구분

- 법규문서: 주로 법규사항을 규정하는 문서로 헌법, 법률, 대통령령, 총리령, 부령, 조례 및 규칙 등을 말한다.
- 지시문서: 훈령, 지시, 예규 및 일일명령(당직, 출장, 시간외 근무, 일일 업무 명령) 등 행정기관이 그 하급기관 또는 소속공무원에 대하여 일정한 사항을 지시하는 문서를 말한다.
- 공고문서: 행정기관이 일정한 사항을 일반에게 알리기 위한 문서로 고시, 공고 등을 말한다.
  - 고시: 법령이 정하는 바에 따라 일정한 사항을 일반에게 알리는 문서를 말하는데, 일단 고시된 사항은 개정, 폐지가 없는 한 효력이 계속된다.
  - 공고: 일정한 사항을 일반에게 알리는 문서로서 그 내용의 효력이 단기적이거나 일시적인 것을 말한다. 예를 들면 입찰공고, 시험시행공고 등을 말한다.
- 비치문서: 행정기관이 일정한 사항을 기록하여 행정기관 내부에 비치하면서 업무에 활용하는 비치대장, 비치카드 등의 문서를 말한다.
- 민원문서: 민원인이 행정기관에 허가, 인가, 기타 처분 등 특정한 행위를 요구하는 문서 및 그에 대한 처리문서를 말한다.
- 일반문서: 위에서 언급된 문서에 속하지 않는 문서로서 각급 학교나 교육행정기관에서 흔히 공문서라고 할 때는 일반문서를 말한다.

③ 문서 사무의 처리절차에 의한 분류(이병환 외, 2010)

- 접수문서: 행정기관에 도착한 문서로서 문서과에서 일정한 절차에 따라 접수한 문서를 말한다.
- 배포문서: 문서과에서 접수한 문서를 소관 처리과로 배부(배포)한 문서를 말한다.
- 공람문서: 처리과에서 배부(배포)한 문서를 결재권자 이하 관계자의 열람에 붙인 문서를 말한다.
- 기안문서: 배부(배포)문서의 내용에 의하거나 기관 자체의 발의에 의하여 기관의 의사를 결정하기 위하여 일정한 형식에 따라 작성한 문서를 말한다.
- 이첩문서: 배부(배포)문서의 내용이 타 기관의 소관사무일 경우 그곳으로 이첩하기 위하여 기안된 문서를 말한다.
- 결재문서: 기안문서에 대하여 그 기관이 의사를 결정할 권한이 있는 자의 결재를 받은 문서를 말한다.
- 미결문서: 기안문서 중 보조기관의 검토를 거쳐 결재를 앞둔 문서 또는 결재가 보류된 문서를 말한다.
- 시행문서: 결재문서를 외부에 알리기 위해서 작성한 문서를 말한다.
- 완결문서: 발생한 일정 사안이 여러 가지 처리과정을 거침으로써 관련된 사안이 모두 종료된 문서를 말한다.
- 보관문서: 완결문서로서 보존 단계에 들어가기 전의 문서를 말한다.
- 보존문서: 완결문서로서 보존 단계에 들어간 문서를 말한다.

(5) 문서의 성립과 효력 발생

성립시기는 당해 문서에 대한 결재권자의 서명(전자문서 서명, 전자 이미지 서명 및 행정전자 서명을 포함)에 의한 결재가 있음으로써 성립한다. 이때 결재권자는 행정기관의 장의 위임전결규정에 의하여 행정기관의 장으로부터 결재권을 위임받은 자 및 대결한 자를 말한다.

성립요건은 정당한 권한이 있는 공무원이 직무의 범위 내에서 공무상 작성하고, 결재권자의 결재가 있어야 한다.

효력 발생 시기는 일반문서, 공고문서, 전자문서의 경우가 각각 다르다. 일반문서는 수신자에게 도달된 때이며, 공고문서는 곳 또는 공고가 있은 후 5일이 경과한 날이다. 다만 효력 발생 시기가 법령에 규정되어 있거나, 공고문서에 특별히 명시되어 있는 경우는 제외한다. 전자문서는 수신자의

문서생산	기안문 작성	결재	문서등록
	• 원칙: 전자문서 • 예외: 종이문서	• 원칙: 행정기관의 장 • 기타: 전결 및 대결, 사후보고 • 참고: 검토 및 협조	• 결재문서 성립 • 기록물등록대장에 등록 • 내부결재문서도 등록 　(내부결재로 표기) • 생산등록번호 등록

문서시행	시행문	날인	문서방송
	• 기안문에 관인(전자 이미지)을 날인하면 바로 시행문이 됨	• 전자문서: 전자 이미지 관인을 날인 • 종이문서: 기안문 복사 후 직인날인	• 담당: 처리과 • 원칙: 정보통신망 • 기타: 인편, 모사, 전화 등

문서접수	문서접수	배부 및 처리	반송 및 재배부
	• 접수: 처리과 • 기록물등록대장에 등록 공람 지정 • 접수등록번호 등록	• 배부: 처리과 • 경유: 경유란에 서명한 후 경유기관명에 관인을 찍어 수신 기관에 발송	• 담당: 문서과 • 대상: 형식상 흠이 있을 때, 해당 소관업무가 아닐 때

문서폐기	모든 기록물 이관	폐기심사	폐기심의	문서등록
	• 자료관리시스템으로 바로 이관	• 기록물관리담당자가 폐기 심사서 제출	• 기록물폐기심의회에서 폐기 여부 결정	• 폐기 또는 재분류

[그림 13-1] 공문서 처리절차

컴퓨터 파일에 기록된 때를 효력 발생 시기로 본다.

(6) 공문서 처리절차

모든 공문서는 공문서의 작성과 관리에 관한 제반사항을 규정한 「사무관리규정」 및 「사무관리규정 시행규칙」에 의해 처리·관리된다.

공문서는 일반적으로 기간, 검토, 협조, 결재, 등록, 시행, 분류, 편철, 보관, 보존, 이관, 접수, 배부, 공람, 검색, 활용 등의 절차를 거치며 전자문서시스템에서 처리·관리되어야 한다. 공문서의 처리절차는 크게 문서생산, 문서시행, 문서접수, 문서폐기 과정으로 나눌 수 있다.

2. 공문서 작성의 일반사항

1) 용지의 규격

기본 규격은 가로 210mm, 세로 297mm(A4 용지)이며 필요한 경우에는 그 용도에 적합한 규격을 정하여 사용 가능하다.

2) 용지의 여백

위로부터 3cm, 왼쪽으로부터 2cm, 오른쪽으로부터 1.5cm, 아래로부터 1.5cm이나 문서의 편철 위치나 용도에 따라 각 여백을 달리할 수 있다.

3) 문서의 용어

• 글자: 한글로 작성하되, 올바른 뜻의 전달을 위해 필요한 경우에는 괄

호 안에 한자나 기타 외국어를 넣어 쓸 수 있으며, 한글맞춤법에 따라 가로로 쓴다.

- 숫자: 아라비아 숫자
- 연호: 서기연호를 쓰되 '서기'는 표시하지 않는다.
- 날짜: 숫자로 표기하되 연, 월, 일의 글자는 생략하고 그 자리에 온점을 찍어 표시한다.

  〈예시〉 2011. 3. 5.

- 시분: 24시각제에 따라 숫자로 표기하되. 시·분의 글자는 생략하고 그 사이에 쌍점(:)을 찍어 구분한다.

  〈예시〉 오후 3시 20분 → 15:20

4) 용지 및 글의 색채

- 용지: 흰색
- 글자의 색채: 검은색 또는 푸른색(도표의 작성이나 수정, 주위 환기 등 특별한 표기를 할 때에는 다른 색을 사용할 수 있음)

5) 문서의 수정

- 문서의 일부분을 삭제 또는 수정하는 경우는 원안의 글자를 알 수 있도록 삭제 또는 수정하는 글자의 중앙에 가로로 두 선을 그어 삭제 또는 수정하고, 삭제 또는 수정한 자가 그곳에 서명 또는 날인한다.
- 문서의 중요한 내용을 삭제 또는 수정하는 경우 문서 여백에 삭제 또는 수정한 자수를 표시하고 서명 또는 날인한다.

  〈예시〉 기안문 3자 삭제(서명 또는 날인)

- 시행문을 정정한 경우 문서의 여백에 정정한 자수를 표시하고 관인으

로 날인한다.

〈예시〉 시행문 3자 삭제(관인으로 날인)

- 전자문서일 경우 수정한 내용대로 재작성하여 시행하되, 수정 전의 문서는 기안자, 검토자 또는 결재권자가 보존할 필요가 있다고 인정하는 경우에는 보존한다.

6) 항목의 구분

- 문서의 내용을 둘 이상의 항목으로 구분하여 작성하고자 할 때에는 나누어 표시한다. 기안문 작성 시에 하나의 항목만 있을 경우에는 항목 구분을 생략한다. 필요한 경우에 항목 구분의 본질적인 내용을 벗어나지 않는 범위 내에서 □, ○, -, • 등과 같은 특수한 기호를 쓸 수 있다.
- 각 항목의 표시 위치 및 띄기
  - 첫째 항목 부호는 제목의 첫 글자와 같은 위치에서 시작한다.
  - 첫째 항목 다음 항목부터는 바로 앞 항목의 위치로부터 1자(2타)씩 오른쪽에서 시작한다.
  - 항목 부호와 그 항목의 내용 사이에는 1타를 띈다.

〈예시〉

수신×서울특별시교육감

참조×총무과장

제목×문서작성요령

　　　1.*첫째 항목○○○○○○○○○○○

　　　×가.*둘째 항목○○○○○○○○○○○

××1)*셋째 항목○○○○○○○○○○○

×××가)*넷째 항목○○○○○○○○○○

××××(1)*다섯째 항목○○○○○○○○○○

×××××(가)*여섯째 항목○○○○○○○○○○

××××××①*일곱째 항목○○○○○○○○○○

×××××××㉮*여덟째 항목○○○○○○○○○○

※ ×표시는 한글 1자(2타), *표시는 숫자 1자(1타)를 띄움

7) 문서의 '끝' 표시

- 본문이 끝났을 경우는 1자(2타) 띄고 '끝' 자를 쓴다.

  〈예시〉 ……주시기 바랍니다.×끝. (이때 ×는 한글 1자 표시임)

- 붙임물이 있는 경우는 붙임 표시를 한 다음에 1자(2타) 띄고 '끝' 자를 쓴다.

  〈예시〉 붙임 1. 서식승인목록 1부. 2. 승인서식 2부.×끝.

- 본문 또는 첨부의 표시문이 오른쪽 한계선에서 끝났을 경우는 다음 줄의 왼쪽 기본선에서 1자 띄고 '끝' 자를 표시한다.

  〈예시〉 첨부 ──────────────────── 1부.

  　　　×끝.

- 연명부 등의 서식을 작성하는 경우

  ─ 기재사항이 서식의 중간에서 끝나는 경우는 기재사항의 마지막 다음 줄에 '이하 빈칸'이라고 표시한다.

  ─ 기재사항이 서식의 마지막 칸까지 작성되는 경우 서식의 칸 밖 다른 줄의 왼쪽 기본선에서 1자 띄고 '끝' 자를 표시한다.

8) 붙임물의 표시

본문이 끝난 다음 줄에 붙임 표시한다. 붙임물이 2가지 이상일 때에는 항목을 구분하여 표시한다.

9) 금액의 표시

유가증권 및 문서에 금액을 표시할 경우는 아라비아 숫자로 쓰되 숫자 다음에 괄호를 하고 한글로 기재한다. 예를 들면 금 30,000원(금 삼만 원)과 같이 표시한다.

10) 문서에 로고, 상징, 마크 또는 홍보 문구 등을 표시

기안문 및 시행문에는 가능한 한 행정기관의 로고, 상징, 마크, 홍보문구 등을 표시하여 행정기관의 이미지를 제고한다.

3. 공문서의 구성체제 및 작성요령

1) 공문서의 구성체제

기안문 및 시행문은 두문, 본문 및 결문으로 구성한다. 다만 전자문서는 두문, 본문, 결문 및 붙임으로 구성하거나 표제부와 본문부로 구성할 수 있다. 표제부와 본문부로 구성하는 경우에는 표제부는 두문, 본문의 제목 및 결문으로, 본문부는 제목, 내용 및 붙임으로 구성한다.

두문은 행정기관명, 수신자로 본문은 제목, 내용, 붙임으로 구성한다.

전자문서인 경우에는 제목 및 내용으로 할 수 있다.

　결문은 발신명의, 기안자, 검토자, 협조자, 결재권자의 직위 또는 직급 및 서명(전자문서 서명, 전자 이미지 서명 및 행정전자서명 포함), 생산등록번호와 시행일자, 접수등록번호와 접수일자, 행정기관의 우편번호, 주소, 홈페이지 주소, 전화번호, 모사전송번호, 공무원의 공식 전자우편주소 및 공개 구분으로 한다.

2) 공문서의 작성요령

○○○○ 중학교(02) ①

수신자　○○○○○교육청(교육과장)② (③)
(경유) ④
제　목　교원용 PC 보급현황 제출 ⑤
_____

　　1. 관련: 교육과−532(2010.01.10)
　　2. 교육용 PC 보급현황을 붙임과 같이 제출합니다.⑥

붙임 PC 보급현황 1부. 끝.

○○○○중학교장 ⑦

수신처 ⑧

_____

교사 ⑨　박○○　⑩ 정보부장　⑪ 이○○　⑫ 교감　⑬ 박○○　⑭ 교장　⑰ 정○○ ⑱
협조자⑮　행정실장⑯
시행 ○○○○중학교−115⑲ (2010. 01. 20 ⑳) 접수　　　(　　　)
우 540−130 ㉑ ○○ ○○ ○ * * * 1길 13번지 ㉒ ／ www.▲▲▲▲.ms.kr ㉓
전화 (0 * *) * * *−* *91 * * ㉔ 전송(0 * *) * * *−91 * 8㉕／ ㉖ ／공개 (　　) ㉗

[그림 13-2] 기안문 · 시행문 서식

〈기안문 · 시행문 서식 작성 안내〉

①: 기관명(학교명)을 기재하며 보통 괄호 안에 교번을 쓴다.

② (③): 수신자명이나 수신자 기호를 쓰며 괄호 안에는 처리할 자(보조기관 또는 보좌기관)의 지위를 쓴다. 만약 수신자가 많을 때는 두문의 수신자란에 '수신자 참고'라고 쓰고, 결문의 발신명 밑의 왼쪽 기본선에 맞추어 수신처란(⑧)을 설치하여 수신자명 또는 수신자 기호를 표시해야 한다.

④: 경유문서인 경우에 '이 문서는 경유기관의 장은 ○○○, 제2차 경유기관장의 장은 ○○○이고, 최신 수신기관의 장은 ○○○입니다'라고 표시한다. 경유문서의 장은 제목란에 '경유문서의 이송'이라고 표시하여 순차적으로 이송하여야 한다.

⑤: 제목을 쓰되 문서의 내용을 함축하여 나타내는 문구로서 간단하고 명확하게 기재한다.

⑥: 본문의 내용과 붙임으로 구성되며, 공문서 작성사항의 일반적 표기방법에 유념하여 작성한다.

⑦: 행정기관장(기관장)의 명의를 기재하고, 보조기관 또는 보좌기관 상호간에 발신하는 문서는 그 보조기관 혹은 보좌기관의 명의를 기재한다. 단, 내부결재문서에는 발신명의를 표시하지 않는다.

⑨ ⑩: 기안자라고 쓰지 않고 기안자의 직위/직급을 온전하게 쓰고 서명한다.

⑪ ⑫ ⑬ ⑭: 검토자라고 쓰지 않고 검토자의 직위/직급을 온전하게 쓰고 서명한다. 학교에서는 보통 부장교사와 교감이 된다.

⑮ ⑯: 협조자라고 쓰고 직위/계급을 온전하게 쓰고 서명한다.

⑰ ⑱: 결재권자라고 쓰지 않고 결재권자의 직위/계급을 쓰고 서명한다.

⑲: 문서의 등록번호는 처리과명과 연도별 등록일련번호로 구성되며 처리과가 없는 행정기관은 행정기관명을 표시하되 10자가 넘는 경우에는 10자

이내의 행정기관명의 약칭을 표시한다.

⑳: 연월일을 각각 온점(.)을 찍어 숫자로 기재한다.

㉑ ㉒ ㉓: 행정기관의 우편번호, 주소, 홈페이지 주소를 기재한다.

㉔ ㉕: 전화번호와 팩시밀리번호를 각각 기재하되, 괄호 안에는 지역번호를 기재한다. 다만, 기관내부문서인 경우에는 구내전화번호를 기재한다.

㉖: 기안자의 이메일 주소를 기재한다.

㉗: 공개 구분에는 공개, 부분공개, 비공개로 구분하여 표시하되 부분공개, 비공개인 경우에는 「공공물관리에 관한 법률 시행규칙」 제16조의 규정에 의한 공개 여부 구분번호를 선택하여 괄호 안에 표시한다.

4. NEIS 관리

1) NEIS의 의의

NEIS(National Education Information System)는 전국 1만여 개의 초·중등학교, 16개 시·도 교육청 및 산하기관, 교육과학기술부를 인터넷으로 연결하여 교육 관련 정보를 공동으로 이용할 수 있는 전산환경을 구축하는 수요자 중심의 새로운 전국 단위 교육행정정보시스템이다. 즉 NEIS는 단위업무를 단편적으로 전산화한 것이 아니라, BPR을 통해 27개 교육행정 전체 업무를 전자적으로 연계·처리하는 시스템으로, 시스템관리의 효율성보다는 사용자를 먼저 생각하는 시스템이며, 인터넷의 이점을 최대한 살리기 위해 웹에 기반을 둠으로써 종전 C/S 시스템의 한계를 극복하고 있다.

2) 추진배경

- 최근 각국의 급속한 정보통신기술의 발전으로 컴퓨터와 인터넷을 활용한 지식정보사회로 급속히 변화하고 있으며, 이러한 추세에 맞추어 정부는 전자정부 중점 추진사업의 하나로 NEIS를 추진하였다.
- 교육정보화인프라(교단선진화, 학내망)의 발전으로 시·도 교육청별, 단위 학교별, 단위 업무별 정보의 단편화를 극복하고 연계 및 정보공유 등을 통한 시너지 효과의 증진, 이를 통한 질 높은 대국민서비스를 제공한다.
- 교육정보화를 통해 정보화 시대를 살아갈 학생들의 언어와 문화를 이해하는 계기를 마련함으로써, 낙후된 공교육체제의 이미지를 극복하고 앞서가는 교육전문가로서의 정보화 역량을 높인다.
- 학교에 O/S 및 방화벽 시스템 운영에 필요한 별도의 전문가가 필요하며, 전문가가 없을 때는 당해 업무 부담이 정보부장 등의 교사에게 가중되는 등 학교단위별 C/S 시스템은 관리상의 한계로 해킹 등 시스템 보안의 취약성을 가지고 있어 이를 근본적으로 해소할 방안을 마련한다.

3) NEIS 운영의 법적 근거

(1) 「교육기본법」(시행일: 2005. 3. 24)

1 전자적으로 처리할 수 있는 업무 범위의 확대(제23조 제2항)
- 개정내용은 전자적으로 처리할 수 있는 업무 범위를 학교 및 교육행정기관의 '행정업무'에서 학교 및 교육행정기관의 '업무'로 변경한다.
- 개정배경은 첫째, 학생 정보 관련 업무가 「교육기본법」에 의하여 전자

적으로 처리할 수 있는 '행정업무'에 포함되는지의 여부가 사회적 쟁점으로 대두되었고, 둘째, 이러한 법적 논란을 해소하기 위하여 학교 및 교육행정기관에서 전자화할 수 있는 업무의 범위를 명확하게 규정하려는 것이다.

2 학생정보의 보호원칙 도입(제23조 제3항)

개정내용은 다음과 같다. 학생정보는 교육적 목적으로 수립, 처리, 이용, 관리되어야 한다(제1항). 법률이 정하거나 당해 학생 등의 동의(학생이 미성년자인 경우 당해 학생과 보호자 양자 동의)가 있는 경우에 한하여 제3자에게 제공될 수 있도록 한다(제2항).

개정배경은 첫째, 교육정보화의 진전에 따른 개인정보 보호의 강화 추세에 대응하여 학교생활기록 등 학생 정보에 대한 수집, 관리 및 외부 제공 등의 기준을 마련하려는 것이며, 둘째, 개인정보는 프라이버시로서 일신전속적(一身全屬的) 성격이 강하고, 특히 학생정보의 경우 민감성을 감안하여 외부 제공에 소극적으로 대응할 필요성에 따라, 미성년자의 경우 학생과 그 보호자가 동시에 동의를 요하도록 한다.

(2) 「초·중등교육법」(시행일: 2005. 9. 25)

학교생활기록의 작성·관리   개정내용은 첫째, 학교생활기록부 기재항목 중 인적사항과 학적사항 등 주요 항목은 법률에 명시하고, 나머지 항목은 부령에 위임한다. 둘째, 학교의 장은 학교생활기록을 법 제30조 제4항의 규정에 의한 교육정보시스템으로 작성·관리하도록 규정한다. 셋째, 학생이 전출할 경우 해당 학교의 장에게 학교생활기록 이관 근거를 마련한다.

개정배경은 개인정보 수집 시 법률에서 수집근거뿐 아니라 주요 정보에 대해서는 수집항목까지도 규정하는 추세에 대응이 필요하며, 종전에 수집

항목을 훈령으로 규정하던 것을 법률에 규정한다. 현행 학교생활기록부에는 11개의 관리항목이 있다. 법률의 명시적 규정에는 6개 항목이 있는데, 인적사항, 학적사항, 출결사항, 자격증 및 인증취득상황, 교과학습발달상황, 행동특성 및 종합의견이다. 부령에 규정할 항목은 5개 항목으로 신체발달상황, 수상경력, 창의적 재량활동상황, 체험활동상황, 교과학습발달상황이다.

또 다른 개정배경은 학교생활기록 작성·관리에 관한 법적 근거 논란을 해소하고, 전출 시 자료이관의 근거를 마련했다는 것이다.

(3) 「학교보건법」(시행일: 2006. 1. 1)

신체검사기록의 작성·관리(제7조 제3항 신설)   개정내용은 다음과 같다. 건강검사기록은 원칙적으로 부령이 정하는 바에 의해 작성되고 관리된다. 건강검사기록 중 NEIS 등 교육정보시스템으로 관리하는 항목은 민감한 체질 영역은 제외하고 체격검사 및 체력검사 영역으로 한정한다. 즉 교육정보시스템으로 작성·관리하는 주요 항목(인적사항, 체격검사 등)은 법률에서 직접 규정하고, 기타 항목은 부령에 위임한다.

4) NEIS 추진경과

- 교육행정 전반에 대한 업무 재설계 및 정보화전략 계획 수립: 2000년
- 인사, 예산, 회계, 시설 등 22개 영역에 대한 서비스 개통: 2002. 11. 4
- 교무/ 학사 등 5개 영역 서비스 실시: 2003. 3
- 국가인권위원회에서 NEIS 인권침해 소지에 대한 발표: 2003. 5. 12
- NEIS 운영을 둘러싼 사회 갈등을 해소하고자 국무총리 자문기구인 교육정보화위원회가 이에 대한 제반사항을 검토하고, 각계의 의견을 수

렴하여 시행방안을 정부에 건의: 2003. 12. 30부터 새로운 시스템을 도입하여 운영할 때까지는 각급 학교는 교무학사, 전·입학, 보건 등 3개 영역 관련 정보에 대해서는 현재 쓰고 있는 S/A, C/S, NEIS 시스템을 그대로 사용하되, 수기로 처리해 온 학교에서는 S/A로 한다.

• NEIS 중 교무학사·입학·보건 등 3개 영역 시스템 구축에 관한 정부 방침 확정 발표: 2004. 3. 3

  − 3개 영역의 DB를 분리하여 16개 시·도 단위로 운영

  − 중앙과 시·도 단위로 독립적인 감독기구를 설치·운영

  − 장기적으로 학교의 자율성을 최대한 존중하는 것을 기본방향으로 추진하되, 현 단계에서는 제반 여건을 고려하여 단독 또는 그룹 서버 운영

• 새로운 시스템 전면 시행: 2006. 3. 1

5) 새로운 시스템의 기대효과

• 사용자는 인터넷으로 시스템을 사용하게 되어 학교에서 서버관리, PC 패치 등의 작업이 불필요하다.

• 민원인은 각종 정보를 인터넷으로 제공받을 수 있으며, 전국의 교육기관에서 온라인으로 각종 증명서를 발급받을 수 있어 대민 서비스가 강화된다.

• 시·도 교육청은 각종 통계자료 및 반복적 보고업무자료를 학교에 요청하지 않고 시스템으로부터 직접 얻는다.

• 교육과학기술부에서는 정확한 교육통계자료를 실시간으로 수집하여 교육정책 수립에 활용한다.

제14장

인사 및 복무

내가 만난 훌륭한 교사-나를 변화시킨 관심과 사랑

문명이 발달할수록 인간관계는 점차 형식화되고 피폐해지며 개개인은 이기적이 되는 게 현재의 실상이다. 그러나 잠시 생각을 하고 난 뒤에야 나에게도 학창시절 훌륭한 교사를 만난 경험이 있었다는 것을 깨달았으며, 소중한 인연과 그 은혜의 가치를 너무 가볍게 여기고 살아왔다는 사실이 나를 부끄럽게 만들었다.

나의 중학교, 고등학교 시절 학교 선생님들은 대개 형식적으로 반 아이들을 대하곤 했다. 따뜻한 인간미를 찾기 어려웠고, 나와 학생들을 기계처럼 대하곤 하셨다. 나는 중학교 2학년까지는 공부를 곧잘 했으나, 중학교 3학년 시절에 찾아온 사춘기가 나를 거칠고 위협적인 아이로 만들어 버렸다. 어렸을 적 부모님이 이혼을 해서 나와 내 동생은 아버지와 쭉 살아왔다. 엄마의 부재는 어린 시절 나에게 너무나도 큰 시련이었다. 아버지는 혼자서 어린 내 동생과 나를 키우시느라 일에 전념하셨다. 하지만 중학교 시절 어떤 담임선생님도 나의 슬픔을 마음으로 읽지는 못했다.

그렇게 고등학교에 진학했다. 고1이 됐을 무렵 나의 방황은 더욱 심해졌다. 지각도 잦아졌고 성적도 많이 떨어졌다. 고1 때 만난 담임선생님은 항상 선한 인상과 따뜻한 말투로 학생들을 대하곤 하셨다. 그러나 나는 당시 선생님이 내 이름을 기억할지 의구심을 가질 정도로 선생님에 대한 애착을 형성하지 못하였다. 그러던 어느 날 선생님은 나에게 수업이 끝난 후 교실에서 이야기를 하자며 따로 부르셨다. 그렇게 선생님과 나는 일대일로 대면하였고 1분간 침묵이 흘렀다. 그러다가 갑자기 나보고 엎드리라고 하시더니 때리기 시작하였다. 처음에는 너무 황당하고 아파서 감정을 주체할 수 없었다. 표정이 어두워지고 얼굴은 빨개졌지만 선생님의 매는 멈출 줄을 몰랐다. 그렇게 항상 따뜻한 미소로 일관하던 담임선생님이 나를 매로 대한 뒤에 뱉으신 첫 말씀이 "나는 네가 대견스럽다"였다. 아직도 잊을 수 없는 말이다. 그리고 지금 생각해 봐도 그때 왜 그런 말을 하셨는지 답을 하기가 어렵다. 그렇게 나와 선생님의 인간적인 첫 만남은 시작되었다. 그분은 나의 고등학교 1학년 담임이셨던 김○○ 선생님이다.

　김○○ 선생님을 내가 훌륭하다고 생각하고 아직도 잊지 못하는 이유는 여러 가지가 있다. 우선 그분은 앞으로 나아가고 있는 많은 학생과 달리 옆길에서 갈팡질팡하고 있는 나에게 관심을 가진 최초의 선생님이었다. 항상 맨투맨으로 나의 이야기를 곧잘 들어 주셨고, 내가 무슨 말을 하든지 이해를 하려고 노력하시며 웃으면서 온화한 태도로 받아 주셨다. 굳게 닫혀 있던 나의 마음을 환하게 열 수 있도록 배려해 주신 것이다. 그리고 선생님은 기회가 있을 때마다 내게 칭찬을 해 주셨다. 사실 크게 칭찬받을 요소가 없었을 수도 있는 나에게 사소한 것 하나하나를 칭찬해 주고 격려해 주신 것이다. 나는 알고 있었다. 교사로서 자기 일 잘하는 학생들 챙기기도 얼마나 빠듯한지를, 구태여 학업에 충실하지 못한 학생들까지 챙기지 않아도 된다는 사실을. 하지만 김○○ 선생님은 나를 위해 끊임없는 관심을 가져 주셨다. 또한 나에게 이런저런 좋은 말씀 외에도 실질적인 기회를 주시기도 했다. 대학시절 후배를 내게 소개시켜 주어 과외를 하게 하기도 했고, 직접 지도를 해 주시기도 했다. 이 모든 것이 그때의 나에게는 너무나 감사한 것들이었다.

　김○○ 선생님의 남다른 관심은 나를 변화시켰다. 학교생활이 안정적인 상태가 되고 더는 마음속에 불안을 가지고 살지 않아도 되었다. 지금 내가 건강하고 자신감 있게 살 수 있는 토대를 마련해 준 가장 훌륭한 은사라고 생각한다. 쉴 틈 없이 달려왔던 지난 날, 이런 값진 경험에 대해 너무 잊고 살지는 않았나 부끄러워지는 순간이다. 내가 생각할 때 교사로서 가장 필요한 덕목은 제자들에게 인간적이고 진실되게 다가갈 수 있는 능력이 아닌가 생각한다. 가장 기본적이지만 현재 교사들에게 결여되어 있는 부분이 아닌가 생각한다. 그만큼 요즘 세상에서는 실천하기 어려운 일일 수도 있다. 허나 이제 교사가 되기 위해 도약하고 있는 우리가 이 점을 잊지 않고 지킨다면 훗날 과거의 나같이 어려움을 겪는 아이들에게는 큰 빛이 되리라 확신한다. 이는 나아가 보다 따뜻하고 아름다운 세상을 건설함에 있어 가장 값지고 중요한 일이 될 것이다.

1. 임용

임용이란 교원의 신규채용, 승진, 승급, 전직, 전보, 겸임, 파견, 강임, 휴직, 직위해제, 정직, 복직, 면직, 해임, 파면 등을 말하며, 이에 대한 구체적인 내용은 「국가공무원법」과 「교육공무원법」에, 사립학교 교원의 경우에는 「사립학교법」에 명시되어 있다.

1) 신규임용

2008년부터 3단계의 정밀한 과정을 거쳐 선발하는데, 임용고사의 선발방법은 1차 객관식, 2차 전공 논술, 3차 면접 및 수업실기 등으로 시험방식의 개편이 이루어졌다. 또한 과목별 특성을 고려하여 선발의 구체적인 방법을 과목별로 별도로 적용하고 있다.

(1) 교사의 신규채용(「국가공무원법」 제28조, 「교육공무원법」 제11조, 「교육공무원 임용령」 제9조 및 제11조의3)
- 방법: 공개전형에 의하여 선발하며, 필기시험, 실기 및 면접시험 등의 방법에 의함
- 응시연령: 제한 없음
- 응시자격: 채용예정직에 해당하는 교사자격증 취득자(또는 교사자격증을 취득할 당학년도 졸업예정자)
- 교사임용후보자명부: 「교육공무원 임용령」 제10, 12조, 「교사임용후보자명부작성규칙」 제3~8조에서 규정함.
- 임용후보자의 부활: 결격사유가 소멸된 것을 입증할 경우, 신체검사 불합격자가 치유된 것으로 판정된 경우, 부활의 순위는 명부의 최하위

순위

• 임용의 연기신청: 「병역법」에 의한 병역의무의 복무 만료 시 명부의
  최상 순위자보다 상위에 등재

(2) 교장의 임용

교장의 임기는 4년이며 1차에 한하여 중임이 가능하다. 단, 초빙교장으
로 재직하는 횟수는 산입하지 않는다. 교장의 임기가 학기 도중에 만료되
는 때는 2가지가 있는데 임기가 만료되는 날이 3월부터 8월 사이에 있는
경우는 8월 31일을, 9월부터 다음 해 2월 사이에 있는 경우에는 다음 해 2
월 말일을 임기 만료일로 한다.

1차 임기를 마친 자에 대하여는 정년 잔여기간이 4년 미만인 경우에도
특별한 결격사유가 없는 한 교장으로 재임용한다(중임). 2차 임기가 종료되
고도 정년까지 잔여기간이 있는 자는 교사로 근무할 것을 희망하면 수업
담당능력 및 건강 등을 참작하여 원로교사로 임용한다.

초빙교장제 도입을 원하는 학교에서는 시·도 교육감에게 신청하고 지역
실정, 교육여건, 학부모 등의 의견을 수렴하여 초빙교장제 실시학교로 지정
받고 초빙교장을 임용할 때에는 학교운영위원회의 심의를 거쳐야 한다.

초빙교장 임용절차는 다음과 같다.

초빙교장 실시 요청(학교) → 초빙교장제 실시학교 지정(교육과학기술부
장관 또는 교육감) → 교장초빙 공고(교육과학기술부 장관 또는 교육감) →
초빙교장 희망자 접수(학교) → 학교운영위원회 대상자 심의 → 초빙교장
임용 대상자 2배수 추천(학교) → 서울시(또는 각 지방) 교육공무원인사위
원회의 적격성 심의 → 단수 임용추천(교육과학기술부 장관 또는 교육감)
→ 초빙교장 임용(대통령)

---

(3) 보직교사의 임용

각급 학교는 학교의 제반업무를 효율적으로 처리하기 위하여 필요한 보직교사를 임용할 수 있다. 각급 학교의 보직교사의 임용에 관련한 내용을 정리하면 〈표 14-1〉과 같다.

〈표 14-1〉 각급 학교의 보직교사의 임용

구분	보직교사 수	보직교사의 종류 및 명칭
유치원 보직교사	• 3학급 이상 5학급 이하의 유치원: 1인 • 6학급 이상 11학급 이하의 유치원: 2인 • 12학급 이상의 유치원: 3인 * 11학급 이하의 유치원 중 교육과학기술부 지정 연구학교는 보직교사 1인을 더 둘 수 있음	보직교사의 명칭은 관할청이, 유치원별 보직교사의 종류 및 업무 분장은 원장이 정함
초등학교 보직교사	• 6학급 이상 11학급 이하의 학교: 2인 • 12학급 이상 17학급 이하의 학교: 4인 이내 • 18학급 이상 35학급 이하의 학교: 6인 이내 • 36학급 이상의 학교: 12인 이내 • 교감을 두지 않는 5학급 이하의 학교 또는 5학급 이하의 분교장 1인 * 교육과학기술부 지정 연구학교는 보직교사 1인을 더 둘 수 있음	보직교사의 명칭은 관할청이, 학교별 보직교사의 종류 및 그 업무 분장은 학교장이 이를 정함
중학교 보직교사	• 3학급 이상 8학급 이하의 학교: 1인 • 9학급 이상 11학급 이하의 학교: 2인 • 12학급 이상 17학급 이하의 학교: 8인 이내 • 18학급 이상의 학교: 11인 이내 • 2학급 이하의 분교장: 1인 * 체육중학교의 경우와 11학급 이하의 학교로서 교육과학기술부 장관이 지정하는 연구학교는 보직교사 1인을 더 둘 수 있음	보직교사의 명칭은 관할청이, 학교별 보직교사의 종류 및 그 업무 분장은 학교장이 이를 정함. 중학교의 장은 미리 교육과학기술부 장관(교육감에게 위임)의 승인을 얻어 좌측에 제시되어 있는 보직교사 외에 필요한 보직교사를 더 둘 수 있음

(계속)

고등학교 보직교사	• 3학급 이상 5학급 이하의 학교: 2인 • 6학급 이상 8학급 이하의 학교: 3인 • 9학급 이상 17학급 이하의 학교: 8인 이내 • 18학급 이상의 학교: 11인 이내 *실업과를 설치한 고등학교 및 체육고등학교와 8학급 이하의 학교 중 교육과학기술부 지정 연구학교는 보직교사 1인을 더 둘 수 있음	중학교와 동일함
보직교사와 교무분장	• 고등학교 이하 각급 학교의 교육과정 운영의 효율성을 높일 수 있도록 교원조직모형을 구안하여 부를 둠 • 보직교사의 명칭은 부장교사로 하고, 부의 종류 및 업무분장은 학교장이 정함	

출처: 서울특별시교육연구정보원(2006).

(4) 기간제 교원의 임용

각급 학교에서는 정규교사의 휴직, 병가, 연가 등의 사유에 따른 수업결손을 보충하거나 특정한 과목의 수업을 위하여 기간제 교사를 임용하여 교육의 효율성을 기하도록 하고 있다. 기간제 교사의 임용사유와 기간, 임용권, 임용 대상자, 임용계약기간 중 해임, 보수, 신분·권한 등에 대한 내용은 다음과 같다.

• 임용사유
  - 「교육공무원법」 제44조 제1항 각호의 1의 사유로 휴직한 자의 후임자 보충
  - 파견, 연수, 정직, 직위해제, 휴가(1월 이상)로 후임자 보충
  - 신규 임용 대상자가 없어 신규 채용이 불가능할 때
  - 파면, 해임, 면직처분자의 교원소청 심사청구로 후임자 보충이 불가능할 때

- 특정 교과를 한시적으로 담당할 필요가 있을 때
- 교육공무원이었던 자의 지식이나 경험을 활용할 필요가 있을 때
- 기간은 1년 이내이며, 3년 연장 가능하다.
- 임용권은 학교장에게 위임한다.
- 임용 대상자는 교원자격증 소지자로서 임용상 결격사유가 없는 자로 한다.
- 임용계약기간 중 해임
  - 업무를 태만히 하거나 업무수행능력이 부족한 때
  - 신체 · 정신상의 이상으로 계약기간 내에 계약내용을 수행하기 곤란할 때
  - 복무상의 의무를 위반한 때
  - 채용자격에 결격사유가 있거나 형사사건으로 기소된 때(다만 약식명령이 청구된 경우는 제외)
  - 특별한 이유 없이 1주일 이상 근무하지 않는 경우
- 보수는「공무원보수규정」제8조에 의거 산정된 호봉(계약기간 동안 고정급)으로 지급하며 예산 범위 내에서 제 수당을 지급할 수 있다.
- 신분 · 권한 등
  - 책임이 중한 감독적 직위에 임용 불가
  - 정규교원에 임용될 때 우선권 불인정
  - 정규교원과 같은 신분보장 규정의 적용이 배제됨

2. 신분 및 권익보장

1) 휴직

(1) 휴직사유 및 기간(〈표 14-2〉 참조)

〈표 14-2〉 휴직사유 및 기간

휴직 종류	휴직 관련 호와 사유	휴직조건	휴직 기간	승급	경력 평정	봉급	구비서류
직권 휴직	1호 질병휴직	• 신체 · 정신상의 장애로 장기 요양	1년 이내	제한	불인정	7할 (결핵성: 8할)	*서약서(공통) 휴직원진단서 (공상증명서)
	공상	• 공상으로 장기요양	1년 이내	인정	인정	전액 지급	
	2호 병역의무	• 병역복무를 위한 징집 또는 소집	복무 기간	인정	인정	지급 안 함	휴직원 증빙서류
	3호 생사불명	• 천재지변 · 전시 · 사변 · 기 타 사유로 생사소재 불명	3년 이내	제한	불인정	지급 안 함	휴직원 증빙서류
	4호 법정의무 수행	• 법률의 규정에 따른 의무수행 을 위하여 직무이탈	복무 기간	인정	인정	지급 안 함	휴직원 증빙서류
	11호 노조전임자	• 「교원의 노동조합 설립 및 운 영 등에 관한 법률」에 따른 노 조전임	전임 기간	인정	인정	지급 안 함	휴직원 증빙서류
청원 휴직	5호 유학휴직	• 학위취득 목적 해외유학, 1 년 이상 외국에서 연구 또는 연 수	3년 이내 (3년연장 가능)	인정	인정 (5할)	5할	휴직원 입학허가서 유학계획서
	6호 고용휴직	• 국제기구 · 외국기관 • 재외국민교육기관 임시고용	고용기간	인정(상근 10할, 비 상근 5할)	인정(상근 10할, 비 상근 5할)	지급 안 함	휴직원 고용계약서

(계속)

청원 휴직	7호 육아휴직	• 자녀(1세 미만) 양육이나 여 교원이 임신 또는 출산하게 된 때	1년 이내 (여교원 2년 연장 가능)	최초 1년 인정	최초 1년 이내 인정	지급 안 함	휴직원 진단서 주민등록등본
	8호 연수휴직	• 교육과학기술부 장관이 지정 하는 국내연구기관 · 교육기 관 등에서 연수	3년 이내	제한(학위 취득 시 10할 인정)	인정(5할)	지급 안 함	휴직원 입학허가서
	9호 간병휴직	• 사고 · 질병으로 장기요양을 요하는 부모, 배우자, 자녀 또 는 배우자의 부모 간호	1년 이내 (재직기간 중 3년 이내)	제한	불인정	지급 안 함	휴직원 진단서 주민등록등본
	10호 동반휴직	• 배우자가 외국 근무 또는 제5 호에 해당된 때	3년 이내 (3년 연장 가능)	제한	불인정	지급 안 함	휴직원 재직증명서 (유학/인사발 령통지서) 주민등록등본

출처: 서울특별시교육연구정보원(2006).

(2) 휴직 중인 자의 처리(「국가공무원법」 제73조, 「교육공무원 인사관리규
정」 제25, 26조)

- 휴직의 효력: 신분은 보유하나 직무에는 종사하지 못함
- 휴직 연장: 휴직 만료 전 15일까지 신청(휴직허용기간 범위 내)
- 휴직자의 동태 파악: 6개월마다 소재지와 휴직사유 지속 여부를 소속
  기관장에게 보고(「교육공무원 인사관리규정」 제26조)한다.

(3) 육아휴직(「국가공무원법」 제72조, 「교육공무원법」 제45조)

교육공무원이 자녀(휴직신청 당시 1세 미만에 한함)를 양육하기 위하여 필
요하거나 여교원이 임신 또는 출산하게 된 때 육아휴직을 할 수 있다. 1년
이내(여교원의 경우는 3년 이내)의 기간 동안 무급 휴직이 가능하다.

- 휴직대상
  - 1세 미만의 자녀 양육을 위한 휴직: 남·여 공무원
  - 부부교원 또는 배우자가 공무원인 경우 그중 1인만 휴직하도록
    운영
  - 여교원인 경우 자녀 1인에 대한 휴직사유의 각 단계(임신-출산-양
    육)를 하나의 사유로 연계하여 휴직하도록 운영
- 자녀의 범위: 친생자는 물론 양자도 포함
  - 이혼한 경우에는 양육권을 가진 자녀에 한함
  - 재혼한 경우에는 배우자에게 양육권이 있는 자녀도 포함
- 휴직기간
  - 법정 휴직기간: 1년, 단 여교원인 경우는 3년
  - 법정 휴직기간 내에서 본인이 희망기간(예: 3개월 또는 6개월 등)에
    따라 정하여 운영하되, 가급적 학기 단위로 휴직할 수 있도록 하고
    법정 휴직기간을 초과하지 않는 범위 내에서 휴직기간을 연장하거
    나 복직하였다가 재휴직도 할 수 있음
- 휴직의 회수: 휴직기간 중 다른 자녀의 임신, 출산, 양육으로 계속 휴
  직을 할 때에는 복직 후 다시 휴직을 하여야 함
- 휴직 신청서류
  - 휴직 신청서(휴직사유, 휴직기간 등 명시)
  - 휴직사유 입증 서류: 호적등본 또는 주민등록등본, 이혼자의 경우
    에는 양육권을 입증할 수 있는 서류, 임신 또는 출산의 경우에는 그
    사실을 입증할 수 있는 서류(「의료법」 제18조에 의하여 교부된 의사의
    진단서 또는 출산확인서 등, 기타 휴직 사유를 입증할 수 있는 서류)
- 복직절차
  - 휴직자가 휴직기간 중 그 사유가 소멸되거나 휴직이 불필요한 경우
    임용권자에게 이를 신고(복직원 제출)하여야 하며, 임용권자는 지체

없이 복직을 명함

- 임용권자는 2년 이상 휴직한 여교원이 복직하고자 할 때에는 미리 직무연수를 받도록 조치하여야 함
- 휴직자가 휴직기간의 만료로 30일 이내에 복직신고를 한 때에는 당연 복직됨(이 경우 복직일까지는 휴직기간으로 봄)

2) 복직

복직이란 휴직, 직위해제 또는 정직 중인 자의 직위복구라고 정의할 수 있다.

복직의 시기는 휴직사유 소멸 시와 휴직기간 만료 시로 나누어 볼 수 있는데, 휴직사유 소멸 시는 30일 이내 임용권자 또는 임용제청권자에게 복직신고하고 이들은 지체 없이 복직을 명하여야 한다. 휴직기간 만료 시는 30일 이내에 복귀 신고하고 복귀하여야 한다.

휴직기간 만료 또는 사유소멸 후에도 직무에 복귀하지 않거나 직무를 감당할 수 없을 때는 관할 징계위원회의 의견을 들어 직권면직된다(「국가공무원법」 제70조).

3) 직위해제

〈표 14-3〉과 같은 사유가 있을 경우 직위해제할 수 있다.

〈표 14-3〉 직위해제 사유

사유(「국가공무원법」 제73조의3 제1항)	조치 (동법 제73조의 3 제2~5항)	보수 (「공무원 보수규정」 제29조)
1. 삭제		• 봉급의 8할
2. 직무수행능력 부족,	• 제1항 제2호에 의한 직위해제자: 3월 이내 대기명	

(계속)

근무성적 극히 불량	령, 능력 회복이나 근무성적의 향상을 위한 교육 훈련 또는 특별한 연구과제 부여 등 필요한 조치를 하여야 함(3월 이내 직위 부여 또는 직권면직)	
3. 파면해임 또는 정직에 해당하는 징계의결 요구 중인 자	• 제1항 제2호와 3호 또는 4호의 직위해제 사유가 경합 시 제3 또는 4호의 직위해제처분을 해야 함 • 4호 사유에 의한 직위해제의 경우 소급 발령 가능 * 직위해제 사유 소멸 시 지체 없이 직위를 부여하여야 함	• 제3호 또는 제4호 해당자 – 직위 해제일로부터 3월까지: 8할, 3월 경과 시: 5할
4. 형사사건으로 기소된 자(약식명령이 청구된 자는 제외)		

4) 퇴직

(1) 당연퇴직(「국가공무원법」 제69조)

국가공무원법 제33조 각호의 1에 해당하는 자이며 금치산자 또는 한정치산자

(2) 직권면직(「국가공무원법」 제70조 제1항)

- 직제와 정원의 개폐, 예산감소 등에 의하여 폐직 또는 과원 발생 시
- 휴직만료, 휴직사유 소멸 후 직무복귀 불응 또는 직무감당 불능 시
- 직위해제되어 대기명령을 받은 자가 그 기간 중 능력 또는 근무성적의 향상을 기대하기 어렵다고 인정된 때
- 전직시험에서 3회 이상 불합격자로 직무수행능력이 부족하다고 인정된 때
- 징병검사, 입영 또는 소집명령을 받고 정당한 이유 없이 이를 기피하거나 재영 중 군무이탈 시
- 당해 직급에서 직무를 수행하는 데 필요한 자격증의 효력이 상실되거나 면허가 취소되어 담당업무를 수행할 수 없게 된 때

(3) 정년퇴직(「교육공무원법」 제47조)

- 연령: 62세
- 정년퇴임일: 정년이 정한 달이 3월에서 8월 사이에 있는 경우에는 8월 31일에, 9월부터 다음 해 2월 사이에 있는 경우에는 다음 해 2월 말일에 각각 당연히 퇴직(임기가 있는 교육공무원 포함)(2005. 1. 27. 개정)
- 정년퇴직자의 신분유지: 정년퇴직일 전일까지 유지
- 직위해제 중인 자의 정년: 직위해제 기간에도 불구하고 정년퇴직

(4) 명예퇴직(「교육공무원법」 제36조, 「국가공무원 명예퇴직수당 지급규정」 제3조)

- 적용범위: 교육공무원(교장 외에 임용기간을 정하여 임용되는 자는 제외)
- 대상자: 교육공무원으로 20년 이상 근속한 자로 정년퇴직일 전부터 1년 이상의 기간 중에 자진 퇴직하는 자. 교장이 임기만료 전에 자진하여 퇴직하는 경우 그 정년은 62세로 봄
- 수당지급액 산정은 「국가공무원 명예퇴직수당 지급규정」 제4조 관계 별표에 따라서 한다.

(5) 의원면직(「교육공무원법」 제43조)

처리절차는 [그림 14-1]과 같으며 의원면직자의 신분유지는 면직발령일 전일까지다.

(6) 징계면직

징계위원회의 의결을 거쳐 파면, 해임시키는 경우

[그림 14-1] 의원면직 처리절차

3. 상훈 및 징계

1) 상훈

교육공무원은 「국가공무원법」과 「교육공무원법」이 정한 요건과 절차에 따라 상을 받거나 징계를 받을 수 있다.

(1) 훈장 및 포상

교육공무원에 대한 훈장 및 포상은 「상훈법」과 「상훈법 시행령」에 따라 이루어지며, 이에 대한 구체적인 내용은 〈표 14-4〉와 같다.

〈표 14-4〉 훈장 및 포상

등급 \ 종류	국민훈장	근정훈장	새마을훈장	문화훈장	체육훈장
1등급	무궁화장	청조근정훈장	자립장	금관문화훈장	청룡장
2등급	모란장	황조근정훈장	자조장	은관문화훈장	맹호장
3등급	동백장	홍조근정훈장	협동장	보관문화훈장	거상장
4등급	목련장	녹조근정훈장	근면장	옥관문화훈장	백마장
5등급	석류장	목조근정훈장	노력장	화관문화훈장	기린장

출처: 서울특별시교육연구정보원(2006).

(2) 재직자 포상

재직자 포상에는 스승의 날 포상과 업무추진 유공(우수 · 모범) 공무원 포상이 있다.

① 스승의 날 포상
• 추천기준: 국가관 및 교육관이 투철한 교원으로 표창은 5년 이상, 포장은 10년 이상, 훈장은 15년 이상 재직한 자
• 추천 제외 대상자
  – 재포상 금지: 훈장 또는 포장을 받은 자는 훈 · 포장의 종류를 불문하고 5년 이내에 다시 훈장 또는 포장을 받을 수 없으며 또한 2년 이내에 다시 대통령 표창 및 국무총리 표창을 받을 수 없음
  – 형사처벌 등을 받은 자: 기소되어 형사재판에 계류 중인 자, 금고 이상의 형을 받고 그 집행이 종료되거나 집행을 받지 아니하기로 확정된 후 3년이 지나지 아니한 자, 형의 집행유예를 받은 경우에는 집행유예의 기간이 완료된 날로부터 1년이 지나지 아니한 자, 금고 이상의 형의 선고유예를 받은 경우에는 그 기간 중에 있는 자
  – 사회적으로 지탄을 받은 자: 공 · 사생활을 통하여 각종 비위, 부조리 등으로 물의를 일으켜 정부 서훈이 합당하지 않다고 판단되는 자
  – 재직 중 징계(불문경고처분 포함)를 받은 자: 중요 비위(금품 · 향응 수수, 공금횡령 · 유용 비위)로 인한 징계를 받은 교원이 아닌 자로서 징계 등이 사면되거나 말소된 경우 포상 가능
  – 징계의결 요구 중인 자

② 업무추진 유공(우수 · 모범) 공무원 포상
• 포상 대상
  – 우수공무원: 직종, 직급 제한 없이 소속 공무원 전체(교육공무원 제

외) 대상

– 모범공무원: 직종 제한 없이 소속 6급(상당) 이하 공무원 및 초 · 중
　등교사

• 포상시기: 연 2회, 상반기 6월 중, 하반기 12월 중

(3) 퇴직자 보상

• 훈격 및 표창 결정기준

– 추천 대상자: 재직 중 직무에 정려하여 국가발전에 기여한 교육공무
　원 또는 사립학교 교원으로서 정년(명예)퇴직자 또는 의원퇴직자(임
　기 만료 퇴직자 및 사망자 포함)

– 종류: 훈 · 포장, 대통령 표창, 국무총리 표창, 교육과학기술부 장관
　표창

• 훈격 결정기준

– 근정훈장: 재직연수에 해당하는 근정훈장

〈표 14-5〉 훈격의 등급

훈격	옥조(5등급)	녹조(4등급)	홍조(3등급)	황조(2등급)
초 · 중 · 고 교원	33년~ 36년 미만	36년 이상~ 38년 미만	38년 이상~ 40년 미만	40년 이상

– 근정포장: 재직기간 30년 이상~33년 미만

– 대통령 표창: 제직기간 28년 이상~30년 미만

– 국무총리 표창: 재직기간 25년 이상~28년 미만

– 교육과학기술부 장관 표창: 재직기간 15년 이상~25년 미만

• 변경된 사항: 2006년도 정부포상업무지침에 의거 훈포장을 받은 자는
재포상 금지 기간을 적용하며, 재직 중 정부 포상을 받은 자는 훈종을
불문하고 동급 · 하위등급 포상을 받을 수 없음

2) 징계

징계사유는 「국가공무원법」 및 동법에 의한 명령 위반을 말하며, 직무상의 의무위반, 직무태만(다른 법령에 따라 공무원에게 부과된 의무 포함)을 말한다.

(1) 징계의 종류와 효력

「국가공무원법」과 「교육공무원법」에 명시된 징계의 종류와 효력은 〈표 14-6〉과 같다.

〈표 14-6〉 징계의 종류와 효력				
종류 (「국가공무원법」제79조, 「교육공무원 징계령」제1조의2)		기간 (「국가공 무원법」 제80조)	신분 (「국가공무원법」제33조, 「공무원임용령」제32조)	보수, 퇴직급여 등(「국가공무원법」 제80조, 「공무원보수규정」제14조, 「공무원연금법 시행령」제55조)
중징계	파면	–	• 공무원 관계로부터 배제 • 5년간 공무원에 임용될 수 없음	• 재직기간 5년 미만자 퇴직급여 액의 1/4, 5년 이상인 자 1/2 감 액 지급
	해임	–	• 공무원 관계로부터 배제 • 3년간 공무원에 임용될 수 없음	• 퇴직급여 전액 지급
	정직	1~3월	• 신분은 보유하나 직무에 종사 못함 • 18월+정직처분기간 승진 제한 • 처분기간 경력평정에서 제외	• 18월+정직처분기간 승급 제한 • 보수의 2/3 감액
경징계	감봉	1~3월	• 12월+감봉처분기간 승진 제한	• 12월+감봉처분기간 승급 제한 • 보수의 1/3 감액
	견책	–	• 6월간 승진 제한	• 6월간 승급 제한

출처: 서울특별시교육연구정보원(2006).

(2) 징계양정의 기준

동일한 징계사유라 하더라도 비위의 정도와 과실의 경중에 따라 징계가

달라지며 구체적인 징계양정의 기준은 〈표 14-7〉과 같다(「교육과학기술부

령」 제870호, 「교육공무원 징계양정등에관한규칙일부개정령」 2005. 10.6).

〈표 14-7〉 징계양정의 기준

비위의 정도 및 과실비위의 유형	비위의 도가 무겁고, 고의가 있는 경우	비위의 도가 무겁고 중과실이거나 비위의 도가 가볍고 고의가 있는 경우	비위의 도가 무겁고 경과실이거나 비위의 도가 가볍고 중과실인 경우	비위의 도가 가볍고 경과실인 경우
1. 성실의무 위반				
가. 집무태만 또는 회계질서 문란	파면	해임	정직-감봉	견책
나. 시험문제를 유출하거나 학생성적을 조작하는 등 학생성적과 관련한 비리	파면	해임	해임-정직	감봉-견책
다. 기타	파면-해임	정직	감봉	견책
2. 복종의무 위반	파면	해임	정직-감봉	견책
3. 직장이탈금지 위반	파면-해임	정직	감봉	견책
4. 친절·공정의 의무 위반	파면-해임	정직	감봉	견책
5. 비밀엄수의무 위반	파면	해임	정직	감봉-견책
6. 청렴의무 위반				
가. 금품수수	파면	해임	해임-정직	감봉-견책
나. 기타	파면	해임	정직	감봉-견책
7. 청렴의무 위반				
가. 성희롱	파면-해임	해임-정직	정직-감봉	견책
나. 성폭력	파면	해임	해임-정직	감봉-견책
다. 학생에 대한 상습적이고 심각한 신체적 폭력	파면	해임	해임-정직	감봉-견책
라. 기타	파면-해임	정직	감봉	견책
8. 영리업무 및 겸직금지 의무위반	파면-해임	정직	감봉	견책
8의2. 정치운동금지 위반	파면	해임	정직	감봉-견책
9. 집단행위금지 위반	파면	해임	정직	감봉-견책

출처: 서울특별시교육연구정보원(2006).

(3) 징계의 감경(「교육공무원징계양정 등에 관한 규칙」)

- 공적에 의한 감경: 훈·포장, 국무총리 이상의 표창(교사는 중앙행정기관의 장인 청장 이상 또는 교육감 이상의 표창), 모범공무원
- 성실능동적 업무에 대한 감경: 비위가 성실하고 능동적인 업무처리 과정에서 과실로 인하여 생긴 것으로 인정된 경우
- 징계양정 감경기준: 1단계 감경. 단, 견책의 경우는 불문(경고)으로 감경
- 감경 제외 비위: 징계사유의 시효가 3년인 비위(금품 및 향응 수수, 공금의 횡령·유용 및 중점정화 대상 비위, 학생성적과 관련한 비위, 성폭력범죄를 범하여 징계 대상이 된 경우, 학생에 대한 상습적이고 심각한 신체적 폭력행위로 인하여 징계 대상이 된 경우)

4. 호봉 및 승급

1) 호봉획정

(1) 초임호봉의 획정(「공무원보수규정」 제8조 별표15)

- 대상: 신규채용되는 교육공무원
- 시기: 신규채용일
- 방법
  - 가감연수=(학령−16)+가산연수
  - 확정호봉=(기산호봉+가감연수+환산경력연수)
  * 가산연수는 ① 수학연한 2년 이상인 사범계 학교 졸업자: +1년, ② 특수교사 자격증 소지자가 특수학교에 근무하거나, 일반학교의 특수학급을 담당할 경우에 사대 졸업자: +2년(사대: +1년, 특수: +1년), 비사대 졸업자: +1년으로 한다.

2) 교육공무원의 기산호봉표

〈표 14-8〉 교육공무원의 기산호봉표

자격별	기산호봉	자격별	기산호봉	비고
1급정교사	9	사서교사	8	교장, 원장, 교감, 원감, 교육장,
2급정교사	8	실기교사	5	장학관, 교육연구관, 장학사 및
준교사	5	1급 보건교사	9	교육연구사에 대하여는 1급 정
전문상담교사	9	2급 보건교사	8	교사의 호봉 적용

3) 교육공무원 등의 경력 환산율표(「공무원보수규정」 별표 22)

〈표 14-9〉 교육공무원 등의 경력 환산율표

유별	환산율	경력
제1류	10할	1. 교원으로서의 경력 2. 대학(대학원 포함) 기타 교육과학기술부 장관이 인정하는 연구기관에서 연구에 종사한 경력 3. 국가 또는 지방공무원(기능직 및 고용직 공무원 제외)으로 근무한 경력 4. 대한민국 군인으로 근무한 경력(무관 후보생 경력은 제외)
제2류	8할	1. 국가기관 또는 지방자치단체에 근무한 자로서 제1류 제3호에 해당하지 아니하는 경력
제3류	7할	1. 재야 법조인으로 종사한 경력 2. 교육법에 의한 교육회에서 근무한 경력
제4류	6할	1. 종교단체의 교직자로서 근무한 경력
제5류	5할	1. 공공단체에서 근무한 경력 2. 법령에 의하여 설립된 법인에서 근무한 경력 3. 제3류 제2호 교육 이외의 교육문화단체에서 근무한 경력
제6류	4할	1. 제5류 제2호 및 제3호를 제외한 각종 회사에서 근무한 경력 (외판원, 점원 제외)
제7류	3할	기타 직업에 종사한 경력

(계속)

비고

1. 제1류에 해당하지 아니하는 자라도 전력이 채용될 직종과 상통하는 직인 경우에는 10할까지의 율 적용 가능

2. 동등 정도의 2개 이상의 학교 졸업자는 1학교 외의 수학연수는 8할의 율을 적용

3. 학력과 경력이 중복되는 경우에는 그중 1개만 삽입

출처: 서울특별시교육연구정보원(2006).

4) 승급

- 공무원의 호봉 간 승급에 필요한 기간은 1년이다.
- 정기승급일은 1년에 4회(1월, 4월, 7월, 10월 1일자)이며 단, 승급제한 중인 자는 제한기간이 만료된 다음 달 1일이 승급일이다.
- 승급의 제한(공무원보수규정 제14조)
  - 징계처분, 직위해제 또는 휴직 중인 자(공무상 질병휴직 제외)
  - 징계처분 집행 종료일로부터 정직 18월, 감봉 12월, 견책 6월의 기간이 경과되지 아니한 자
  - 근무성적평정점이 최하등급에 해당되는 자로서 정기승급 예정일로부터 6월이 경과되지 아니한 자
  - 승급 제한기간 중 다시 징계처분이나 기타 사유로 승급을 제한받는 경우의 승급 제한기간은 현 승급 제한이 만료된 날부터 기산하여 승급 제한
  - 징계처분을 받은 후 훈·포장 및 국무총리 이상의 표창, 모범공무원 포상, 제안 채택포상 수상자는 제한기간의 1/2 단축 가능

5. 복무

1) 공무원의 근무

(1) 근무시간(「국가공무원 복무규정」 제9조)

① 1주간 근무시간은 점심시간을 제외하고 40시간, 토요일은 휴무임

② 1일의 근무시간은 9시부터 18시까지로 하며, 점심시간은 12시부터 13시까지로 한다. 다만, 행정기관의 장은 직무의 성질, 지역 또는 기관의 특수성을 감안하여 1시간의 범위 안에서 점심시간을 달리 정하여 운영할 수 있다.

(2) 근무시간 등의 변경(「국가공무원 복무규정」 제10조)

중앙기관의 장은 직무의 성질, 지역 또는 기관의 특수성에 의하여 필요하다고 인정할 때에는 근무시간 또는 근무일을 변경할 수 있다. 이 경우 중앙행정기관의 장은 변경하고자 하는 내용과 이유를 미리 행정안전부장관에게 통보하여야 한다.

(3) 시간 외 근무 및 공휴일 등의 근무(「국가공무원 복무규정」 제11조)

① 행정기관의 장은 민원 편의 등을 위하여 근무시간 외의 근무를 명하거나 토요일 또는 공휴일의 근무를 명할 수 있다.

② 토요일 또는 공휴일 근무 시 그 다음의 정상근무일을 휴무하게 할 수 있다. 부득이한 경우 다른 정상근무일을 지정하여 휴무하게 할 수 있다.

③ 근무 시간 외 근무지 및 휴일 근무자에 대하여 예산의 범위 내에서 수당을 지급한다(「공무원 수당규정」 제15조, 제17조).

(4) 단위학교별 탄력적 근무시간제(교육과학기술부, 교원 12410-52, 2002. 1. 21)

① 고등학교 이하 각급 학교에서는 단위학교별 탄력적 근무시간제를 2002년 3월 1학기부터 시행한다.

② 제도의 취지는 학교별 교육과정 운영의 자율성을 높이고 교원의 자율연수 기회를 확대하여 방과 후 특기적성교육 등을 활성화하기 위함이다.

③ 「국가공무원 복무규정」에 의한 1일 근무시간의 총량(하루 8시간)을 확보하여 근무시간을 정하고, 교육과정 운영에 지장이 없는 범위 내에서 교원의 출ㆍ퇴근을 학교별로 자율적으로 정할 수 있는 제도이다. 개인별 또는 일부 집단별 근무시간의 조정은 불가능하다. 예를 들면 학년별, 교과별 교사집단이 단위학교 근무시간과 별도로 근무시간을 정할 수 없다.

(5) 근무상황관리(「공무원근무사항에관한규칙」 제3, 4조)

① 각급기관장은 엄정한 근무기강 확립을 위하여 노력하여야 한다.

② 근무상황은 근무상황부 또는 근무상황카드에 의하여 관리한다.

③ 근무상황카드 비치, 관리여부는 학교장이 자율적으로 결정하되 근무상황카드가 비치된 학교의 교원은 지정된 시간까지 출근하여 직접 서명 또는 날인해야 한다. ②, ③과 관련하여 근무상황카드(출근보조부) 또는 출ㆍ퇴근시간기록부, 출ㆍ퇴근시간체크기는 폐지한다. 또한 교내근거리통신망(LAN)에 의한 출ㆍ퇴근 체크를 하지 않는다(2004 서울특별시교육청-교원노조 단체협약 제15조 제3항).

④ 복무관리의 효율화를 위해 근무상황부를 부서 개인별로 비치한다.

⑤ 휴가, 지참(정해진 근무시간까지 출근하지 못하는 것), 조퇴 및 외출과 근무지내 출장 시 근무상황부나 근무 상황카드에 의하여 사전에 학교

장에게 허가를 받아야 한다.

⑥ 허가를 받지 아니하고 출근하지 아니한 때에는 결근 처리한다.

⑦ 소속공무원이 전보, 파견, 파견복귀 또는 전출된 때에는 전년도 및 당해 연도의 근무상황부 또는 근무상황카드의 사본을 지체 없이 전보, 파견, 파견복귀 또는 전출된 기관이나 부서에 송부한다.

⑧ 전보, 파견, 전출, 휴직, 정직, 직위해제, 면직 등의 명령을 받은 때에는 지체 없이 담당업무 중 미결사항과 관련문서, 물품목록을 작성하여 소속기관의 장이 지정하는 자에게 업무를 인계한다. 또 출장, 후기 등으로 장기간 복무지를 이탈한 경우에는 소속기관의 장이 지정하는 자에게 업무를 인계한다.

⑨ 공무원은 퇴근 시 문서 및 물품을 잠금장치가 된 지정 서류함에 보관한다.

2) 휴가

(1) 휴가제도의 운영

휴가의 종류에는 연가, 병가, 공가, 특별휴가가 있다. 휴가의 실시원칙은 소속 공무원이 원하는 시기에 법정 일수 보장 및 휴가로 인한 업무공백을 방지하는 데 있다. 또한 연가와 장기근속휴가는 학생들의 수업 등을 고려하여 특별한 경우(부모 위독 등) 외에는 학교교육활동에 지장이 없는 기간에 실시한다.

휴가는 미리 신청하여 허가를 받아야 하며, 병가, 특별휴가 등 불가피한 경우에는 당일 오전 수업 종류 시까지 필요한 절차를 취하여야 한다.

(2) 휴가종류별 실시방법

① 연가

연가는 학생수업 등을 고려하여 하기, 동기 및 학기말의 휴업일에 실시하며, 재직기간별 연가일수는 〈표 14-10〉과 같다.

〈표 14-10〉　재직기간별 연가일수			
재직기간	연가일수	재직기간	연가일수
3월 이상~6월 미만	3일	3년 이상~4년 미만	14일
6월 이상~1년 미만	6일	4년 이상~5년 미만	17일
1년 이상~2년 미만	9일	5년 이상~6년 미만	20일
2년 이상~3년 미만	12일	6년 이상	21일

*2006. 1. 1부터 시행

② 병가

「공무원복무규정」에 명시된 병가의 종류에는 일반병가와 공무상 병가가 있다.

일반병가는 질병 또는 부상으로 직무를 수행할 수 없을 때나, 전염병의 이환(罹患)으로 그 공무원의 출근이 다른 공무원의 건강에 영향을 미칠 우려가 있을 때, 연 60일의 범위 안에서 허가하며, 질병 부상에 따른 지참, 조퇴, 외출은 구분 없이 누계 8시간을 병가 1일로 계산한다.

공무상 병가는 공무상 질병 또는 부상으로 직무를 수행할 수 없거나 요양을 요할 경우, 연 180일의 범위 안에서 허가한다.

③ 공가

공가는 공무에 따른 휴가를 말하며, 「공무원복무규정」에 명시된 공가의 사유는 다음과 같다.

- 병역법, 기타 다른 법령에 따른 징병검사, 소집, 검열점호, 동원훈련 참가
- 공무에 관해 국회, 법원, 검찰, 기타 국가기관에 소환 시
- 법률의 규정에 의한 투표에 참가
- 승진 · 전직 시험에 응시
- 원격지 간의 전보발령을 받고 부임
- 「국민건강보험법 시행령」 제26조에 의한 건강진단을 할 때
- 「공무원교육훈련법 시행령」 제32조에 의거한 외국어능력시험 응시
- 올림픽, 전국체전 등 국가적 행사에 참가
- 천재지변, 교통차단 기타의 사유로 출근 불가능

공가기간은 공가사유에 따라 직접 필요한 시간을 말한다.

④ 특별휴가

특별휴가에는 경조사 휴가와 기타 특별휴가가 있다. 경조사별 휴가일수는 「국가공무원복무규정」 제20조 제1항에 명시되어 있으며 자세한 내용은 〈표 14-11〉과 같다. 교원의 경우는 주5일제가 실시될 때까지는 종전의 규정을 적용한다.

기타 특별휴가는 〈표 14-12〉와 같으며, 교원의 경우 주5일제가 실시될 때까지는 종전의 규정을 적용한다.

〈표 14-11〉 경조사별 휴가일수 괄호 안은 종전 규정

구분	대상	일수	구분	대상	일수
결혼	본인	7	사망	자녀와 그 자녀의 배우자	2(3)
	자녀	0(1)		본인 및 배우자의 형제자매와 그 형제자매의 배우자	0(3)
	본인 및 배우자의 형제자매	0(1)		본인 및 배우자의 부모의 형제자매와 그 형제자매의 배우자	0(3)
회갑	본인 및 배우자	0(5)			
	본인 및 배우자의 직계존속	0(1)		배우자, 본인 및 배우자의 부모	0(2)
출산	배우자(처)	3		본인 및 배우자의 증조부모, 조부모, 외증조부모, 외조부모	0(1)
사망	배우자, 본인 및 배우자의 부모	5(7)	탈상	본인 및 배우자의 형제자매와 그 형제자매의 배우자	0(1)
	본인 및 배우자의 증조부모, 조부모, 외증조부모, 외조부모	2(5)			

* 2006. 1. 1부터 시행

〈표 14-12〉 기타 특별휴가

종류	대상	시기	일수
출산휴가	• 임신 중의 여자공무원	• 출산 전후	90일
여성보건휴가	• 여자공무원	• 매 생리기(무급)와 임신한 경우 검진(유급)	1일
육아휴가	• 여자공무원	• 자녀가 생후 1년 미만의 유아	1일 1시간
수업휴가	• 한국방송통신대학교 재학 공무원으로 연가일수를 초과하는 출석수업을 받는 공무원	• 출석수업시간	연가일수 초과 출석 수업시간
재해구호휴가	• 재해 · 재난피해 공무원 • 재해 · 재난발생지역에서 자원봉사활동을 희망하는 공무원	• 재해복구상 필요시	5일 이내

출처: 서울특별시교육연구정보원(2006).

참고문헌

공석영, 권형자(2005). 생활지도와 상담. 서울: 학지사.

곽영우(1994). 교육행정 및 교육경영. 서울: 교육과학사.

교육과학기술부(2007). 학교생활기록부 기재 길라잡이. 서울: 한국교육학술정보원.

교육과학기술부(2009). 초·중등학교 교육과정 총론.

교육과학기술부(2011). 초·중등학교 교육과정 총론.

교육부(1997). 초·중등학교 교육과정: 국민공통기본교육과정.

교육부(1999). 중학교 교육과정 해설(Ⅰ): 총론, 특별활동.

교육부(1999). 특별활동·재량활동 교육과정의 편성과 운영.

교육인적자원부 교육과정정책과(2004). 초·중등교육에서의 진로교육 강화 검토 보고(내부자료).

교육인적자원부(2001). 재량활동 교육과정 편성·운영의 실제.

기순신(2001). 교사론. 서울: 학지사.

김계현, 김동일, 김봉환, 김창대, 김혜숙, 남상인, 조한익(2004). 학교상담과 생활지도. 서울: 학지사.

김기곤(2008). 쟈니링고와 마하나. 시조, 2008년 7월호. 서울: 시조사.

김명수, 김보경, 김선혜, 박정환, 백영균, 이태상, 한상훈(2010). 교직실무. 서울: 학
　지사.

김봉수(1982). 학교와 학급경영. 서울: 형설출판사.

김순택(1982). 목표별 수업. 서울: 교육과학사.

김영돈(1977). 학교경영의 이론과 실제. 서울: 익문사.

김영식, 주삼환(1992). 장학론. 서울: 한국방송통신대학교 출판부.

김재은, 류기섭(1979). 심리검사의 활용. 서울: 중앙적성연구소.

김정한(2003). 장학론: 이론, 연구, 실제. 서울: 학지사.

김종서, 이영덕, 정원식(1984). 교육학개론. 서울: 교육과학사.

김종철(1985). 교육행정학 신강. 서울: 세영사.

김종철, 진동섭, 허병기(1990). 학교학급경영론. 서울: 한국방송통신대학교 출판부.

김중술(1996). 다면적 인성검사. 서울: 서울대학교 출판부.

김진한(2009). 교사를 위한 교직실무. 서울: 학지사.

김충기, 장선철(2006). 진로상담. 서울: 태영출판사.

문낙진(1993). 학교 · 학급경영의 이론과 실제. 서울: 형설출판사.

박도순 외(2007). 교육평가. 서울: 교육과학사.

박병량(1997). 학급경영. 서울: 학지사.

박완성(1990). 교사의 기대성. 시조, 1990년 10월호. 서울: 시조사.

박종열(1989). 학교경영론. 서울: 성원사.

백현기(1964). 신교육행정. 서울: 을유문화사.

변영계(1984). 수업장학의 정의와 필요성. 교육연구, 4(5). 한국교육생산성본부.

변영계, 김영환, 손미(2007). 교육방법 및 교육공학. 서울: 학지사.

서울특별시교육연구원(2004). 교과와 함께하는 진로교육. 중학교 2학년 교사용 진로
　자료.

서울특별시교육연구정보원(2006). 교직실무편람.

선혜연(2009). 청소년 진로선택과 부모의 영향. 서울: 한국학술정보(주).

손영환, 신수균(2007). 교육행정 및 교육경영. 서울: 동문사.

송병국(2002). 제7차 교육과정에서의 진로교육의 위상과 실천방안. 한국진로교육학

회 학술발표대회. 제7차 교육과정과 진로교육 발표 논문.

신동로(2001). 교육과정과 교육평가. 서울: 교육과학사.

안병환, 가영희, 성낙돈, 임성우(2008). 교육행정 및 교육경영. 서울: 학지사.

유성희(2011). 학부모 상담법-꼬망세 단행본 시리즈. 서울: 꼬망세.

윤운성, 김홍운(2001). 생활지도와 상담. 서울: 양서원.

이광우 외(2010). 초·중·고 창의적 체험활동 교육과정 해설 연구 개발. 서울: 한국
교육과정평가원.

이무근(1999). 직업교육학 원론. 서울: 교육과학사.

이병환, 박미란(2010). 교직실무. 서울: 교육과학사.

이성호(1988). 교수방법의 탐구. 서울: 양서원.

이윤식(1994). 장학론 논고: 교내 자율장학론. 서울: 과학과 예술.

이재창(1995). 자기성장과 인간관계. 서울: 한국가이던스.

이재창(2005). 생활지도와 상담(개정판). 서울: 도서출판 문음사.

이종승(1989). 교육 연구법. 서울: 배영사.

이지연, 최동선, 정일동(2005). 초·중등 진로·직업교육 혁신방안: 초·중등 진로교
육 현황 분석을 중심으로. 서울: 한국직업능력개발원.

이칭찬(1989). 교사교육의 민주화 과제-교육민주화: 발전적 시론. 강원: 강원대학교
출판부.

이칭찬, 주상덕(2009). 교직실무이론. 서울: 동문사.

임규혁, 임웅(2007). 교육심리학. 서울: 학지사.

임병욱(2011). 진로·진학 상담교사 부전공 연수자료.

임언, 장홍근, 윤형한(2005). 직업진로교육의 실태 및 과제. 서울: 한국직업능력개발원.

장석민(2001). 학교현장에서의 진로교육 프로그램 개발과 활용. 진로교육연구, 14,
1-16.

장혁표(1983). 생활지도. 서울: 형설출판사.

정광희, 김병찬, 박상완, 이용관, 방희정(2007). 한국의 헌신적인 교사 특성 연구. 서
울: 한국교육개발원.

조벽(2001). 새시대 교수법. 서울: 한단북스.

주삼환(1988). 장학론: 임상장학방법. 서울: 학연사.

주삼환(2000). 교육행정 및 교육경영. 서울: 학지사.

최동선(2006). 생애단계별 진로교육의 목표와 내용: 진로지도와 노동시장 이행. 서울: 직업능력개발원.

한국교직원신문. 2010년 3월 22일자.

한국교직원신문. 2010년 6월 21일자.

한국중등교육협의회(1985). 중등학교경영편람(상). 서울: 대한교과서주식회사.

황응연(1984). 현대생활지도. 서울: 교육과학사.

황응연, 윤희준(1983). 현대생활지도론. 서울: 교육과학사.

황정규(1998). 학교학습과 교육평가. 서울: 교육과학사.

황정규(2000). 한국교육평가의 쟁점과 대안. 교육평가의 네 가지 원리(pp. 9-20). 서울: 교육과학사.

Alfonso, R. J., & Goldsberry, L. (1987). Colleagueship in Supervision. *Educational Supervision*, Vol. 2(ASCD).

Anastasi, A. (1982). *Psychological testing* (5th ed.). New York: Macmillan.

Beach, Don M., & Reinhartz, J. (2000). *Supervisory leadership: Focus on instruction*. Boston: Allyn & Bacon.

Dale, E. (1969). *Audio-visual methods in teaching* (3rd ed.). New York: Holt Rinehart & Winston.

Davies, I. K. (1981). *Instructional technique*. New York: McGraw-Hill Book Co.

Engler, B. (1979). *Personality Theories*. Boston: Houghton Mifflin Company.

Froehlich, C. P. (1950). *Guidance Services in Smaller School*. New York: McGraw Hill.

Gibson, R. L., & Mitchell, M. H. (2003). *Introduction to Counseling and Guidance* (6th ed.). New Jersey : Merrill Prentice Hall.

Glatthorn, A. A. (1984). *Differenciated supervision*. Alexandria, VA:

Association for Supervision and Curriculum Development.

Harris, B. M. (1985). *Supervisory behavior in education*. Englewood Cliffs, New Jersey: Prentice Hall.

Hirsh, S. & Kummerow, K. (1996). 성격유형과 삶의 양식(심혜숙, 임승환 역). 서울: 한국심리검사연구소.

Lieberman, M. (1956). *Education as a Profession*. New Jersey: Prentice-Hall.

Pajak, E. (Ed.). (1989). *Identification of supervisory proficience project*. Washington D.C.: Association for Supervision and Curriculum Development.

Parsons, F. (1909). *Choosing a vocation*. Boston: Houghton Mifflin.

Rosenthal, R., & Lenore, J. (2003). 기대와 칭찬의 힘 피그말리온 효과(심재관 역). 서울: 이끌리오.

Scriven, M. (1967). The methodology of evaluation. In R. E. Stake (Ed.), *Curriculum evaluation*. (American Educational Research Association Monograph Series on Evaluation, No. 1, pp. 39-83). Chicago: Rand McNally.

Sergiovanni, T. J., & Starratt, R. T. (1993). *Supervision: redefinition* (5th ed.). New York : McGraw Hill, Inc.

Sergiovanni, T. J., & Starratt, R. T. (1998). *Supervision: A redefinition* (6th ed.). Boston: McGraw-Hill.

Shertzer, B., & Stone, S. C. (1981). *Fundamentals of Guidance* (4th ed.). Boston: Houghton Mifflin Company.

Wiles, J. & Bondi, J. (2000). *Supervision: A guide to practice* (5th ed.). Upper Saddle River, New Jersey: Prentice Hall.

Wilson, A. B. (1963). Social stratification and academic achievement. In A. H. Passow (Ed.). *Education in depressed areas* (pp. 217-235). New York: Bureau of Publications, Teachers College, Columbia University.

찾아보기

인 명

내 용

저자 소개

박완성(朴垸成) pwansung@syu.ac.kr

경력
고려대학교 사범대학 교육학과 졸업
고려대학교 대학원 교육학 박사(교육심리 · 교육방법 전공)
전 삼육대학교 입학관리본부장
　　삼육대학교 교수학습개발센터 부장
　　학생커리어개발센터 부장
　　인력개발원 부장
　　법무부 범죄예방위원, 소년선도위원
　　서울특별시 교육청 꿀맛닷컴 학부모 튜터
　　효자중학교 학교운영위원회 부위원장
현 삼육대학교 학부 교양교직과 / 대학원 상담심리학과 부교수
　　삼육대학교 교무부장, 교수학습개발센터 부장
　　한국교육혁신연구소 소장
　　의정부 뉴스타트 건강대학 학장
　　마라나타 찬양선교단 단장
　　ACT 협회 회장

자격
　APT(적극적 부모역할훈련) 강사
　MBTI(성격유형검사) 일반강사
　학습상담전문가, 진로상담전문가, 가정상담사
　(사)한국군상담학회 수련감독 군전문상담사

수상 내역
　교육부장관상, 서울시 교육청 교육감상 수상

학회활동
　(사)한국군상담학회 자격관리위원장
　한국진로교육학회 사무국장
　한국상담학회 산하 한국군상담학회 감사
　한국학습상담학회 이사
　한국교육학회, 한국교육심리학회, 한국심리유형학회, 한국성인교육학회, 글로벌 기독교 세계관
　　학회 정회원

저서
　고등학교 진로와 직업 교과서(미래앤컬처그룹, 2011)
　교육실습의 이론과 실제(삼육대학교 출판부, 2011)
　정보화 시대의 신세대를 위한 신실기교육방법론(학지사, 2011)
　중학교 진로와 직업 교과서(지학사, 2011)
　진로교육의 이론과 실제(교육과학사, 2011)
　진로교육개론(교육과학기술부, 2010)
　교육평가(교육과학사, 2007)

논문
「고교생의 진로자아효능감 · 진로준비행동과 관련변인과의 관계 — 심리적 독립성, 성역할 정체감,
　학업성취를 중심으로」 등 수십 편

신세대 교사를 위한
교직실무의 이론과 실제

2012년 6월 12일 1판 1쇄 발행
2012년 10월 28일 1판 2쇄 발행

지은이 • 박완성
펴낸이 • 김진환
펴낸곳 • (주) **학지사**
　　　　121-837 서울시 마포구 서교동 352-29 마인드월드빌딩 5층
대표전화 • 02-330-5114　　팩스 • 02-324-2345
등록번호 • 제313-2006-000265호

홈페이지 • http://www.hakjisa.co.kr
커뮤니티 • http://cafe.naver.com/hakjisa

ISBN 978-89-6330-743-5 93370

정가 18,000원